유수연의 토익필살기 비긴즈 RC

유수연의 토익필살기 비긴즈 RC

초판 5쇄 발행 2014년 9월 5일

지은이 유수연, 안우엽

발행인 서영택

본부장 이홍

편집인 강소영

에디터 홍성애

교정교열 조현진

전산편집 design B03

디자인 구수연

임프린트 NEWRUN

주소 서울시 종로구 견지동 87-1 가야빌딩 5층

주문전화 02-3670-1595, 1173 팩스 02-747-1239

문의전화 02-3670-1580

발행처 (주)웅진씽크빅

출판신고 1980년 3월 29일 제406-2007-00046호

ⓒ 유수연, 안우엽 2012(저작권자와 맺은 특약에 따라 검인을 생략합니다)

ISBN 978-89-01-14945-5 14740 978-89-01-09972-9(세트)

NEWRUN은 (주)웅진씽크빅 단행본사업본부의 임프린트입니다.

이 책은 저작권법에 따라 보호받는 저작물이므로 무단 전재와 무단 복제를 금지하며,
이 책 내용의 전부 또는 일부를 이용하려면 반드시
저작권자와 (주)웅진씽크빅의 서면동의를 받아야 합니다.

* 잘못된 책은 바꾸어 드립니다. * 책 값은 뒤표지에 있습니다.

유수연의
토익 필살기 begins
RC

NEWRUN

Preface
머리말

취업과 승진을 위해 하나의 스펙이 되어버린 토익,
그로 인해 몸살을 앓고 있는 토익커들에게 좀 더 쉽게 토익을 이해하고 전략적인 학습방법을 제시할 수 있는 〈유수연의 토익필살기 비긴즈〉를 출간하게 되었습니다.

토익은
출제자의 의도를 파악하는 것이 가장 중요합니다.

지나치게 영어자체에 대해 고민하거나 아카데믹한 방법으로 접근한다면 토익공부의 효율을 떨어뜨리게 됩니다. 토익은 실제 비즈니스 상황에서 자주 발생하는 일반적인 상황에 국한되어있으며, 영어로 기본적인 커뮤니케이션이 가능한지를 묻는 실용적인 시험이라는 것을 알아 두어야 합니다.
그렇기 때문에 토익을 공부할 때는 비즈니스 커뮤니케이션을 한다는 생각으로 접근을 하되, 기존에 출제되었던 문제들을 기반으로 각 파트별 문제 유형을 분석하고, 무엇을 묻고 있는 것인지 출제자의 의도를 정확히 파악하는 데 주력해야 합니다.

〈유수연의 토익필살기 비긴즈〉는
토익 초급자들을 위해서 꼭 필요한 내용들만 담았습니다.

토익의 기본적인 유형분석과 출제빈도가 높은 문제들을 선별하는데 노력을 기울였습니다. 2009년에 출간된 〈유수연의 토익필살기〉에서는 다루지 않았던 기본적인 개념을 중심으로 문제풀이 전략과 함께 꼭 필요한 내용들만을 담았습니다. 그렇기 때문에 이 책에서 다루고 있는 내용들만 충분히 숙지한다면 토익 초급자들도 쉽게 출제자의 의도를 파악할 수 있는 기초 전략서가 되리라 믿습니다.

마지막으로, 토익에 대한 기본적인 전략의 훈련을 통해 목표점수를 정복하고 자신들의 꿈에 한 걸음 다가갈 수 있는 경쟁력을 가지질 바랍니다.

유수연 · 안우엽

about TOEIC

토익의 구성과 출제범위

TOEIC (Test Of English For International Communication)이란?
영어를 모국어로 사용하지 않는 사람들을 대상으로 국제 업무에 필요한 실용 영어 능력을 평가하는 시험으로 Listening과 Reading으로 구성되어있다.
현재 한국과 일본을 비롯하여 전 세계 약 120여개 국가의 기업과 기관에서 인력채용 및 평가, 승진, 영어 학습 프로그램 등에 활용되고 있다.

1. 시험구성

구성	Part	유형	문항 수	시간	점수
Listening	Part 1	사진묘사 (Photograph)	10	45분	495점
	Part 2	질의응답 (Question-Response)	30		
	Part 3	짧은 대화 (Short Conversations)	30		
	Part 4	짧은 담화 (Short talks)	30		
Reading	Part 5	단일문장 완성 (Incomplete Sentences)	40	75분	495점
	Part 6	문서상에 문장완성 (Text completion)	12		
	Part 7	독해(Reading Comprehension) 단일지문 - Single Passage	28		
		독해(Reading Comprehension) 복수지문 - Double Passage	20		
	7개의 Part		200문	120분	990점

2. 출제범위

출제 분야	세부분야
General Business (일반 업무)	계약, 협상, 마케팅, 세일즈, 비즈니스 계획, 회의
Manufacturing (제조)	공장 관리, 조립라인, 품질관리
Finance, Budgeting (금융과 예산)	은행, 투자, 세금, 회계, 청구
Corporate Development (개발)	연구, 제품개발
Office work (사무실 업무)	임원회의, 위원회의, 편지, 메모, 전화, 팩스, E-mail, 사무 장비와 가구
Personnel (인사)	구인, 채용, 퇴직, 급여, 승진, 취업 지원과 자기소개
Housing, Corporate Property (주택/기업 부동산)	건축, 설계서, 구입과 임대, 전기와 가스 서비스
Travel (여행)	기차, 비행기, 택시, 버스, 배, 유람선, 티켓, 일정, 역과 공항 안내, 자동차 렌트, 호텔, 예약, 연기와 취소

출제기관인 ETS에 따르면, TOEIC의 출제기준은 영어를 모국어로 사용하는 특정국가에서만 쓰이는 표현이나 문법, 관용어들은 피한다. 또한 특정 문화나 직업분야에만 해당되거나 생소한 상황을 피한다. 여러 나라 사람들의 이름과 다양한 영어 발음과 엑센트(미국, 영국, 캐나다, 호주, 뉴질랜드)가 출제된다.

about TOEIC

RC 파트별 개요와 문제유형

1. PART 5

101번부터 140번까지 총 40문항으로 간단한 문장을 읽고 빈칸을 채워 넣는 형태의 문제로 문법문제와 어휘 문제가 출제된다. 요즘 토익의 추세는 너무 어려운 문장의 구조 형태를 묻는 문제보다는 기본적인 영어 문장의 틀을 갖추고 있는지를 묻는 기본 문법 문제가 주로 출제된다. 주로 101번~120번까지가 기본형태의 문법 문제들로 영어단어의 품사의 역할을 묻거나 품사의 어순, 기본적인 어휘를 묻는 문제가 출제된다. 121번~140번까지는 조금 더 어려운 어휘 문제들과 문법문제가 출제된다. Part 5의 모든 문제가 쉽지는 않다. 평균적으로 4~5개의 고난이도 문제가 출제되는데 우선 700점대를 목표로 공부할 때는 그런 문제들이 중요하지 않다. 선택과 집중으로 확실히 기본적인 내용을 숙지해가면서 기본 문제부터 시작해서 어려운 응용 문제로, 기본 어휘부터 시작해서 점차 구체적인 어휘를 공부해나가도록 공부하는 것이 효과적이다.

	문항 수	문법	어휘
명사	8~9	문장의 구조로 주어, 목적어, 보어의 자리를 알아보는 문제.	기본어휘부터 가산/불가산명사의 특징, 복합명사를 알아보는 문제.
대명사	2~3	기본적으로 인칭대명사의 격을 맞추는 문제.	
형용사	7~8	문장의 구조로 보어, 명사수식의 자리를 알아보는 문제.	기본어휘부터 단수/복수명사를 수식해 주는 한정사의 특징을 알아보는 문제.
부사	4~6	문장의 구조로 수식어의 역할을 하는 부사의 자리를 알아보는 문제.	기본어휘부터 시제랑 어울리는 시간부사나 품사랑 어울리는 정도부사의 특징을 알아보는 문제.
동사	7~8	기본적으로 수 일치, 태 일치, 시제를 일치시키는 문제	자동사/타동사 구분부터 동사의 형식을 알아보는 문제.
준동사	3~4	to부정사/동명사를 선택하는 문제부터 현재분사/과거분사를 구별하는 문제.	
접속사	4~5	등위, 상관, 종속접속사의 기본적인 위치와 특징을 묻는 문제	부사접속사의 의미를 알고 전체적인 문장을 완성시키는 문제
전치사	4~5	전치사와 접속사를 구분하는 문제.	기본전치사를 이용한 숙어와 해석상 선택하는 전치사 문제.
기타	1~2	비교, 도치, 병렬, 가정법을 묻는 문제.	

2. PART 6

141번부터 152번까지 총 12문항으로 짧은 편지, 광고, 메모, 기사 등을 읽고 이어지는 문장의 빈칸을 채워 넣는 형태의 문제로 문법문제와 어휘문제가 출제된다. 평균적으로 7개의 문법 문제와 5개의 문법 문제가 출제된다. 기본적인 문법 문제는 파트5에서 출제되는 문제들과 유사하나 다른 점은 시제, 접속부사, 그리고 어휘 문제이다. 이어지는 문장을 완성해야 하는 것으로 앞뒤 문장의 내용을 연결시킬 수 있어야 한다. 따라서 지문을 읽지 않고 풀 수 있는 방법은 없음으로 빠르게 읽어가면서 각 문제 유형에 맞추어 정답을 선택하는 것이 중요하다.

	문항 수	문법	어휘
기본 문법	3~4	주어, 목적어, 명사수식 등 기본적인 품사의 역할을 알아보는 문제.	
기본 어휘	4~5		앞뒤 문장의 흐름을 따져보고 흐름에 올바른 어휘를 선택하는 문제.
동사 (시제)	2~3	부사를 보고 선택하는 시제 문제와 앞뒤 문장을 따져보고 흐름에 가장 어울리는 시제를 선택하는 문제.	
접속부사	1~2	앞 문장을 읽고 해석상 가장 올바르게 이어주는 부사를 선택하는 문제.	

3. PART 7

153번부터 180번까지는 총 28개의 문제로 하나의 지문을 읽고 푸는 단수지문이 출제된다. 편지, e-mail, 광고, 기사, 공지 등의 지문을 읽고 주제, 목적, 사실 확인, 세부 사항, 추론 문제들이 출제되고 있다. 기본적으로 지문을 빠르게 읽고 정확히 해석하여 푸는 문제이지만, 토익에서 자주 나오는 지문들의 특징과 문제 유형들을 알고 있으면 유리하게 풀어나갈 수 있다. 181번부터 200번까지는 총 20개의 문제로 두 개의 지문을 읽고 푸는 복수지문이 출제된다. 단수 지문에서 출제되는 지문들의 조합으로 출제되기 때문에 지문 유형과 문제 유형은 비슷하나 읽어야 하는 부분이 많아지므로 문제를 풀 때 시간이 조금 더 걸릴 수 있다. 따라서 지문 유형과 문제의 특징을 배워나가며 해석할 수 있는 능력을 기르는 것이 중요하고 점차적으로 시간 안에 풀 수 있도록 속도를 올려가는 것이 좋은 학습법이다.

about TOEIC

토익필살기 RC의 문법용어 정리

토익문제를 풀기 위해 필요한 최소한의 문법 용어들을 쉽게 정리했다. 대부분 이 몇 개의 말들을 외우기 귀찮아서, 혹은 조금 복잡하다고 생각해서 대충 넘어가려고 한다. 하지만, 이 용어들을 알아야만 해석으로 풀 수 없는 문제들도 빠르고 정확하게 풀 수 있다. 앞으로 책이 진행되는 동안에 계속 쓰이는 용어들이므로 확실하게 이해해야 한다.

용어	설명
문장	대문자로 시작해서 마침표로 끝나는 것이 문장이다.
절	우리가 흔히 말하는 주어(S) + 동사(V)를 절이라고 한다. 하나의 문장에 여러 개의 절이 있을 수 있는데, 여러 개의 절중에 하나만이 절이 되고 나머지 절들은 종속절이 된다.
주절	접속사가 없는 주어(S)+동사(V)로 완전한 형태를 갖추어 혼자 쓰일 수 있다. ★ 주절은 독립적이므로 혼자서 문장이 될 수 있다.
종속절	접속사가 있는 주어(S)+동사(V)로 명사절, 형용사절, 부사절이 있다. ★ 종속절은 혼자서 문장이 될 수 없고 일정한 역할을 해야 한다.
품사	영어의 모든 단어들의 이름을 품사라고 한다. 영어에는 기본 8품사가 있으며 문장 안에서 특정한 역할을 한다. (품사의 종류: 명사, 대명사, 동사, 형용사, 부사, 전치사, 접속사, 감탄사 등)
상당어구	하나의 품사를 다른 품사화 시켜 역할을 바꾸는 어구를 말한다. • 명사를 다른 품사로 바꾸는 전치사구 (형용사, 부사) • 동사를 다른 품사로 바꾸는 준동사 (명사, 형용사, 부사) • 절을 다른 품사로 바꾸는 종속절 (명사절, 형용사절, 부사절)
준동사	동사를 다른 품사로 바꾸어 역할을 바꾸는 어구를 말한다. 동사의 역할은 술어인데, 동사를 준동사인 동명사로 바꾸면 더 이상 술어는 될 수 없고 명사처럼 주어, 목적어, 보어의 역할을 한다. • **to부정사** = to + 동·원 (명사, 형용사, 부사) • **동명사** = 동·원 + ing (명사) • **분사** = 현재분사 = 동·원 + ing 　　　　과거분사 = 동·원 + ed ★ 명사, 형용사, 부사처럼 쓰인다는 것은 명사의 역할(S,O,C), 　형용사의 역할(C, 명사수식), 부사의 역할(수식어)을 한다는 의미이다.
전치사구	명사를 다른 품사로 바꾸는 어구를 말한다. 전치사구 = 전치사 + 명사(형용사, 부사) ★ 형용사, 부사처럼 쓰인다는 것은 　문장에서 보어, 명사를 수식, 수식어의 역할을 한다는 의미이다.

용어	설명
역할	품사는 기본적으로 문장에 들어와 있을 때, 반드시 하나의 역할을 해야 한다. 각각의 역할을 할 수 있는 품사들이 정해져 있다.

주어(S)	명사, 대명사
동사(V)	동사
목적어(O)	명사, 대명사
보어(C)	명사, 형용사
수식어	형용사, 부사
연결어	접속사

★ 동사는 술어가 정확한 명칭이지만 쉽게 이해하기 위해서 동사라고 부른다.
★ 수식어인 형용사는 명사만 수식해주고 부사는 동사, 형용사, 부사, 절을 수식한다.

| 문장구조 분석 | **The manager received an award because he made a great contribution.**
('The manager'부터 마침표까지 하나의 문장이다.)

주절: **The manager received an award.** (단독으로 쓰임)
종속절: **because he made a great contribution** (혼자서는 완전하지 못하고 부사절의 역할을 함)

• 품사와 역할:

The / manager / received / an / award
관사 / 명사 / 동사 / 관사 / 명사
수식어 / 주어(S) / 동사/술어(V) / 수식어 / 목적어(O)

because / he / made / a / great / contribution.
접속사 / 대명사 / 동사 / 관사 / 형용사 / 명사
연결어 / 주어(S) / 동사/술어(V) / 수식어 / 수식어 / 목적어(O)

Point! 문장의 주절, 종속절을 빨리 파악할 수 있어야하며, 주절의 주어, 동사와 종속절이 있다면 종속절의 주어, 동사를 파악해야 문장을 정확히 해석할 수 있다. 이것을 충분히 연습해야 Part 7 독해문제에 나오는 긴 지문을 좀 더 빠르게 읽을 수 있는 능력이 생긴다. |

about This BOOK

이 책의 특징

토익 700점을 목표로 하는 초급자에게 반드시 필요한 필살기만을 뽑았다. 토익 시험을 처음 접한다고 해서, 원하는 점수만큼 나오지 않는다고 해서 무조건 처음부터 문법공부를 시작할 필요는 없다. 토익에 나오는 문제는 그 유형과 틀이 정해져 있기 때문이다.

- **초급자에게 필요한 핵심은 모두 담았다!**

  이 책은 기본 문법 중에서도 실제 시험에 출제되는 사항들만 모았다. 목표점수 700점에 맞춘 난이도 조절을 통해 토익 문법을 파악하는 눈을 기를 수 있도록 하였다. 또한 토익 중에서도 난이도가 높은 독해 문제는 지문 유형별 출제 의도를 파악하는 능력을 기를 수 있도록 하였다. 이 정도 필살기만 알면 경험이 부족한 초급자들도 쉽게 토익의 유형을 파악할 수 있다.

- **정답을 찾는 방법을 훈련한다!**

  이 책은 각 페이지마다 한 개의 필살기를 제시하고 핵심적인 설명을 덧붙였다. 숙지한 내용이 시험문제에서는 어떻게 나오는지, 문제는 어떻게 푸는지 그 과정을 상세하게 풀어썼기 때문에 실전적응력을 기를 수 있다. 정답 뿐 아니라 오답이 되는 이유까지 설명하고 있어서 문제와 관련된 기본 문법개념들을 한꺼번에 머릿속에 정리할 수 있다.

- **실전 테스트로 실력을 점검해본다!**

  지금까지의 기출문제를 바탕으로 재구성 된 Actual Test 1회분을 풀어보고 스스로 실력을 확인해볼 수 있다. 맞힌 문제 뿐 아니라 틀린 문제가 해당되는 문법사항을 확인하고 자신의 약점으로 느껴지는 필살기는 다시 학습해보자.

Contents

명사	16
대명사	28
동사	46
형용사	78
부사	100
준동사	114
접속사	138
전치사	158
파트 6	182
파트 7	194
Actual Test	226
정답과 해설	258

Start

Noun
명사

토익에서 명사와 관련된 문제는 매달 8~9문제가 출제된다. 명사 자리를 묻는 문제가 평균 3문제, 문법 문제로는 명사 구분, 복합명사, 수 일치 등을 파악하는 문제가 평균 2문제, 명사 어휘 문제가 평균 3~4문제 출제되고 있다.

명사란 행위의 주체나 대상이 될 수 있는 사람이나 사물 또는 추상적인 것들을 나타내는 말로 문장에서 주어나 목적어 또는 보어 역할을 한다. 또 '전치사+명사'의 전치사구로 문장의 요소를 수식하는 수식(부사)어구로 등장한다. 예를 들어, The copier will be delivered on time, 복사기는 제시간에 배송될 것이다. 에서 명사를 찾아보면 copier가 배송이 되는 대상으로 주어로 쓰였으며, time이 전치사 on과 더불어 '제시간에'라는 부사어구로 쓰였다.

명사는 주로 -ion, -ness, -ment, -age, -ship, -ance, -ency, -ary, -(i)ty로 끝나며, 사람 명사는 -or, -er, -ian, -ist 등으로 끝난다.

mo**tion** 움직임 resis**tance** 저항 happi**ness** 행복 ship**ment** 적재물/운송
friend**ship** 우정 special**ty** 전문/특질 effici**ency** 효율성 instruc**tor** 강사
techni**cian** 기술자 scien**tist** 과학자

한정사란? 명사에서 한정사는 빼놓을 수 없는 단짝이기 때문에 반드시 알아두어야 한다. 관사인 a/an, the가 한정사의 한 분류이며, 그 외 한정사는 소유격(my, our 등), 지시 형용사(this, that) 수량 형용사(some, many 등)를 말한다.

명사 문제는 이렇게 푼다!

Step 1 문장 구조 분석을 통해 명사가 들어갈 자리인지를 확인한다.

Step 2 보기에 명사가 한 개라면 정답!

Step 3 보기에 명사가 2개 이상이면,
① 가산 명사(CN)와 불가산 명사(UN)를 구분한다.
② 사람 명사와 사물/추상 명사를 구분한다.
③ 빈칸의 명사가 주어일 경우 동사의 수를 확인한다.

Step 4 보기에 명사와 동명사가 같이 있을 경우, 빈칸 뒤에 명사(목적어)가 있으면 동명사가 정답이다.

Step 5 복합명사일 가능성을 확인한다.

필살기 01 빈칸이 관사, 소유격, 형용사, 전치사 뒤에 있으면 명사가 정답이다

Our goal is to open a new store in the region.
우리의 목표는 그 지역에 새로운 가게를 오픈하는 것이다.

토익 문제에서 빈칸이 관사나 형용사, 소유격 또는 전치사 뒤에 있으면 명사의 위치를 묻는 문제일 가능성이 높다. our라는 소유격 뒤에 있는 명사 goal은 문장의 주어이고, 관사인 a와 형용사 new 뒤에 있는 명사 store는 동사 open의 목적어 역할을 한다. 문장 맨끝의 전치사 in과 그 뒤에 있는 명사 the region은 전치사구로 쓰여 '그 지역에'라는 의미를 나타낸다. 전치사 뒤에 나오는 명사를 전치사의 목적어라고 부르기도 한다는 것도 알아두자.

토익, 이렇게 나온다

Free copies of local news are available for _____ in the lobby at Marriot Hotel.
(A) distribute (B) distributed (C) distribution (D) distributive

❶ 문장의 주요 성분들을 분석한다.
Free copies / of local news / are / available / for _____ (in the
　주어　　　　수식어　　　동사　　보어　　　전치사구(= 수식어)
lobby at Marriot Hotel).
전치사구(= 수식어)

❷ 빈칸이 전치사 뒤에 있으므로, 전치사의 목적어 역할을 하는 명사가 와야 할 자리이다.

❸ 보기의 품사를 보면 (A) distribute는 동사, (B) distributed는 과거 동사, (C) distribution은 명사, (D) distributive는 형용사이므로, 정답은 (C) distribution(배포)이다.

point 문장의 구조를 쉽게 파악하기 위해서 '전치사+명사'의 전치사구와 같이 문장에 영향을 주지 않는 수식어구는 항상 괄호로 묶어서 봐야 한다. 빈칸이 관사, 소유격, 전치사 뒤에 오고 콤마나 마침표로 문장이 끝난다면 빈칸은 명사 자리임을 기억하자.

해석　무료 신문지는 / 지역 뉴스의 / 있다 / 구할 수 / 배포를 위해서 / 호텔의 로비에서
어휘　**free** 공짜의, 무료의　**local** 지역의　**available** (이용, 구매) 가능한　**lobby** 로비　**distribute** 배포하다　**distribution** 배포

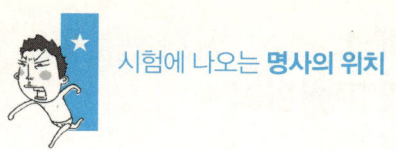

시험에 나오는 **명사의 위치**

① 관사 + 명사 + 동사

The **facility** will be renovated to increase capacity.
시설은　　　　개조될 것이다　　　수용량을 늘리기 위해서

② 소유격 + 명사 + 동사

Your **participation** will enable us to contribute more to the charity.
너의 참여는　　　　우리를 허용하게 해 줄 것이다　　더 기여할 수 있도록　　　자선 단체에

③ 전치사 + 명사 + 전치사

For **enthusiasts** of fishing, please visit us at www.fishtoday.com.
낚시를 좋아하는 사람들이라면　　　　　www.fishtoday.com을 방문해 주세요

④ 형용사 + 명사 + 전치사

The new **details** of the agreement will be announced tonight.
　　계약의 새로운 세부사항들은　　　　　　발표될 것이다　　오늘밤에

➕ 실력더하기

01 In a sudden state of ____, don't hesitate to call for help from friends.
(A) confuse (B) confusion (C) confused (D) confusing

02 Although the overall stock has been increasing steadily, the experts warn that there is a possibility of substantial ____.
(A) lose (B) loses (C) lost (D) loss

01 (B) confusion 전치사 뒤에는 반드시 명사가 와서 전치사구를 만들어야 한다. 동명사가 답이 되려면 'confusing+명사' 형태로 와야 한다. / 갑작스러운 혼란 상태일 때는 망설이지 말고 친구들에게 도움을 요청하라. / **confuse** 혼란시키다 **confusion** 혼란, 혼동 **sudden** 급작스러운 **state** 상태 **hesitate** 망설이다 **call for** 요청하다 **help** 도움

02 (D) loss '형용사+명사'로, 전치사의 목적어인 명사가 형용사의 수식을 받는 자리이다. 보기에 명사가 하나뿐인 기본 문제이다. / 전체적인 주가가 지속적으로 증가하고 있음에도 불구하고 전문가는 상당한 손실의 가능성이 있을 수 있음을 경고하고 있다. / **loss** 손실 **overall** 전체적인 **stock** 주가, 주식 **steadily** 착실하게, 꾸준히 **warn** 경고하다, 주의를 주다 **possibility** 가능성 **substantial** 상당한

필살기 02 보기에 명사가 두 개면 가산/불가산 명사를 구별하라

supporter vs. support
지지자(후원자) vs. 도움, 협조

빈칸이 명사 자리일 때 보기에 명사가 두 개 있어서 쉽게 답을 찾기 어려운 경우가 있다. 이럴 때는 보기의 명사들 중에 셀 수 있는 명사(가산명사 CN)와 셀 수 없는 명사(불가산 명사 UN)를 구별해야 한다. receive technical support에서는 support 대신 supporter를 쓸 수 없다. 왜냐하면 supporter(지지자)는 사람 명사로, 가산명사이므로 앞에 a, the, 한정사 중 하나가 반드시 와야 한다. 이처럼 두 개의 명사 중에 답을 찾을 때는 가산명사인지 불가산명사인지를 확인해야 한다. 주로 명사 앞에 한정사로 힌트를 주기 때문에 각각의 특징들을 알고 있어야 한다.

토익, 이렇게 나온다

Mr. Lee needs _____ for the presentation.
(A) assist (B) assists (C) assistance (D) assistant

❶ 문장의 주요 성분들을 분석한다.
   Mr. Lee / needs / _____ (for the presentation).
   주어   동사   목적어   전치사구(= 수식어)

❷ 빈칸이 타동사 needs 뒤에 있으므로 목적어 역할을 하는 명사 자리이다.

❸ 보기의 품사를 보면 (A) assist는 동사, (B) assists도 동사(3인칭 단수 현재형), (C) assistance는 명사, (D) assistant는 명사이므로, 일단 (A)와 (B)는 제외하고 두 개의 명사가 가산 명사인지 불가산 명사인지를 확인해야 한다.

❹ (C) assistance(도움, 원조)는 추상적인 의미의 불가산 명사(UN)이고 (D) assistant(조수, 보조원)는 사람을 의미하는 가산 명사(CN)이다. 단수의 가산 명사 앞에는 반드시 a/an, the, 한정사 중 하나는 있어야 하는데 빈칸 앞에 아무것도 없기 때문에 (D)는 문법적으로 올바르지 않다. 따라서 정답은 (C) assistance가 된다.

point 사람을 의미하는 가산 명사(CN)는 관사를 동반하거나 복수 형태로 써야 한다. 또한 추상적인 의미의 불가산 명사(UN)는 앞에 아무것도 없어도 되는 것이 특징이다.

해석 리 씨는 / 필요하다 / 도움이 / 발표를 위해서

어휘 **need** ~을 필요로 하다 **presentation** 발표 **assist** 도움을 주다 **assistance** (UN) 도움, 원조 **assistant** (CN) 조수, 보조원

시험에 나오는 CN과 UN의 특징

① **단수 가산 명사(CN)**: a/an, the, 한정사 중에 하나는 반드시 있어야 한다.

We need **a car** for our trip to Busan.
우리는 필요하다 차가   우리의 여행을 위해서 부산으로 가는

Every employee should arrive on time.
모든 직원은   도착해야 한다   제시간에

② **복수 가산 명사(CN)/불가산 명사(UN)**: 관사나 한정사 없이도 쓸 수 있다.

Sam-Il Ltd. makes **products** designed for people with disabilities.
삼일 사는   만든다   제품들을   디자인된   장애인을 위해서

All doctors handle their patients with great **professionalism**.
모든 의사들은   다룬다   그들의 환자들을   높은 전문성을 가지고

※ **한정사**: 명사 앞에 쓰여 명사를 수식해 주는 단어
- 관사 a/an, the
- 소유격 my, our, his, her, their
- 지시 형용사 this, that
- 수량 형용사 each, every, many, much, some 등

➕ 실력더하기

01 Renovation of the Times Square will require careful ____ and planning.
   (A) coordinate (B) coordinator (C) coordination (D) coordinates

02 The package was redesigned after the manufacturer received ____ from distributors.
   (A) complain (B) complained (C) complaints (D) complainer

01 (C) coordination '형용사+명사' 공식으로, 빈칸은 동사의 목적어인 명사가 형용사의 수식을 받는 자리다. -or로 끝나는 명사는 사람 명사이며 가산명사인데 앞에 관사가 없기 때문에 문법적으로 답이 될 수 없다. 따라서 문법상으로나 의미상 올바른 불가산명사가 정답이다. / 타임 스퀘어의 공사는 세심한 협력과 기획을 필요로 할 것이다. / **coordinate** 협력하다 **coordination** 협력 **renovation** 공사, 보수 **require** 필요로 하다, 요구하다 **careful** 세심한, 조심스러운 **planning** 기획

02 (C) complaints '타동사+명사' 공식으로, 빈칸은 동사의 목적어가 필요한 자리다. -er로 끝나는 명사는 사람 명사이며 가산명사인데 앞에 관사가 없기 때문에 문법적으로 답이 될 수 없다. 따라서 문법과 의미가 올바른 복수 명사가 정답이다. / 제조업자가 불평 사항들을 유통업체로부터 받은 후에 상자는 다시 디자인되었다. / **complain** 불만을 제기하다 **complaints** 불평 사항들 **package** (포장용) 상자 **be redesigned** 다시 디자인되다 **manufacturer** 제조업자 **received** 받았다

필살기 03 보기에 명사와 동명사가 있으면 빈칸 뒤의 목적어가 답을 결정한다

I'm interested in assisting the charity event.
저는 자선행사를 돕는 데 관심이 있습니다.

빈칸이 전치사 뒤에 있고 명사가 들어갈 자리인데 보기에 명사와 동명사가 함께 등장하는 경우가 있다. 명사와 마찬가지로 동명사도 명사의 기능을 가지고 있어 문장에서 주어, 목적어, 보어 역할을 하지만 동명사 assisting은 타동사이므로 뒤에 목적어 역할을 하는 또 다른 명사 charity event가 와야 한다. 그래서 전치사 in 뒤에 '동명사+명사'가 와야 하므로 대표적인 '전치사+동명사+명사' 공식이 만들어진다. 빈칸 뒤에 명사가 있으면 동명사가 정답이고, 명사가 없거나 전치사가 있으면 명사가 정답이 된다.

토익, 이렇게 나온다

The department manager wanted to hire additional workers for _____ the microchips.

(A) products (B) producing (C) production (D) produce

❶ 문장의 주요 성분들을 분석한다.
The department manager / wanted / to hire / additional workers /
주어　　　　　　　　　　 동사　　 목적어　　 hire의 목적어

(for _____ the microchips).
　 전치사구(= 수식어)

❷ 빈칸이 전치사 for 뒤에 있으므로, 전치사의 목적어 자리이다.

❸ 보기의 품사를 보면, (A) products는 명사, (B) producing은 동명사, (C) production은 명사, (D) produce는 동사이므로, 일단 (D)는 제외한다.

❹ 보기에 명사와 동명사가 함께 나올 때는 빈칸 뒤에 전치사가 있다면 명사가 정답, 명사가 있다면 동명사가 정답이다. 따라서 (B) producing이 정답이다.

point 동명사는 '동사원형+ing'인데, 동명사의 근원이 되는 동사가 타동사이면 뒤에 목적어가 필요하기 때문에 '동명사+명사' 공식이 만들어진다.

해석 부서 관리자는 / 원했다 / 고용하기를 / 추가적인 직원들을 / 마이크로칩을 생산하기 위해서

어휘 **department** 부서 **hire** ~를 고용하다 **microchip** 마이크로칩 **product** 제품 **produce** 생산하다 **production** 생산

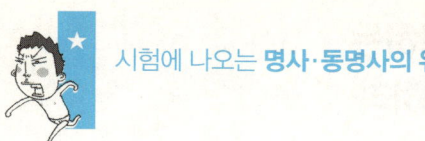

시험에 나오는 명사·동명사의 위치

① 동명사 + 명사

Authorizing the general employees to access confidential files requires
허가하는 것   일반 직원들이   기밀문서를 접근할 수 있도록   필요하다
complex process.
복잡한 과정이

② 명사 + 전치사/수식어

In **response** to the latest crisis, the government decided to
    최근 위기에 대응해서,   정부는   결정했다
have an emergency meeting.
     비상 회의를 가질 것을

③ 동명사처럼 -ing로 끝나는 명사: 뒤에 명사가 필요 없다.

The company needs careful **planning** for the next project.
회사는   필요하다   세심한 기획이   다음 프로젝트를 위해서

- 가산 명사 / **a painting** 그림 / **a warning** 경고 / **a meeting** 회의
- 불가산명사 / **housing** 주거 / **advertising** 광고 / **marketing** 판매, 마케팅 / **planning** 기획 / **seating** 좌석

실력더하기

01 Assistant Managers are required to attend the discussion about ____ the payment.

(A) supervision (B) supervisory (C) supervising (D) supervised

02 Some cable shows have set the standard for ____ on auditioning contests for the participants' talents.

(A) entertains (B) entertainment (C) entertainer (D) entertaining

01 (C) **supervising** '동명사+명사' 공식으로, 빈칸은 전치사의 목적어인 동명사가 명사 목적어를 취하는 자리이다. 일반적으로 명사 두 개가 나란히 함께 쓰일 수 없다. 명사이며 뒤에 또 다른 명사를 취할 수 있는 품사는 동명사뿐이다. / 대리들은 지급을 관리하는 것에 대한 토론에 참석할 것이 요구되고 있다. / **supervision** 감독, 관리, 지휘 **be required** 요구되다 **attend** 참석하다 **discussion** 토론 **payment** 지불, 납입

02 (B) **entertainment** '전치사+명사' 공식으로, 빈칸은 전치사의 목적어가 필요한 자리이다. 동명사가 답이 되려면 'entertaining+명사'로 나와야 하고, 사람을 나타내는 가산명사 -er이 답이 되려면 앞에 관사가 있어야 한다. / 몇몇 케이블 쇼들은 참가자들의 재능을 위한 오디션 대회의 오락에 대한 기준을 세웠다. / **entertain** 즐겁게 해주다 **entertainment** 오락 **have set the standard** 기준을 세우다 **auditioning contests** 오디션 대회

필살기 04 명사 문제에 등장하는 복합명사를 암기하라

for customer use
고객 사용을 위해서

두 단어가 합쳐져 하나의 뜻을 만드는 것을 복합명사라고 한다. 복합명사의 경우 앞에 있는 단어는 형용사 역할을 하여 뒤에 있는 명사의 종류나 유형, 용도, 성격을 정해주기 때문에 뒤에 있는 명사를 중심으로 해석하면 된다. customer use는 '고객 사용'이란 의미로, 뒤에 있는 명사인 '사용'이라는 표현이 중심이 된다. 복합명사 문제는 주로 해석을 해서 정답을 골라야 하지만 가산명사 앞에 관사가 없다면 복합명사를 만드는 문법적인 단서이다. customer는 '소비자'로 가산명사인데 앞에 관사가 없기 때문에 뒤에 또 다른 명사 use가 와서 복합명사인 '고객 사용'이란 뜻을 만들었다. 자주 나오는 복합명사는 암기해두자.

토익, 이렇게 나온다

The plant managers always try to increase employee _____ for maximum profits.

(A) produce (B) productive (C) productivity (D) producing

❶ 문장의 주요 성분들을 분석한다.
The plant managers / always try / to increase / employee _____
　　　주어　　　　　동사　　　　목적어　　　　increase의 목적어
(for maximized profits).
　전치사구(= 수식어)

❷ 빈칸까지 해석해 보면 '직원(employee)을 늘리려고(increase) 노력한다'는 의미이다. employee는 가산 명사(CN)이고 단수인데 앞에 관사나 한정사가 없으므로 employee 뒤에 또 다른 명사가 나와서 복합명사를 구성해야 한다.

❸ 보기의 품사는 (A) produce는 동사, (B) productive는 형용사, (C) productivity는 명사, (D) producing은 동명사이므로, 정답은 (C) productivity이다. employee productivity(직원 생산성)라는 복합명사는 불가산 명사(UN)이다.

point 가산 명사(CN)의 단수 앞에 어떤 관사나 한정사도 없으면 뒤에 또 다른 명사가 와서 복합명사를 이루어야 한다. 복합명사에서 앞에 나온 명사는 복수형을 쓸 수 없다.

해석 공장 매니저들은 / 항상 시도한다 / 증가시키기를 / 직원 생산성을 / 극대화된 수익을 위해서
어휘 **increase** 증가하다, 증가시키다 **maximize** 극대화시키다 **profit** 이익 **productive** 생산적인 **productivity** 생산성

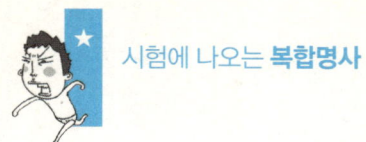

시험에 나오는 **복합명사**

- **customs regulations** 세관 규정
  expiration date 유효 기간, 유통 기간
  pay increase 급여 인상
  product availability 제품 이용
  attendance record 출석률
  sick leave 병가
  identification card 신분증
  insurance coverage 보험 적용 범위

  communication skills 의사소통 기술
  delivery schedule 배달 일정
  maintenance staff 유지·보수 직원
  account number 계좌번호
  assembly line 조립라인
  course evaluations 강의 평가
  application process 지원 절차
  convenience goods 일상 용품

실력더하기

01 We are hoping that the new treatment will lessen patient ___ on costly medicine.
　　(A) relied　(B) rely　(C) reliant　(D) reliance

02 Professor Jim Arson has had a great taste for book ___ since he was a student.
　　(A) collective　(B) collections　(C) collect　(D) collecting

01 (D) reliance 가산명사인 patient 앞에 관사가 없으면 뒤에 또 다른 명사가 와서 하나의 복합명사를 만든다. 보기에 명사는 하나뿐이다. / 우리는 새로운 치료법이 비싼 약값에 대한 환자 의존성을 줄일 것이라고 기대하고 있다. / **rely** 의미하다, 믿다 **treatment** 치료법 **lessen** 줄이다 **patient reliance** 환자 의존성 **costly** 비싼 **medicine** 약

02 (B) collections 가산명사인 book 앞에 관사가 없으면 뒤에 또 다른 명사가 와서 하나의 복합명사를 만든다. 보기에 명사는 하나뿐이다. / 짐 아손 교수는 학생일 때부터 책 수집에 대한 훌륭한 취향을 가지고 있다. / **collect** 수집하다 **taste** 취향, 기호 **book collections** 책 수집

PRACTICE TEST

★☆☆

01 Ms. Morris's _____ was clear when she was finally promoted to a higher position.

(A) enthuse
(B) enthusiastically
(C) enthusiastic
(D) enthusiasm

★☆☆

02 The new smart phone by Quests was designed with _____ beyond those of other competitors.

(A) capable
(B) capacious
(C) capabilities
(D) capably

★★☆

03 When writing resumes, be sure to write solid examples of your work-related _____.

(A) accomplishing
(B) accomplishes
(C) accomplished
(D) accomplishments

★★☆

04 According to the _____ released by city councils, the old city hall will be renovated starting in June.

(A) state
(B) states
(C) statement
(D) stating

★★☆

05 A new _____ for the Cararea Automobiles Expo should be hired by next week.

(A) facilitate
(B) facilitates
(C) facilitator
(D) facility

★☆☆

06 _____ for the 10th anniversary at Green Pasta must be confirmed no later than Friday, May 2nd.

(A) Reserve
(B) Reserved
(C) Reservations
(D) Reservable

★★☆

07 Although our new _____ was developed in Mexico last month, it will take some time to put into effect.

(A) technology
(B) technologies
(C) technological
(D) technologists

★★☆

08 The guest speaker at the Brown's Graduation stressed the _____ of self-development.

(A) important
(B) most important
(C) importantly
(D) importance

★★☆

09 The careful _____ of the survey analysis indicates that the new product needs some modifications on durability.

(A) evaluate
(B) evaluated
(C) evaluating
(D) evaluation

★☆☆

10 In order to improve overall manufacturing process, engineers at Houton have been working on _____ a convoy belt.

(A) development
(B) developing
(C) develop
(D) developed

Pronoun
대명사

대명사와 관련된 문제는 매월 2~3문제 가량 출제된다. 문장의 구조를 통해 주격, 목적격, 소유격을 파악하는 기본적이고 간단한 문제들이 주로 출제된다. 앞에 있는 명사를 보고 그것을 받는 대명사를 선택하는 문제는 좀 더 난이도 있는 문제로, 2~3개월에 한 번씩 출제되는 추세이다.

대명사란 앞에 언급된 명사를 대신 받아주는 품사로, 특정한 형태가 있기 때문에 쉽게 구분할 수 있다. 대표적으로 인칭 대명사(I, my, me, mine)와 재귀대명사(-self)가 있으며, 다른 종류의 대명사는 아래와 같다.

인칭 대명사   I, my, me, mine
재귀대명사   myself, yourself, himself, herself, themselves
지시 대명사   this, these, that, those
부정대명사   another, others, the others

대명사는 문장에서 명사와 같은 역할을 하기 때문에 주어, 목적어, 보어가 될 수 있다. 실제 문장에서는 I love her.와 Mine is big.처럼 주어가 될 수 있는 주격 대명사와, I love him.처럼 목적어가 될 수 있는 목적격 대명사들을 구분할 수 있어야 한다.

대명사 문제는 이렇게 푼다!

Step 1 보기에 인칭 대명사가 나오면 주격, 목적격, 소유격 자리인지 확인한다.
Step 2 주어와 목적어가 똑같으면 재귀대명사가 정답!
Step 3 비교 대상이 나오면 that/those가 정답!
Step 4 빈칸 뒤에 단수 명사가 있으면 another, 복수 명사가 있으면 other가 정답!
Step 5 부정대명사 문제면 몇 개 남았는지 파악한다.
Step 6 보기에 부분 대명사가 있으면 of the 뒤에 있는 명사가 단서이다.

필살기 01
대명사 문제는 주격, 목적격, 소유격을 구별하는 것이다

I know her.
나는 그녀를 알아요.

대명사 문제로 가장 많이 출제되는 것이 인칭 대명사이다. 비교적 쉬운 문제로 주격, 목적격, 소유격, 소유대명사의 위치를 파악하는 것이 중요하다. 주격인 I는 주어 자리에만, 목적격인 me는 목적어 자리에 들어갈 수 있으며, 소유격인 my는 뒤에 명사와 함께 주어, 목적어 보어가 되고, 소유대명사인 mine은 혼자서 주어, 목적어, 보어가 될 수 있다. 따라서 빈칸이 문장에서 어떤 역할을 하는지 확인하는 것이 중요하다.

토익, 이렇게 나온다

After _____ receives approval from the board, Jane will transfer to different branch.
(A) she (B) her (C) herself (D) hers

❶ 문장의 주요 성분들을 분석한다.
   After / _____ / receives / approval / from the board, / Jane /
   접속사   주어(종속절)   동사   목적어   전치사구(=수식어)   주어(주절)
   will transfer / to different branch.
   동사   목적어

❷ 접속사 after 뒤에는 '주어+동사'가 와서 종속절을 만든다. 빈칸은 종속절의 주어가 필요한 자리이므로 주격 인칭 대명사를 선택해야 한다.

❸ 보기의 대명사는 (A) she는 주격, (B) her는 소유격, (C) herself는 재귀대명사, (D) hers는 소유대명사이므로 정답은 (A) she이다.

point '접속사+주어+동사' 공식으로 주어 또는 주격이 필요한 자리를 파악하는 문제이다. 소유대명사인 hers는 주어가 될 수 있지만 사물을 뜻한다. Her dog is very big.(그녀의 개는 매우 크다.) Hers is very big.(그녀의 것은 매우 크다.) 이렇게 주어가 될 수 있지만 사물만 뜻하기 때문에 답이 될 수 없다. 재귀대명사인 herself는 목적어 역할만 할 수 있다. Jane talked to herself.(제인은 자신에게 말했다.)

해석 ~후에 / 그녀가 / 받은 / 승인을 / 위원회로부터 / 제인은 / 옮길 것이다 / 다른 지점으로

어휘 after ~후에 receive 받다 approval 승인, 찬성 board 위원회 transfer 이전하다, 옮기다 different 다른 branch 지점

시험에 나오는 인칭 대명사

	① 주격 주어 자리	② 소유격 소유격+명사 (주어, 목적어, 보어)	③ 목적격 타동사+목적격 전치사+목적격	④ 소유대명사 주어, 목적어, 보어
1인칭	I	my	me	mine
	we	our	us	ours
2인칭	you	your	you	yours
3인칭	he	his	him	his
	she	her	her	hers
	it	its	it	X
	they	their	them	theirs

① **I** told ③ **him** yesterday that **I** will use ② **his computer** instead of ④ **mine**.
주어 동사 목적어 수식어 주어 동사 목적어 전치사의 목적어

▶ 각각의 역할을 하는 자리에 인칭 대명사의 격과 수를 일치시킬 수 있어야 한다.

실력더하기

01 When Sarah found the new job, ____ moved to Seattle.
(A) she (B) her (C) herself (D) hers

02 Don't let ____ clients unattended when they are in the office.
(A) you (B) your (C) yourself (D) yourselves

01 (A) **she** '주어+동사'로, 주절의 주어가 필요한 자리이다. 주어가 될 수 있는 것은 주격이고 Sarah를 나타내는 she가 정답이다. / 사라가 새로운 일자리를 구했을 때 그녀는 시애틀로 이사했다. / **find** 찾다, 구하다 **move** 움직이다, 이사하다

02 (B) **your** '소유격+명사'로, 뒤에 있는 명사를 수식해 줄 수 있는 형용사 역할을 할 수 있는 대명사의 격을 선택해야 한다. 인칭 대명사에서 명사를 수식할 수 있는 형태는 소유격이다. 소유격은 한정사로 불리며 뒤에 있는 명사를 수식할 수 있다는 것을 잊지 말자. / 고객들이 사무실에 있을 때 그들을 혼자 두지 마세요. / **let** 허락하다, 허용하다 **clients** 고객들

재귀대명사는 주어와 일치하는 것이 정답이다

I know myself very well.
나는 내 자신을 매우 잘 알아.

인칭 대명사와 더불어 토익에서 가장 많이 출제되는 대명사 문제는 재귀대명사에 대한 것이다. 재귀대명사의 용법은 크게 3가지로 ① 재귀 용법 ② 강조 용법 ③ 관용 용법이 있다. 3가지 용법 모두 토익에 출제되기 때문에 잘 알아두어야 한다. 가장 중요한 포인트는 재귀대명사가 정답이 되려면 주어와 일치해야 한다는 것이다. 주어 I와 일치하는 재귀대명사는 myself뿐이다.

토익, 이렇게 나온다

I love _____ whenever I finish the work on time.
(A) me (B) myself (C) himself (D) herself

❶ 문장의 주요 성분들을 분석한다.
I / love / _____ / whenever / I / finish / the work / on time.
주어 동사 목적어 접속사 주어 동사 목적어 전치사구(= 수식어)
〈주절〉   〈종속절〉

❷ 빈칸은 동사 love 뒤에 목적어가 될 수 있는 목적격이 와야 하는 자리이다.

❸ 보기는 인칭 대명사로 (A) me는 목적격 대명사, (B) myself는 재귀대명사(목적격), (C) himself는 재귀대명사(목적격), (D) herself는 재귀대명사(목적격)이다.

❹ 주어가 동사의 행위를 자기 스스로 했을 때는 재귀대명사를 선택해야 하며, 주어와 꼭 일치해야 하기 때문에 정답은 주어 I와 일치하는 (B) myself이다.

point '타동사+목적어' 공식으로 목적어에 해당하는 것이 와야 한다. 재귀대명사는 꼭 인칭 대명사와 일치해야 하는 것은 아니다. Members of board can't vote for themselves.(위원회의 멤버들은 그들 스스로에게 투표할 수 없다.) 이때, themselves가 받아 주고 있는 대명사는 members이다. 영어는 나는 1인칭, 너는 2인칭, 나와 너를 제외한 모든 것은 3인칭 취급하므로 members는 3인칭이고 복수이기 때문에 themselves로 받아 줄 수 있다.

해석 나는 / 좋아한다 / 내 스스로를 / ~할 때마다 / 내가 / 끝내다 / 일을 / 제시간에

어휘 **love** 좋아한다, 사랑한다 **whenever** 할 때마다 **finish** 끝내다, 마무리하다 **work** 일, 작업 **on time** 제 시간에, 시간을 어기지 않고

 시험에 나오는 **재귀대명사**

① **재귀 용법: S + V + 재귀대명사(= S)**
동사의 목적어가 주어와 일치하는 상황
I love me. (×)
I love **myself**. (○) 나는 나 자신을 사랑한다.

② **강조 용법: S + V + O + 재귀대명사**
문장의 의미에 변화를 주지 않고 '스스로, 혼자서'라는 의미를 강조하는 상황
He cleaned the room.
= He cleaned the room **himself**. 그는 스스로 방을 청소했다.
= He **himself** cleaned the room. 그는 스스로 방을 청소했다.
▶ 강조 용법은 품사로는 부사로, 완전한 절 뒤에 오거나 주어와 동사 사이에 올 수 있다.

③ **관용 용법: S + V + O + by + 재귀대명사**
강조 용법과 같은 의미
He cleaned the room **himself**.
= He cleaned the room **by himself**. 그는 혼자서 방을 청소했다.
= He cleaned the room **on his own**. 그는 혼자서 방을 청소했다.
▶ 관용 용법은 on one's own으로 대체할 수 있다. 따라서 himself = by himself = on his own은 같은 표현으로 이 중 하나가 정답이 될 수 있다.

➕ 실력더하기

01 Jefferson will report the sale figure _____ when it is ready.
(A) he (B) his (C) him (D) himself

02 Students must remember that they must submit the essay by _____.
(A) them (B) themselves (C) himself (D) him

01 (D) himself '완전한 절+재귀대명사'로, 완전한 절 뒤에서는 강조 용법의 재귀대명사가 와야 한다. 일반적으로 주어, 동사, 목적어가 있으면 완전한 절이다. / 제퍼슨은 그것이 준비되었을 때 매출액을 직접 보고할 것이다. / **sales figure** 판매액, 매출액 **report** 보고하다, 알리다

02 (B) themselves 'by+재귀대명사'로, 재귀대명사는 앞에 있는 주어와 일치해야 한다. 앞에 students = they = themselves이며 by oneself는 관용 용법으로 쓰이고 있다. / 학생들은 반드시 그들이 직접 에세이를 제출해야 한다는 것을 명심해야 한다. / **remember** 기억하다, 명심하다 **submit** 제출하다

필살기 03 : 지시 대명사 that/those가 나오면 앞의 명사와 수를 일치시켜라

The price of his car is more expensive than that of mine.
그의 차의 가격은 내 차보다 더 비싸다.

지시 대명사는 앞의 비교하고자 하는 명사를 받아주는 대명사이다. that/those만이 지시대명사로 앞에 있는 명사를 받아줄 수 있으며, 이 둘의 차이는 단수/복수이다. 앞에 받고자 하는 명사가 무엇인지 파악할 수만 있다면 간단한 문제이다. 주로 뒤에 of가 이끄는 전치사구 또는 수식어로 부사가 나온다는 것을 알아두면 좀 더 쉽게 알아볼 수 있다.

토익, 이렇게 나온다

The ability of superman is far higher than _____ of Batman.

(A) it (B) them (C) that (D) those

❶ 문장의 주요 성분들을 분석한다.
   The ability / of superman / is / far higher / than _____ of Batman.
   주어 / 전치사구(=수식어) / 동사 / 보어 / 전치사구(=수식어)

❷ '주어+동사+보어'가 모두 있는 완전한 절이 있고, 빈칸은 수식어가 되는 전치사 뒤에 전치사의 목적어가 필요한 자리이다.

❸ 보기의 품사는 모두 대명사로 (A) it은 단수, (B) them은 복수, (C) that은 단수, (D) those는 복수이다.

❹ 앞에 비교급이 있을 때는 비교 대상을 받아 줄 수 있는 that/those만이 정답이 될 수 있다. 받아 주고자 하는 명사가 단수인 ability이므로 정답은 (C) that이다.

point '전치사+목적어+전치사' 공식으로 목적어가 될 수 있는 명사가 필요한 자리인 것을 파악할 수 있다. 다른 대명사도 전치사 뒤에 목적격이 될 수 있지만 비교 대상을 받아 주는 것은 that과 those만이라는 것을 알아야 한다.

해석 능력은 / 수퍼맨의 / ~이다 / 높은 / 배트맨의 능력보다
어휘 **ability** 능력, 재능 **far** 훨씬, 대단히 **high** 높다 **than** ~보다

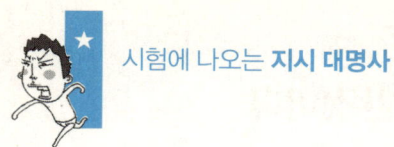 시험에 나오는 **지시 대명사**

① 지시 대명사 that

The area of Tom's room is smaller than **that** of Jack's.
톰의 방의 크기는   작다   잭의 것보다
that = the area 단수

② 지시 대명사 those

The materials we ordered from the Internet were much cheaper
우리가 인터넷으로 주문했던 재료들은   훨씬 저렴했다
than **those** ordered from the retail store.
        소매점에서 주문했던 것들보다
those = the materials 복수

실력더하기

01 The size of 2014 Busan Expo will be planned bigger than ___ of the previous one.
(A) it (B) itself (C) that (D) this

02 The popularity of Korean wave exceeds ___ of the J-pop.
(A) one (B) it (C) that (D) those

01 (C) that 앞에 있는 비교 대상을 받아 줄 수 있는 것은 지시대명사 that/those뿐이다. that은 앞에 있는 size를 받아 주고 있다. / 2014년 부산 엑스포의 규모는 지난 번보다 더 크게 기획될 것이다. / **be planned** 계획되다, 기획되다 **previous** 이전의

02 (C) that 앞에 있는 비교 대상을 받아 줄 수 있는 것은 지시대명사 that/those뿐이다. 받아 주고자 하는 명사가 popularity로 단수이므로 that이 정답이다. / 한류 열풍의 인기는 J팝을 능가한다. / **popularity** 인기 **exceed** 초월하다, 초과하다

뒤에 명사가 나오면 this는 형용사로 쓰인 것이다

this morning
오늘 아침

지시 형용사는 말 그대로 뒤에 있는 명사를 수식해 주는 역할을 한다. this/that은 대명사로 쓰이기도 하지만 형용사로 쓰이기도 한다는 것을 알아야 한다. 파트 5에서 문제로 출제되며, 파트 7 독해에서도 흔히 볼 수 있을 뿐 아니라 예문에서도 자주 볼 수 있다. this morning처럼 this 뒤에 명사가 있으면 형용사로 쓰인 것이며, This is good.처럼 홀로 쓰이거나 뒤에 동사가 있으면 대명사로 쓰인 것이다.

토익, 이렇게 나온다

Every member of the executive board received _____ year's final report from the secretary.

(A) them (B) it (C) this (D) these

❶ 문장의 주요 성분들을 분석한다.
   Every member / **of the executive board** / **received** /
   　주어　　　　　　　전치사구(= 수식어)　　　　　동사
   _____ **year's final report** / **from the secretary.**
   　　　　　　목적어　　　　　　　전치사구(= 수식어)

❷ '주어+동사+목적어'가 모두 있는 완전한 절로, 빈칸은 목적어인 명사 report를 수식해 주는 형용사가 필요한 자리이다.

❸ 보기의 대명사를 보면 (A) them은 대명사, (B) it은 대명사, (C) this는 형용사(단수 명사를 수식), (D) these는 형용사(복수 명사를 수식)이다.

❹ 뒤에 받아 주고자 하는 명사가 year로 단수이기 때문에 단수 명사를 수식해 주는 (C) this가 정답이다.

point '타동사+형용사+명사' 공식으로 명사를 수식해 주는 형용사가 들어갈 자리인 것을 파악할 수 있다. 하나의 단어는 여러 품사가 될 수 있기 때문에 보기에서 어떤 품사가 쓰여야 하는지 빨리 파악하는 것이 중요하다. 예를 들어, His address was very good.(그의 연설은 매우 좋았다.)에서 address는 명사와 동사가 될 수 있지만 소유격인 his 뒤에 있기 때문에 명사로 쓰이고 있으며 주어 역할을 하고 있다.

해석　모든 멤버들은 / 임원진의 / 받았다 / 올해의 최종 보고서를 / 비서로부터

어휘　**every** 모든　**member** 구성원, 멤버　**executive board** 임원진　**receive** 받다　**final report** 최종 보고서　**secretary** 비서

시험에 나오는 **지시대명사와 지시형용사**

① 지시 대명사 this, that

This is my car.
이것은 내 차입니다.

I don't like **that**.
난 그것은 싫어요.

▶ 지시 대명사로 각각 주어/목적어 역할을 하고 있다. 복수 형태는 각각 these와 those이다.

② 지시 형용사 this, that

This car is mine.
이 차는 내 것입니다.

That man is a stranger.
저 사람은 모르는 사람입니다.

▶ 여기서 this와 that은 뒤에 있는 명사를 수식해 주는 형용사이다. 문장의 주어는 car와 man이다. 이렇게 this/that은 대명사뿐만 아니라 형용사처럼 쓰일 수 있다.

※ '오늘', '이 번'이라는 뜻의 this

I went to the meeting **this** morning.
나는 미팅에 다녀왔다   오늘 아침에

I will try my best **this** time
나는 최선을 다 할 것이다   이번에

➕ 실력더하기

01 I need you to deliver ___ message to Ms. Nomura in sales department.
(A) it (B) them (C) this (D) one

02 Please send ___ fax to Mr. Miller as soon as you reach your office.
(A) him (B) he (C) this (D) it

01 (C) this '형용사+명사'로, 빈칸은 뒤에 명사를 수식하는 형용사 자리이다. this는 대명사와 형용사가 둘 다 될 수 있으며 여기서는 형용사로 쓰이고 있다. 다른 단어들은 대명사로만 쓰인다. / 당신이 이 메시지를 영업부에 있는 노무라 씨에게 전달해 주셨으면 해요. / **need** 필요하다, 해야 한다 **deliver** 전달하다, 배달하다

02 (C) this '형용사+명사'로, 뒤에 명사를 수식하는 형용사가 필요한 자리이다. 형용사는 this뿐이다. send는 4형으로도 쓰일 수 있어 send him the fax도 가능하다 send the fax to him처럼 뒤에 'to+명사'가 있다면 3형식으로 쓰인 것이며 3형식일 때는 동사 다음에 간접목적어와 직접목적어가 나올 수 없다. / 당신이 사무실에 도착하자마자 이 팩스를 밀러 씨에게 보내주세요. / **as soon as** ~하자마자 **reach** 도착하다

another와 other는 형용사이다

another car vs. other cars
다른 차 vs. 다른 차들

부정대명사로 알고 있는 단어들 중 another와 other는 뒤에 오는 명사를 수식해 주는 형용사 역할을 한다. another car처럼 another 뒤에는 단수 명사만 오며, other cars처럼 other 뒤에는 복수 명사/불가산 명사만 오는 것이 특징이다. 빈칸이 명사 앞에 있을 때는 주로 형용사 자리이므로 another나 other가 답인 경우가 많다.

토익, 이렇게 나온다

Sis & Bro Industries requested _____ manager to supervise its new facility in Ohio.

(A) another (B) other (C) others (D) each other

❶ 문장의 주요 성분들을 분석한다.
Sis & Bro Industries / requested / _____ manager / to supervise its
　　　주어　　　　　　　동사　　　　　목적어　　　　to부정사구(= 수식어)

new facility in Ohio.

❷ '주어+동사+목적어'가 다 있는 완전한 절로 빈칸은 목적어인 명사 manager를 수식해 주는 형용사가 필요한 자리이다.

❸ 보기를 살펴 보면 (A) another는 형용사(단수 명사 수식), (B) other는 형용사(복수 명사 수식), (C) others는 대명사, (D) each other는 대명사이므로, 정답은 (A) another(다른)이다.

point '타동사+형용사+명사' 공식으로 명사를 수식해 주는 형용사가 들어갈 자리인 것을 파악할 수 있다. other는 뒤에 복수 명사 또는 불가산 명사만 나올 수 있다. other cars(다른 자동차들), other information(다른 정보)

해석　Sis & Bro 인더스트리는 / 요청했다 / 다른 매니저가 / 오하이오에 있는 새로운 시설을 관리할 것을
어휘　**request** 요청하다, 요구하다　**supervise** 감독하다, 지휘하다　**facility** 시설　**others** 사람들, 다른 것들
　　　each other 서로

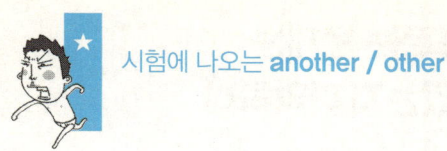
시험에 나오는 another / other

① another + 단수 명사/숫자 + 시간 명사

The manager wants to hire **another** employee to fill in the position.
매니저는 원했다   다른 직원을 고용할 것을   공석을 채우기 위해서

Tom needs to wait **another** 2 weeks to receive the paycheck.
톰은 기다려야 한다   또 다시 2주를   월급을 받기 위해서

② other + 복수 명사/불가산 명사

UNESCO will contact **other** nations seeking for assistance regarding the late crisis.
UNESCO는 연락을 할 것이다   다른 나라들에   도움을 구하고 있는   최근 위기에 관해서

You must tell him **other** information without hesitation.
너는 반드시 말해 줘야 한다 그에게   다른 정보를   주저 없이

➕ 실력더하기

01 The shipping company told us that it will take ____ 3 days until we receive the product.
(A) other (B) the other (C) another (D) one another

02 Any ____ resources you need can be found on the following web site.
(A) the other (B) other (C) another (D) others

---

01 (C) **another** 'another+숫자+시간 명사'로, 뒤에 있는 명사를 수식하는 형용사가 필요한 자리이다. 'other+복수/UN' 형태로 나와야 하고 나머지는 대명사로만 쓰여 명사를 수식할 수 없다. / 택배 회사는 우리에게 물건을 받기 전까지 3일 정도 더 걸릴 것이라고 말했다. / **shipping company** 운송 회사, 택배 회사 **until** ~까지 **receive** 받다, 수취하다

02 (B) **other** 'other+복수/UN'로, 뒤에 명사를 수식하는 형용사가 필요한 자리이다. any는 한정사로 other와 함께 resources를 수식하는 형용사로 쓰이고 있다. / 당신이 필요한 다른 어떤 자원들도 다음의 웹사이트에서 찾을 수 있습니다. / **resources** 자원, 재료 **following** 그 다음의, 다음에 나오는

필살기 06 부정대명사를 고르는 문제는 명사가 몇 개 남았는지 파악하라

Others are mine. vs. The others are mine.
나머지는 내 것이에요. vs. 나머지 모두 내 것이에요.

부정대명사 another와 other가 형용사로 쓰일 수 있다는 것을 배웠는데, 이번에는 대명사로 쓰여 주어, 목적어, 보어가 되는 경우이다. others와 the others는 대표적인 부정대명사로 초급자들이 많이 헷갈려 하는 대명사이다. 가장 큰 힌트는 문맥상 몇 개의 명사가 남았는지 파악하는 것이다. 부정대명사의 일반적인 개념부터 이해하는 것이 중요하며 어떤 형태로 출제되는지 알고 있어야 한다.

토익, 이렇게 나온다

Among ten books, six books are novels and _____ are comics.

(A) the others (B) other (C) another (D) the other

❶ 문장의 주요 성분들을 분석한다.
  Among ten books, / six books / are / novels / and / _____ / are / comics.
  전치사구(= 수식어)   주어   동사   보어   주어   동사   보어

❷ 빈칸은 접속사 and 뒤에 주어가 필요한 자리이므로 주어가 될 수 있는 명사(대명사)가 필요한 자리이다.

❸ 보기의 품사를 보면 (A) the others는 복수 대명사, (B) other는 형용사, (C) another는 단수 대명사, (D) the other는 단수 대명사이다.

❹ 몇 개 남았는지 따져 보기 전에, 주어가 들어갈 자리인데 뒤에 복수 동사가 있으므로 주어도 복수 명사라는 것을 알아볼 수 있다. 정답은 (A) the others (나머지 모두)이다.

point '접속사+주어+동사' 공식으로 일단 명사(대명사)가 필요한 자리인 것을 쉽게 파악할 수 있다. the others는 나머지 전부를 다 나타내는 대명사로 예문에서 앞에 6개를 묶어 말했기 때문에 의미적으로 남은 4개 전부를 나타내 주고 있다. 토익에서는 의미적으로 몇 개 남았는지 파악하는 것보다는 일단 먼저 문법적으로 들어갈 수 있는 단어와 그렇지 않은 단어를 구분하는 것이 먼저이다. 예문에서 another도 가능했지만 뒤에 동사가 복수여서 제외된 것처럼 대부분의 경우는 이렇게 파악해낼 수 있다.

해석 10개의 책 중에, / 6개는 / 이다 / 소설책 / 그리고 다른 나머지는 / 이다 / 만화책
어휘 **among** 중에 **novel** 소설책 **comic** 만화책

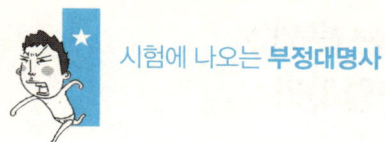 시험에 나오는 **부정대명사**

★ ☆ 두 개 중에, 첫 번째 하나를 one
☆ 남은 하나를 the other

① one ~ the other ~ : (둘 중) 하나는 ~ 나머지 하나는 ~

Between **the two cars**, I want the **red one** and Tom wants **the other**.
두 대의 차 중에서   나는 빨간 색 차를 원하고   톰은 다른 한 대를 원한다

★☆☆☆☆☆☆☆☆☆ 열 개 중에, 첫 번째 하나는 one
★☆☆☆☆☆☆☆☆☆ 남은 9개 중, 또 다른 하나를 말할 때는 another
☆★★★★★★★★☆ 남은 9개 중, 2개째부터 8개까지는 others
☆☆☆☆☆☆☆☆☆☆ 남은 9개를 모두 말할 때는 the others

② one ~ another ~ : 하나는 ~ 다른 하나는 ~

Among **10 items**, Tom took **one** and I took **another**.
10개 중에   톰이 하나를 가져갔고   내가 다른 하나를 가져갔다

③ one ~ the others ~ : 하나는 ~ 나머지 모두는 ~

Among **10 players**, only **one** can be the captain and **the others** cannot.
10명의 선수들 중에   한 명만 주장이 될 수 있고   나머지는 모두 될 수 없다

④ one/some ~ others ~ : 하나는/일부는~, 나머지는 ~

Among **10 pens**, **some** are cheap and others are expensive
10개의 펜 중에   몇 개는 값이 싸고   나머지는 비싸다

실력더하기

01 Of the two candidates, I believe Jennifer is better qualified than ____.
(A) another (B) the other (C) other (D) the others

02 Some people are expecting early retirement of Ms. Perry, while ____ want her to stay longer.
(A) the other (B) the others (C) another (D) other

01 (B) the other 두 명의 후보자 중 한 명이 언급되어 한 사람만 남았다. 하나만 남았을 때는 the other를 써야 한다. another를 쓰기 위해서는 여러 명이 남은 상황에서 또 다른 한 명을 나타낼 때 쓰일 수 있다. / 두 명의 후보자 중에 나는 제니퍼가 남은 한 명보다 더 자격이 있다고 믿는다. / **candidate** 후보자, 지원자 **qualified** 자격이 있는

02 (B) the others '주어+동사'로 주어가 될 수 있는 명사 자리이다. 동사가 want로 복수를 나타내고 있기 때문에 수 일치에 따라 복수 명사를 선택해야 한다. 보기에서 복수를 나타내는 단어는 the others밖에 없다. the other와 another는 단수이며 other는 형용사로 주어가 될 수 없다. / 몇몇 사람들은 페리 씨의 조기 은퇴를 예상하고 있는 반면에 다른 사람들은 그녀가 더 오래 머물기를 원한다. / **expect** 예상하다, 기대하다 **early retirement** 조기 퇴직 **while** ~동안에, 반면에

필살기 07 부분 대명사를 고르는 문제는 동사의 수 일치를 확인하라

Each of the students is important.
각각의 학생은 중요해.

부분 대명사는 기본적으로 수 일치 문제로 출제된다. each of the students에서 each는 학생들의 일부를 나타내기 때문에 '부분 대명사' 또는 '부분사'라고 한다. 이때 부분 대명사인 each가 주어이며 전치사구인 of the students는 수식어로 주어가 될 수 없다. 따라서 동사는 단수인 is가 된다. 이런 기본 개념을 알아두고, 부분 대명사에 따라 어떻게 수 일치시키는지 꼭 외워둬야 문제를 풀 수 있다.

토익, 이렇게 나온다

_____ of the equipment needs to be inspected by next week.
(A) One (B) Each (C) Several (D) Most

❶ 문장의 주요 성분들을 분석한다.
_____ of the equipment / needs / to be inspected / by next week.
　　주어　　　　　　동사　　　　목적어　　　전치사구(= 수식어)

❷ 빈칸은 동사 needs 앞에 주어의 일부분을 채우는 대명사가 필요한 자리이다.

❸ 보기를 보면 (A) One of the 다음에는 복수 명사, (B) Each of the 다음에는 복수 명사, (C) Several of the 다음에는 복수 명사, (D) Most of the 다음에는 복수/UN이 나와야 하므로 정답은 (D) Most(대부분)이다.

point 부분 대명사 뒤에는 어떤 명사가 나올 수 있는지가 중요하다. 또한 동사까지 어떻게 수 일치시켜야 하는지도 파악할 수 있어야 한다. 'most of the+불가산 명사'가 올 경우 주어는 단수 취급하여 뒤에 동사가 단수인 needs가 쓰이고 있다는 것을 알고 있어야 한다. 해석도 중요한 부분이지만 문법 문제들을 풀 때 문제의 의도를 빨리 파악할 수 있다면 빠르고 정확하게 문제를 풀 수 있다는 것을 기억하자.

해석 대부분의 장비는 / 필요가 있다 / 검사받을 / 다음 주까지

어휘 **most** 대부분 **equipment** 장비, 기구 **need** 필요하다 **to be inspected** 검사되어야 한다 **by next week** 다음 주까지

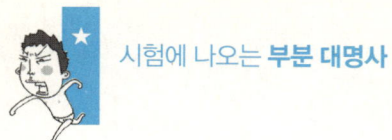

시험에 나오는 **부분 대명사**

one, each	of the	CN 복수	단수 동사	one of the students is ~
both, (a) few, several, many	of the		복수 동사	several of the students are ~
(a) little, much, a great deal	of the	UN	단수 동사	much of the information is ~
some, any, most, all	of the	CN 복수	복수 동사	some of the students are ~
		UN	단수 동사	most of the information is ~

➕ 실력더하기

01 The maintenance department hoped to change _____ of the furniture because it was getting old.

(A) one (B) many (C) most (D) several

02 _____ of the branches in New Squares were reported to have the best service in the town.

(A) One (B) Every (C) Few (D) Much

01 (C) most 'most of the+복수/UN'로, 불가산명사와 어울리는 부분 대명사를 선택하는 문제이다. 'one/many/several of the+복수 명사' 형태로 나와야 한다. / 관리부서는 너무 오래 되었기 때문에 대부분의 가구를 바꾸길 희망했다. / **maintenance department** 관리실, 유지 보수부서 **hope** 희망하다 **get old** 오래되다

02 (C) Few 'few of the+복수 명사+복수 동사'로 수 일치를 할 수 있는 부분 대명사를 선택하는 문제이다. 'one of the+복수 명사+단수 동사', 'much of the+UN+단수 동사'이며 every of라는 문법적인 표현은 없다. / 뉴 스퀘어스에 있는 몇몇 지점들은 동네에서 최고의 서비스를 한다고 보고되었다. / **branches** 지점들 **be reported** 보고되다, 전해지다

PRACTICE TEST

★☆☆
01 While some presentations were brief, _____ was planned carefully to include every detail.
(A) me
(B) my
(C) mine
(D) myself

★☆☆
02 James Cruz will be eligible for transfer after _____ completes the training programs.
(A) him
(B) his
(C) he
(D) himself

★☆☆
03 Please send questions about _____ products to our customer service department.
(A) yours
(B) yourself
(C) you
(D) your

★★☆
04 Applicants at Silla Eyewear can meet with Mr. Silla to ask for the position with _____.
(A) he
(B) him
(C) himself
(D) his

★☆☆
05 This year's participants are instructed to pick up _____ name tags today.
(A) theirs
(B) their
(C) them
(D) they

★★★

06 When the package is ready to be delivered, send the mailman to pick _____ up.

(A) them
(B) hers
(C) it
(D) one

★★☆

07 Employees of Sales department can choose among _____ who will lead the presentation.

(A) themselves
(B) they
(C) itself
(D) yourself

★☆☆

08 If you let _____ know when you will arrive, I will wait at the airport.

(A) my
(B) me
(C) I
(D) myself

★★☆

09 Mr. Lee hopes to complete the final report by _____ next week.

(A) he
(B) him
(C) himself
(D) his own

★★☆

10 Because the rest of team was out of office, the secretary had to answer the phone on _____.

(A) her
(B) hers
(C) herself
(D) her own

Verb
동사

토익에서 동사와 관련된 문제는 매달 7~8문제 가량 출제된다. 수, 태, 시제를 묻는 문제가 출제되며, 하나의 공식으로 풀 수 있는 문제보다는 복합적으로 생각해야 하는 문제가 출제되기 때문에 수 일치를 가장 먼저 확인하고, 태, 그리고 시제 순으로 확인하면서, 정답이 아닌 보기를 제거해나가는 것이 좋다. 우선 문제에서 동사 자리를 파악하고 빈칸이 동사 자리일 경우 수, 태, 시제의 일치를 확인한다. 또한 빈출되는 자동사, 타동사를 구분하면서 어휘를 외우는 것이 바람직하다. 그러면서 동사의 특징과 문장의 5형식을 꼼꼼하게 따져가면서 공부하는 것이 좋다.

동사는 문장에서 가장 중요한 술어의 역할을 한다. He plays the guitar.와 같이 실제 문장에서는 '주어(He)가 목적어(the guitar)를 동사(plays)한다'거나, He is tall.과 같이 '주어(He)는 보어(tall)이다'라고 해석하게 된다. 모든 문장에서 동사는 빠질 수 없기 때문에 빠르게 동사를 파악하여 바르게 해석하는 것이 중요하다.

기본적으로 동사의 형태는 4가지로 구분한다.
① be동사인 am, are, is의 형태
② '조동사+동사원형'의 형태(can+동사원형, may+동사원형, must+동사원형, should+동사원형, will+동사원형)
③ 수동형을 이루는 be+p.p. 형태
④ 완료시제를 이루는 have+p.p. 형태

동사문제는 이렇게 푼다!

Step 1 문장의 구조 분석을 통해 동사가 들어갈 자리인지 확인한다.

Step 2 보기에 동사가 하나뿐이면, 그것이 정답!

Step 3 보기가 동일한 동사인 문법 문제일 경우

　① 수 일치 – 주어에 주목하라.
　② 태 파악 – 목적어가 없으면 수동태이다.
　③ 시제 파악 – 부사가 단서이다.

Step 4 보기의 의미가 서로 다른 어휘 문제일 경우

　① 기본적으로 해석상 풀어라.
　② 동일한 의미의 어휘가 있다면 자·타동사를 구분해라.
　③ 자·타동사 구분 문제가 아니면 형식을 구분해라.

토익은 동사의 종류를 구별하는 문제가 나온다

필살기 01

He arrived in New York. vs. He reached New York.
그는 뉴욕에 도착했다.

명사가 가산/불가산 명사로 나눠져 있듯이, 동사는 크게 자동사/타동사로 구분되며 자동사/타동사에 따라 뒤에 목적어가 필요한지 여부가 결정된다. 자동사 arrive는 뒤에 전치사 in이 함께 오며 타동사 reach는 뒤에 목적어인 명사 New York이 바로 온다. 자동사/타동사는 또 한 번 완전/불완전으로 나누어지는데, 이때는 보어가 필요한지 여부가 결정된다. 이렇듯 동사는 기본적으로 4가지 종류인데 여기에 수여동사 하나를 더 추가해서 문장의 5형식이 확정된다. 동사 문제는 크게 자동사/타동사를 선택하는 문제이며 구체적으로는 형식을 구분하는 문제가 출제되므로 동사의 형식을 암기해야 한다.

토익, 이렇게 나온다

Mr. Lee _____ New York after 8 hours of flight.

(A) arrived (B) reached (C) came (D) appeared

❶ 문장의 주요 성분들을 분석한다.
　Mr. Lee / _____ / New York / after 8 hours of flight.
　　주어　　동사　　　목적어　　　전치사구(= 수식어)

❷ 빈칸은 주어 Mr. Lee 뒤에 있으며 동사가 와야 할 자리이다. 보기가 전부 동사인 어휘 문제이다.

❸ 보기의 동사를 보면 (A)는 자동사로, 'arrived+전치사', (B)는 타동사로 'reached+명사', (C)는 자동사로 'came+전치사', (D)는 자동사로, 'appeared+전치사'이다.

❹ 자동사 뒤에는 전치사가, 타동사는 뒤에는 명사가 필요하기 때문에 타동사이며 의미도 올바른 (B) reached(도착하다)가 정답이다.

point　arrived in New York.(자동사+전치사) / reached New York.(타동사+명사)의 문장은 '도착하다'는 의미가 똑같아도 문장의 구조가 다르다는 것을 알아야 한다.

해석　리 씨는 / 도착했다 / 뉴욕에 / 8시간의 비행 후에
어휘　**after** 후에　**flight** 비행　**arrive** 도착하다　**reach** 도착하다　**come** 오다　**appear** 나타나다

시험에 나오는 **동사의 종류에 따른 문장 형식**

① **1형식 완전 자동사:** 주어와 동사만으로 완전한 절이 된다.
   She runs fast.
   S   V   수식어

② **2형식 불완전 자동사:** 동사 뒤에 주로 형용사가 나와야 완전한 절이 된다.
   He looks young.
   S   V   C

③ **3형식 완전 타동사:** 동사 뒤에 명사가 있어야 완전한 절이 된다.
   He made a decision.
   S   V   O

④ **4형식 수여동사:** 동사 뒤에 명사가 두 개 있어야 완전한 절이 된다.
   She gave him a present.
   S   V   IO   DO

⑤ **5형식 불완전 타동사:** 동사 뒤에 명사와 형용사가 있어야 완전한 절이 된다.
   He named his son Jack.
   S   V   O   C

➕ 실력더하기

01 All accounting employees must ___ for the 3-day training session.
   (A) attend (B) remain (C) register (D) approve

02 Please ___ Ms. Potter the e-mail about the recent modification of building.
   (A) announce (B) call (C) send (D) see

01 (C) register '자동사+전치사'로, 뒤에 전치사가 있으면 자동사를 선택해야 한다. 'attend+명사', 'approve+명사', 'remain+형용사', 'register+전치사'로 자동사이며 의미가 올바른 register가 정답이다. / 모든 회계 직원들은 반드시 3일짜리 교육에 등록해야 한다. / **attend** 참석하다 **remain** 남다, 남아있다 **register for** ~에 등록하다 **approve** 승인하다 **training session** 교육

02 (C) send '4형식 동사+IO+DO'로, 뒤에 목적어가 두 개 있으므로 4형식 수여동사를 선택해야 한다. 'announce+명사', 'call+명사', 'send+명사+명사', 'see+명사'이다. 4형식이며 의미가 올바른 send가 정답이다. / 건물의 최근 수정 사항들에 관해서 포터 씨에게 이메일을 보내주세요. / **announce** 발표하다 **call** 전화하다, 연락하다 **send** 보내주다 **modification** 수정 사항

보기에 의미가 같은 동사가 두 개 있으면 자동사/타동사를 구별하라

The sun rises. vs Tom raised the voice.
태양은 떠오른다 vs 톰은 목소리를 높였다

문장은 동사의 종류에 따라 5형식으로 나뉜다. 동사 문제를 풀 때는 먼저 자동사/타동사를 구분한다. 동사 뒤에 목적어가 없으면 자동사, 목적어가 있으면 타동사가 정답이다. raise는 타동사여서 뒤에 목적어 역할을 하는 명사 the voice가 나와야 하고 rise는 자동사여서 아무것도 오지 않아도 된다. 해석해서 푸는 문제가 아니기 때문에 동사가 나올 때마다 자동사/타동사를 꼭 구분해서 암기해야 한다. 또한 같은 자동사라도, The sun rises.와 같이 '주어+동사'로 완전한 문장을 만들 수 있는 1형식 동사와 He looks happy.와 같이 뒤에 보어가 필요한 2형식 동사를 구분할 수 있어야 한다.

토익, 이렇게 나온다

In order to _____ the hospital, you must take the bus across the street.

(A) remain (B) go (C) stay (D) reach

❶ 문장의 주요 성분들을 분석한다.
In order / to _____ / the hospital, / you / must take / the bus
전치사구(= 수식어)   to부정사   목적어   주어   동사   목적어
across the street.
전치사구(= 수식어)

❷ 콤마 뒤에 완전한 절이므로 빈칸은 동사원형이 와서 to부정사를 이룬다.

❸ 보기의 동사를 보면 (A)는 2형식, 'remain+형용사' (B)는 1형식, 'go+부사' (C)는 2형식, 'stay+형용사' (D)는 3형식, 'reach+명사' 형태로 쓰인다.

❹ 1형식 동사 뒤에는 부사 또는 전치사, 2형식 동사 뒤에는 형용사, 3형식 동사 뒤에는 명사가 나오는데 뒤에, 빈칸 뒤에 명사가 있기 때문에 타동사이며 의미가 올바른 (D) reach(도착하다)가 정답이다.

point 'in order to+동사원형'은 '~하기 위해서'라는 의미의 빈출 숙어이다. He must go early. 1형식 뒤에는 부사, He remained silent. 2형식 뒤에는 형용사, He reached the building. 3형식 뒤에는 명사가 오는 것을 기억하자.

해석 도착하기 위해서 / 병원에 / 너는 / 반드시 타야 한다 / 버스를 / 길 건너편에서
어휘 **in order to** ~하기 위해서 **take** 가져가다, 타다 **across** 건너편 **remain** 남아 있다 **stay** 머무르다

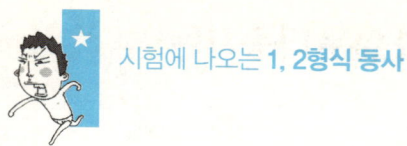
시험에 나오는 **1, 2형식 동사**

① **1형식 동사:** 주어와 동사만으로 완전하며 뒤에 수식어(부사, 전치사구)가 붙을 수 있다.

The price of the oil **fell** dramatically.
기름값이 　　　　내렸다　극적으로

- 왕래발착, 거주, 이전에 관한 동사 / come, go, walk, move, arrive, leave, live, stay
- 자연 현상에 관한 동사 / rise, set, rain, snow, exist, appear, die
- 인간 본능에 관한 동사 / talk, speak, sleep, breathe, drink, study, lie, brag, smile

② **2형식 동사:** 주어와 동사 뒤에 보어(형용사, 형용사 상당어구)가 있어야 완전한 절이 된다.

She looks happy today.
그녀는　행복해 보인다　오늘

- 상태를 나타내는 동사 / be동사, keep, remain, stay, last + 형용사
- 상태의 변화를 나타내는 동사 / become, get, turn, grow + 형용사
- 의견을 나타내는 동사 / seem, appear + 형용사
- 감각을 나타내는 지각동사 / taste, smell, sound, feel, look + 형용사

실력더하기

01 Please ____ the questions as soon as possible.
　　(A) think　(B) reply　(C) answer　(D) speak

02 It ____ true that Nelly will be retiring next week.
　　(A) asks　(B) seems　(C) must　(D) talked

01 (C) **answer** '타동사+명사'로, 뒤에 명사가 있으면 타동사를 선택해야 한다. 'think+전치사', 'reply+전치사', 'speak+전치사', 'answer+명사'로 타동사인 answer가 정답이다. / 가능한 한 빨리 질문에 답변해 주세요. / **reply** 응답하다　**as soon as possible** 가능한 한, 신속하게

02 (B) **seems** '2형식+형용사'로, 뒤에 형용사가 있으면 2형식 불완전자동사를 선택해야 한다. 'ask+명사', 'seem+형용사', 'must+동사원형', 'talk+전치사'로 2형식 동사인 seem이 정답이다. / 넬리가 다음 주에 은퇴하는 것이 사실인 듯하다. / **seem** (~인 것처럼) 보인다, ~인 것 같다　**retire** 은퇴하다

필살기 03 자동사로 혼동하기 쉬운 타동사는 반드시 암기하라

discuss the problem vs. discuss about the problem
문제를 논의하다

타동사는 뒤에 목적어가 와야 한다. 예문은 해석해 봐서는 차이가 없다. 하지만 discuss는 타동사라서 목적어를 수반하기 때문에 뒤에 꼭 명사가 있어야 한다. 따라서 discuss the problem이 올바른 표현이다. 이렇게 동사를 볼 때는 자동사·타동사부터 구분해서 외워야 한다. 토익에 출제되는 자동사는 기본적으로 정해져 있기 때문에 그것만 외우고 나면 나머지는 전부 타동사 취급해야 한다. 따라서 이미 소개된 자동사를 다시 한 번 꼭 암기해야 한다.

토익, 이렇게 나온다

All participants must _____ every training session without exception.

(A) enroll (B) participate (C) apply (D) attend

❶ 문장의 주요 성분들을 분석한다.
All participants / must _____ / every training session /
　　주어　　　　　동사　　　　　　목적어
without exception.
전치사구(= 수식어)

❷ 빈칸은 조동사 must 뒤에 동사원형이 필요한 자리이다.

❸ 보기의 동사를 보면 (A) enroll은 '자동사+전치사'의 형태로, (B) participate는 '자동사+전치사', (C) apply는 '자동사+전치사', (D) attend는 '타동사+명사'의 형태로 쓰인다.

❹ '자동사+전치사/부사' 또는 타동사 뒤에는 명사가 필요하다. 빈칸 뒤에 명사 session이 있으므로 타동사이자 의미도 통하는 (D) attend(참석하다)가 정답이다.

point 흔히, 자동사라고 할 때는 1형식을 말하며, 타동사라고 할 때는 3형식을 말한다. 또한, 조동사 can, may, must, should, will 뒤에는 동사원형이 온다.

해석 모든 참가자들은 / 반드시 참석해야 한다 / 모든 교육에 / 예외 없이
어휘 **participants** 참가자들 **exception** 예외 **enroll** 등록하다 **participate** 참가하다 **apply** 지원하다

 시험에 나오는 **3형식 동사**

① **3형식 동사:** 주어와 동사 뒤에 목적어(명사, 명사 상당어구)가 있어야 완전한 절이 된다.
We discussed global economy at the class yesterday.
우리는 토론했다   국제 경제를   어제 수업에서
▶ 의미는 비슷할 수 있어도 We discussed about the global economy.는 틀린 문장이다.

② **자동사로 혼동을 줄 수 있는 타동사:** 이 단어들 뒤에는 명사(목적어)가 와야 한다.

access ~에 접근하다	**discuss** ~에 관해 논의하다	**provide** ~을 제공하다
join ~와 결합하다	**mention** ~에 대해 언급하다	**answer** ~에 대답하다
await ~를 기다리다	**call** ~에게 전화하다	**exceed** ~을 초과하다
resemble ~와 닮다	**disclose** ~를 폭로하다	**reach** ~에 도착하다
contact ~와 연락하다	**marry** ~와 결혼하다	**interview** ~를 면접하다
accompany ~와 동반하다	**regret** ~을 후회하다	

실력더하기

01 The secretary called the airline agency to ____ the flight schedule for her boss.
(A) wait (B) comply (C) confirm (D) arrive

02 The labor union wanted to ____ the wage of temporary contract employees.
(A) rise (B) raise (C) remain (D) appear

01 (C) **confirm** '타동사+명사'로, 뒤에 명사가 있으면 타동사를 선택해야 한다. 'wait+전치사', 'comply+전치사', 'confirm+명사', 'arrive+전치사'로 타동사인 confirm이 정답이다. / 비서는 그녀의 상사의 비행 시간표를 확인하기 위해서 여행사에 전화했다. / **comply with** ~을 순응하다, 따르다 **confirm** 확인하다 **airline agency** 여행사

02 (B) **raise** '타동사+명사'로, 뒤에 명사가 있으면 타동사를 선택해야 한다. 'rise+부사', 'raise+명사', 'remain+형용사', 'appear+전치사'로 타동사인 raise가 정답이다. / 노동조합은 계약 직원들의 임금을 인상하고 싶어 했다. / **raise** ~을 올리다, 인상하다 **labor union** 노동 조합 **wage** 임금, 급료 **temporary** 일시적인, 임시의

필살기 04 빈칸 뒤에 명사가 두 개 있으면 4형식 동사가 정답이다

I provided him with a job.
vs. I offered him a job.
그에게 직업을 제공 했어.

타동사는 3형식, 4형식, 5형식을 만들며 같은 타동사라도 문장 형식에 따라 뒤에 올 수 있는 품사에 차이가 있다. provide him with a job처럼 3형식은 명사 하나만, offer him a job처럼 4형식은 명사가 두 개, find the place comfortable처럼 5형식은 명사와 형용사가 있어야 하는 것이 기본이다. 따라서 의미가 올바르더라도 이런 구조가 일치해야 확실한 정답이다. 보기에서 해석상 적절한 동사가 2개 이상 있을 때, 의미뿐만 아니라 이러한 구조도 항상 따져봐야 한다.

토익, 이렇게 나온다

For the special event, the manager _____ customers a discount on all of the advertised items.

(A) mentioned (B) explained (C) offered (D) provided

❶ 문장의 주요 성분들을 분석한다.
For the special event, / the manager / _____ / customers /
전치사구(= 수식어)　　　주어　　　　동사　　　　간목

a discount / on all of the advertised items.
직목　　　　전치사구(= 수식어)

❷ 빈칸은 주어 manager 뒤에 동사가 필요한 문장이다.

❸ 보기의 (A)는 'mentioned(3형식)+명사', (B)는 'explained(3형식)+명사', (C)는 'offered(4형식)+명사+명사', (D)는 'provided(3형식)+명사'로 쓰인다.

❹ 해석상 대부분의 단어들이 다 될 수 있지만, 동사는 형식이 정해져 있다. 3형식 동사 뒤에는 목적어가 하나, 4형식 동사 뒤에는 목적어가 두 개 있어야 한다. 뒤에 명사가 두 개 나와 있어 2개의 목적어가 있기 때문에 의미도 올바르고 4형식 동사인 (C) offered(제공하다)가 정답이다.

point 해석상 3형식과 4형식은 구분할 수 없고, 반드시 암기해야 한다. 따라서 토익에 잘 나오는 주요 형식의 동사들은 꼭 외워야 한다. 토익은 기본적인 문법의 이해와 빈출 어휘의 암기만으로도 대부분의 문법 문제를 해결할 수 있다.

해석 특별 이벤트로 / 매니저는 / 제공해 줬다 / 고객들에게 / 할인을 / 모든 광고된 제품들에
어휘 **advertised** 광고된　**mention** 언급하다　**explain** 설명하다　**offer** 제공하다　**provide** 제공하다

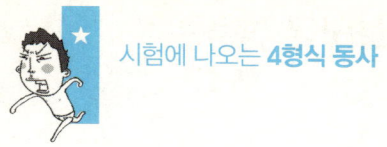 시험에 나오는 **4형식 동사**

① **4형식 동사**: '주어 + 동사' 뒤에 '간접목적어 + 직접목적어'가 있어야 완전한 절이 된다.

Andy sent **her a letter**.
앤디는 보냈다 그녀에게 편지를

▶ 반드시 간접목적어 직접목적어 순서대로 나와야 한다.
▶ 4형식은 3형식으로 전환 가능하다. Andy sent a letter to her.처럼 '주어+동사+목적어+수식어'로 나오면 3형식이다.

- **give** 주다 / **offer** 제공해 주다 / **teach** 가르쳐 주다 / **make** 만들어 주다 / **ask** 물어 보다 / **tell** 말해 주다 / **show** 보여 주다 / **lend** 빌려 주다 / **send** 보내 주다 / **grant** 수여하다 / **hand** 건네 주다 / **bring** 가져오다

② **4형식 동사로 착각하기 쉬운 3형식 동사**: 뒤에 명사(목적어)가 하나만 온다.

mention B to A B를 A에게 언급하다 → **mention A B** (×)
explain B to A B를 A에게 설명하다 → **explain A B** (×)
describe B to A B를 A에게 묘사하다 → **describe A B** (×)
suggest/propose B to A B를 A에게 제안하다 → **suggest/propose A B** (×)
introduce B to A B를 A에게 소개하다 → **introduce A B** (×)
announce B to A B를 A에게 발표하다, 알리다 → **announce A B** (×)

실력더하기

01 The committee of IAA ____ Mr. Jeffery's team grants for their tremendous efforts to save animals.

(A) acknowledged (B) accepted (C) awarded (D) approved

02 In the class, the student ____ the teacher many difficult questions.

(A) asked (B) suggested (C) explained (D) proposed

01 (C) **awarded** '4형식 동사+명사+명사'로, 뒤에 명사가 두 개 있으면 4형식 동사를 선택해야 한다. 'acknowledged+명사', 'accepted+명사', 'awarded+명사+명사', 'approved+명사'로 4형식 동사인 awarded가 정답이다. / IAA의 위원회는 제프리 씨의 팀에게 동물들을 구하기 위한 그들의 많은 노력에 상금을 수여했다. / **acknowledge** 인정하다 **accept** 받아들이다 **grants** 보조금, 상금 **tremendous** 대단한, 엄청난 **efforts** 노력

02 (A) **asked** '4형식+명사+명사'로, 뒤에 목적어가 두 개 있어 4형식 동사를 선택하는 문제이다. 'suggested+명사', 'explained+명사', 'proposed+명사'로 3형식 동사들이다. 따라서 4형식 동사인 asked가 정답이다. / 수업 시간에 학생은 선생님에게 많은 어려운 질문을 했다. / **suggest** 제안하다, 권유하다 **explain** 설명하다, 해명하다 **propose** 제안하다

필살기 05 to부정사를 목적격 보어로 취하는 동사를 암기하라

I invited him to come to the party.
나는 그에게 파티에 오라고 초대했어.

'주어+동사+목적어+목적격 보어'로 불완전 타동사가 쓰인 이와 같은 구조를 5형식이라고 한다. I made her happy.에서 happy가 목적격 보어인 것처럼, 이렇게 보어가 될 수 있는 가장 대표적인 품사는 형용사이다. 하지만 형용사와 똑같은 역할을 할 수 있는 to부정사도 목적격 보어가 될 수 있다. 따라서 이런 문제를 풀 때 의미를 따져서 목적격 보어의 형태를 파악할 수 있겠지만, 토익에서 자주 출제되는 불완전 타동사 중 형용사를 목적격 보어로 취하는 동사들과 to부정사를 목적격 보어로 취하는 동사들을 미리 외워두면 간단히 풀 수 있다.

토익, 이렇게 나온다

Our supervisor, Mr. Macquarie, allows employees _____ a day off from work every month.

(A) taken (B) taking (C) take (D) to take

❶ 문장의 주요 성분들을 분석한다.
Our supervisor, Mr. Macquarie, / allows / employees /
　주어　　　　주어(= 동격)　　　　동사　　　목적어

_____ a day off / from work every month.
　보어　　　　　전치사구(= 수식어)

❷ 주어 supervisor, 동사 allow, 목적어 employees가 있지만 5형식 동사인 allow는 목적격 보어가 있어야 하기 때문에 빈칸은 보어가 필요한 자리이다.

❸ 보기의 품사를 보면 (A) taken은 분사, (B) taking은 동명사, (C) take는 동사, (D) to take는 to부정사이다.

❹ allow는 to부정사를 목적격 보어를 취하는 동사이기 때문에 이것을 알고 있다면 고민 없이 쉽게 to부정사를 선택할 수 있는 문제로 정답은 (D) to take(쉬도록)이다.

point 문법적으로 보어가 될 수 있는 품사는 명사, 형용사, to부정사, 분사이지만 일부 동사들은 이렇게 특정하게 정해져 있기 때문에 알고 있으면 쉽게 접근할 수 있다.

해석 우리 관리자인 맥커리 씨는 / 허용해 준다 / 직원들이 / 하루 쉴 수 있도록 / 매달 근무로부터
어휘 **supervisor** 관리인 **employees** 직원들 **day off** 쉬는 날 **work** 근무 **every month** 매달

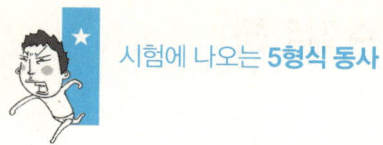

시험에 나오는 5형식 동사

① **5형식 동사**: '주어 + 동사' 뒤에 '목적어 + 목적격 보어'가 있어야 완전한 절이 된다.

The manager advised the new employees to ask any questions immediately.
매니저는 조언했다 새로운 직원들에게 어느 질문이든 바로 물어볼 것을

▶ advise는 to부정사를 목적격 보어로 취한다.
▶ to부정사 외에도 명사, 형용사도 목적격 보어가 될 수 있다.
▶ I found him attractive.에서 find는 5형식 동사로 주로 형용사를 목적격 보어로 취한다.

② **to부정사를 목적격 보어로 취하는 5형식 동사**: 동사 뒤에 '명사 + to부정사' 형태로 나와야 한다.

advise A to do A가 ~하도록 조언하다
ask A to do A가 ~할 것을 요구하다
enable A to do A가 ~하는 것을 가능하게 하다
expect A to do A가 ~하기를 기대하다
permit A to do A가 ~하도록 허가하다
require A to do A가 ~하도록 요청하다

allow A to do A가 ~하도록 허가하다
cause A to do A가 ~하도록 야기시키다
encourage A to do A가 ~하도록 장려하다
force A to do A가 ~하도록 강요하다
persuade A to do A가 ~하도록 설득하다
urge A to do A가 ~하도록 간청하다

실력더하기

01 Most team leaders expected members ____ their best at all times.
(A) try (B) trying (C) to try (D) tried

02 The security officer forced visitors ____ the restricted area without exceptions.
(A) leave (B) to leave (C) to leaving (D) leaving

01 (C) **to try** 'expect+명사+to부정사'로, expect는 to부정사를 목적격 보어로 취하는 동사이다. 외우고 있으면 쉽게 문제를 풀 수 있고 해석도 할 수 있다는 것을 잊지 말자. / 대부분의 팀 리더들은 팀원들이 항상 최선을 다 할 것을 기대하고 있다. / **best** 최상, 최대치 **at all times** (= always) 항상

02 (B) **to leave** 'force+명사+to부정사'로, force는 to부정사를 목적격 보어로 취하는 동사이다. 외우고 있으면 쉽게 문제에 접근할 수 있다. / 경비원이 방문객들이 빠짐없이 전부 제한된 장소를 떠나도록 강요했다. / **force** 강요하다 **restricted** 제한된, 한정된 **without exception** 예외 없이, 빠짐없이 전부

필살기 06 동사 문제는 주어와 수 일치를 가장 먼저 확인하라

He plays the guitar.
그는 기타를 친다.

주어와 동사의 수 일치를 확인하는 것은 동사 문제에서 가장 먼저 해야 하는 일이다. 토익에 나오는 수 일치 문제는 4가지만 확인하면 된다. 가장 기본적으로는 주어를 파악하는 것으로 '나'는 1인칭, '너'는 2인칭, 이를 제외한 나머지는 3인칭이라고 부르며 주어와 인칭에 맞게 일치시켜 주면 된다. 주어가 3인칭 단수일 때는 plays처럼 동사에 -s를 붙이고 단수 동사라고 부른다. 이때, 동사가 played처럼 과거 동사이거나 must와 같은 조동사가 있을 때는 수 일치로 문제를 풀 수 없기 때문에, '태'를 고려해야 한다.

토익, 이렇게 나온다

The Mario Outlet _____ all the products that are available throughout the country.

(A) offer (B) offers (C) offering (D) to offer

❶ 문장의 주요 성분들을 분석한다.
The Mario Outlet / _____ / all the products / that are available / throughout the country.
주어 / 동사 / 목적어 / 수식어(= 형용사절)

❷ 빈칸은 주어 The Mario Outlet 뒤에 동사가 와야 하는 자리이다.

❸ 보기의 품사를 보면 (A) offer는 복수형 동사, (B) offers는 단수형 동사, (C) offering은 동명사, (D) to offer는 to부정사이다.

❹ 동사가 아닌 보기는 제거하고 동사인 보기들만 보면 주어가 단수인지 복수인지를 묻고 있다. 주어가 단수이므로 단수 동사인 (B) offers(제공하다)가 정답이다.

point 명사는 복수일 때 -s를, 동사는 단수일 때 -s를 붙인다. 그리고 단수는 단수끼리, 복수는 복수끼리 일치시켜야 한다.

해석 마리오 아웃렛은 / 제공한다 / 모든 제품들을 / 구매할 수 있는 / 전국에서
어휘 **products** 제품들 **available** 구할 수 있는, 이용할 수 있는 **throughout** 도처에, 곳곳이

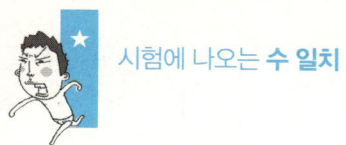

시험에 나오는 수 일치

① 기본 주어 파악

명사 / 대명사	(대)명사에 일치	He wants to leave early.
to부정사	단수 동사	To raise wages in this economic crisis is not logical.
동명사		Placing orders is easy with the access of the Internet.
명사절		Whether he buys the products or not is not my concern.

② 주격 관계대명사 뒤의 동사는 선행사에 일치

선행사+who	The student who comes late should report to the teacher.
선행사+that	The room that is used by the guest must be cleaned.
선행사+which	The cars which are made from Korea have a good reputation.

③ 상관접속사의 단/복수 일치

both A and B	복수 동사	Both Tom and Jay are my friends.
either A or B	B에 일치	Either the lawyer or the clients need to sign it.
neither A or B		Neither the reporters nor the president was angry.
not only A but also B		Not only I but also Andy likes to meet people.

④ 수식어에 따라 달라지는 수 일치

one / each	of the	복수 명사	단수 동사	One of the students is tall.
both / several		복수 명사	복수 동사	Both of the products are cheap.
little / much		불가산 명사	단수 동사	Little of the information is wrong.
some / most / all		복수 명사	복수 동사	Some of the students are kind.
		불가산 명사	단수 동사	All of the information is necessary.

➕ 실력더하기

01 There is the subway system that ____ the airport terminal and the central center.

(A) connecting (B) connect (C) connects (D) connection

02 According to the report, rewarding employees ____ productivity as well as morale.

(A) have raised (B) raises (C) raise (D) raising

---

01 (C) connects '주격 관계대명사+동사'에서 동사의 수는 선행사에 일치해야 한다. 선행사인 system이 단수이므로 단수 동사인 connects가 정답이다. / 공항 터미널과 센트럴 센터를 이어주는 지하철 시스템이 있다. / **connect** 연결하다, 이어주다 **subway system** 지하철 시스템

02 (B) raises 동사의 수를 주어인 동명사에 일치시키는 문제이다. employees는 동명사인 rewarding의 목적어로 주어가 될 수 없다. 동명사는 단수 취급이므로 단수 동사인 raises가 정답이다. / 보고서에 따르면 직원들을 보상하는 것은 생산성과 사기를 올린다. / **according to** ~에 따르면 **reward** 보상하다 **productivity** 생산성 **morale** 사기

필살기 07 시점의 부사가 있으면 단순시제가 정답이다

He played the guitar yesterday.
그는 어제 기타를 쳤다.

수와 태를 살펴 봤는데도 동사 문제를 해결할 수 없다면, 시제를 고려해야 한다. 시제는 크게 단순시제와 완료시제(have+p.p.)로 나뉜다. 단순시제란 우리가 흔히 과거, 현재, 미래라고 하는 시제로 정식 이름은 단순현재, 단순과거, 단순미래이다. 시제 문제는 가장 먼저 단순시제인지 완료시제인지를 파악해야 하는데, 문장에 yesterday와 같은 시점을 나타내는 부사들이 있으면 단순시제가 정답이다. 시점 부사는 하나의 시점을 나타내는 단어들로 tomorrow, next week, last Sunday 등이다. 이러한 시점 부사들 자체가 과거/미래시제를 결정짓는다.

토익, 이렇게 나온다

The company _____ yesterday that they finished developing the new software.

(A) have announced (B) announce
(C) announced (D) has announced

❶ 문장의 주요 성분들을 분석한다.
The company / _____ / yesterday / that they finished developing / the new software.
주어   동사   수식어   접속사 주어   동사   목적어
                                                develop의 목적어

❷ 빈칸은 주어 company 뒤에 동사가 필요한 자리이며 명사절을 목적어로 취하고 있다. 보기의 품사가 다 동사이지만 시제가 다른 문제이다.

❸ (A) have announced는 현재완료(복수), (B) announce는 단순현재(복수), (C) announced는 단순과거, (D) has announced는 현재완료(단수)이다.

❹ 뒤에 어제를 뜻하는 시점의 부사가 있다. 과거 시점 부사는 단순과거하고만 쓰일 수 있기 때문에 정답은 (C) announced(발표했다)이다.

point 시점을 나타내는 부사란 yesterday, tomorrow, next week, 3 day ago 등이다. 이런 부사들은 단순시제와만 어울리며 각각의 부사가 이미 시제를 정해 주고 있다.

해석 회사는 / 발표했다 / 어제 / 그들이 개발하는 것을 마쳤다는 것을 / 새로운 소프트웨어를
어휘 **company** 회사 **finish** 끝내다 **develop** 개발하다 **software** 소프트웨어 **announce** 발표하다

시험에 나오는 **단순시제를 결정짓는 부사**

① 단순과거: 과거의 한 시점에 일어난 행위, 역사적인 사실, 과거의 습관

단순과거를 결정 짓는 **부사**	
• **yesterday** 어제	I **finished** the work **yesterday**.
• 수사 + 시간 명사 + **ago** ~전에	He **went** to New York **3 days ago**.
• **last** + 시간 명사 지난 ~에	Kim **arrived** here **last week**.
• **in** + 연도 ~연도에	The company **was founded in 1990**.
• **those days** 그 당시, 그 시절	He **was** very active **those days**.
• **just now** 방금 전	He **came** here **just now**.

② 단순미래: 미래 한 시점의 일, 또는 의지

단순미래를 결정 짓는 **부사**	
• **tomorrow** 내일	They **will leave** the country **tomorrow**.
• **soon** 곧	I'**ll see** you **soon**.
• **next** + 시간 명사 다음 ~	The seminar **will finish next week**.
• 수사 + 시간 명사 + **from now** (지금부터) ~후에	I **will arrive** there **two days from now**.
• **in the near future** 가까운 미래에	The company **will merge in the near future**.

③ 단순현재: 사실, 현재의 습관, 일상, 반복적인 일

단순현재를 결정 짓는 **부사**	
• **daily / every day** 매일	I **exercise every day**.
• **always / usually** 항상, 주로	He **usually orders** Korean food.
• **normally** 보통은	Tom **normally studies** at the library.

➕ 실력더하기

01 The plant manager _____ the assembly line for its safety last week.
  (A) inspects (B) will inspect (C) inspected (D) has inspected

02 Next month, the Sailor's Diners _____ it's third branch in Dogaville.
  (A) will opened (B) opened (C) opening (D) will open

01 (C) **inspected** '과거 동사+과거 부사'로, 뒤에 과거를 나타내는 부사 last week가 있기 때문에 과거시제가 정답이다. / 공장 매니저는 지난 주에 안전을 위해서 조립라인을 점검했다. / **inspect** 점검하다, 검사하다 **assembly line** 조립라인

02 (D) **will open** '미래 동사+미래 부사'로, 앞에 미래를 나타내는 부사 next month가 있기 때문에 미래시제가 정답이다. '조동사+동사원형'으로 will opened라는 표현은 없다. / 다음달에, 세일러의 다이너는 도그빌에 세 번째 지점을 열 것이다. / **third** 세 번째 **branch** 지점 **open** 열다, 시작하다

필살기 08 기간의 부사가 있다면 완료시제가 정답이다

He has played the guitar for 2 years.
그는 2년 동안 기타를 쳐왔다.

기간 부사란 지속되는 일정한 시간을 나타내는 말들로 for 2 years, since the last Monday 등이 있다. 문장에 기간 부사가 있다면 완료시제(have+p.p.)가 정답이다. 기간이 과거부터 현재까지라면 현재완료이고, 과거부터 과거까지라면 과거완료, 과거부터 미래까지라면 미래완료이다. He has played는 주어가 단수여서 has가 쓰였고 현재완료이므로, '2년 전부터 지금까지고 해오고 있다'는 표현이 된다. 토익에서 동사 문제는 수, 태, 시제가 복합적으로 출제되므로 보기에서 여러 개의 완료시제가 한꺼번에 출제되어 시제를 파악하는 문제는 출제되지 않는 추세이다. 그러므로 기간의 부사가 있으면 완료시제가 정답이라는 것을 알고 있다면 쉽고 빠르게 문제를 풀 수 있다.

토익, 이렇게 나온다

According to the latest research, immigration rates _____ rapidly since 2009.

(A) increase (B) increased (C) will increase (D) have increased

❶ 문장의 주요 성분들을 분석한다.
According to the latest research, / immigration rates / _____ /
전치사구(= 수식어)   주어   동사
rapidly since 2009.
수식어

❷ 주어 뒤에 동사가 필요한데, 보기가 다 동사이므로 수, 태, 시제를 따진다.

❸ 보기의 (A) increase는 단순현재, (B) increased는 단순과거, (C) will increase는 단순미래, (D) have increased는 현재완료(복수형)이다.

❹ 뒤에 since 2009라는 기간을 나타내는 부사가 있다. 따라서 '그때부터 지금까지'라는 의미로 현재완료인 (D) have increased(증가했다)가 정답이다.

point 기간을 나타내는 부사란 since last month, for 2 years 등이며 이런 부사들은 완료시제와만 어울린다. 시제를 고려하기 위해 수와 태 일치를 먼저 생각하자.

해석 최근 연구에 따르면, / 이민 비율이 / 증가했다 / 2009년 이래로 급격하게
어휘 **the latest** 최신 **research** 연구 **immigration** 이민 **rates** 비율, 비용 **rapidly** 급격하게

시험에 나오는 **완료시제를 결정짓는 부사**

① **완료시제:** 과거부터 특정 기간까지 이어지는 행위, 사건 등을 나타내는 시제

완료시제를 결정 짓는 **부사**	
since + 과거 시점 ~이래로 **for/in the last** + 수사 + 시간 명사 지난 ~동안 **since then** 그때 이래, 그때부터 **in recent years/days/weeks** 최근 ~ 간 **already** 이미, 벌써 **these days** 요즘 **so far** 현재까지 **until now** 지금까지	He **has worked** in Boston **since last month**. I **have been** a teacher **for the last 5 years**. David **has been** late **these days**. Nothing **has been fixed so far**. Jimmy **has slept until now**.

➕ 실력더하기

01 Mr. Lee ___ at the Southern National Park for 12 years, which makes him one of the most experienced staff.

(A) worked (B) have worked (C) has been worked (D) has worked

02 Thomas Real Estate ___ the leading property dealer since it opened 10 years ago.

(A) is (B) has been (C) has (D) was

01 (D) **has worked** '완료시제+기간 부사'로, 뒤에 기간 부사가 있을 때는 완료시제를 선택해야 한다. 완료시제 중, 수 일치로 (B)는 제거, 태 일치로 (C)는 정답에서 제거한다. 정답은 수 일치, 태 일치, 시제 일치가 된 has worked이다. 자동사 work는 수동태로 쓸 수 없다. / 남부 국립 공원에서 일하는 리 씨는 12년 동안 일해온 덕분에 그는 가장 경험이 많은 직원이다. / **the most** 가장 **experienced** 경험이 많은, 숙련된 **staff** 직원

02 (B) **has been** '완료시제+시간 부사'로, 뒤에 since로 시작하는 기간을 나타내는 부사절이 있다. since는 '~이래로' 라는 의미로 과거부터 현재까지를 나타내기 때문에 완료시제인 has been이 정답이다. (C) has는 '가지다'라는 의미의 타동사이며 현재시제이다. / 토마스 부동산은 10년 전에 문을 연 이래로 선두 부동산 소개였다. / **leading** 선두적인, 선두의 **property dealer** 부동산 소개소

부사가 없다면, 주절과 종속절의 시제를 일치시켜라

필살기 09

I had worked at the cafe before I moved to Seoul. 나는 서울로 이사하기 전에 카페에서 일했었다.

시점 부사가 있으면 단순시제, 기간 부사가 있으면 완료시제를 선택해야 한다고 했다. 이번에는 문장에 부사가 없을 때, 주절의 시제와 종속절의 시제를 일치시켜 주는 문제이다. 주절의 시제가 빈칸이면, 종속절에 단서가 있다. 반대로 종속절의 시제가 빈칸이면, 주절에 단서가 있다. 따라서 동사 문제는 수, 태, 시제를 차례로 파악한 후, 시제 문제라면 가장 먼저 부사부터 확인하고, 부사가 없다면 주절이나 종속절에서 단서를 파악하면 된다. 시제를 파악하는 순서는 ① 부사를 확인하고, 부사가 없다면 ② 종속절의 시제와 접속사가 단서이다.

토익, 이렇게 나온다

Mr. Robinson _____ before I arrived at his office to discuss the budget.

(A) left (B) had left (C) has left (D) will leave

❶ 문장의 주요 성분들을 분석한다.
Mr. Robinson / _____ / before / I / arrived / at his office / to discuss
〈주절〉주어   동사   〈종속절〉접속사 주어   동사   전치사구(= 수식어)   수식어
the budget.

❷ 주어 Mr. Robinson 뒤에 동사가 필요한 자리이다. 보기의 품사가 모두 동사이지만 시제가 다른 시제 문제이다.

❸ 보기의 시제를 보면 (A) left는 단순과거, (B) had left는 과거완료, (C) has left는 현재완료, (D) will leave는 단순미래이다

❹ 문장에 부사가 없으므로 주절과 종속절의 시제 일치 문제이다. 주절의 시제는 빈칸이므로 종속절에서 단서를 찾는다. 종속절의 시제가 arrived 과거이다. 접속사 before가 있어 과거보다 더 과거는 대과거를 나타내기 때문에 정답은 대과거 혹은 과거완료라고 불리는 (B) had left(떠났다)이다.

point 주절의 시제가 빈칸: ① 종속절 시제 파악 ② 접속사 의미 파악
종속절의 시제가 빈칸: 주절의 시제가 과거이면, 종속절은 과거나 과거완료시제만

해석 로빈슨 씨는 / 떠났었다 / ~전에 / 내가 / 도착하기 / 그의 사무실에 / 예산을 토론하기 위해서
어휘 **arrive** 도착하다 **to discuss** 토론하기 위해서 **budget** 예산

시험에 나오는 **완료시제를 결정짓는 부사**

① 종속절의 동사 자리가 빈칸일 때 주절이 과거시제이면 과거/과거완료가 정답이다.

The president **announced** that he **decided** to acquire M&G Associates.
회장은 발표했다 그가 M&G를 인수할 것을 결정했다는 것을

② 주절의 동사 자리가 빈칸일 때 종속절의 접속사와 동사의 관계를 따져보고 선택한다.

The sales executive **has increased** the company's profit since he **took** the position.
영업 임원은 회사의 매출을 증가시켰다 그가 자리에 취임한 이래로

▶ since는 '그때 이래로 지금까지'라는 의미를 가지기 때문에 주절의 시제가 과거부터 현재까지 이어져 있음을 나타내는 현재완료가 되어야 한다.

실력더하기

01 A customer _____ about the product several times before she made a purchase.
(A) will ask (B) has asked (C) had asked (D) asks

02 The financial manager decided that he _____ to the board meeting.
(A) would go (B) has gone (C) will go (D) be gone

01 (C) had asked 주어 뒤에 동사 자리이다. 수, 태, 시제 중에, 수와 태가 일치되었기 때문에 시제 문제이다. 종속절의 시제가 과거인데 접속사 before가 있으므로 과거보다 더 과거인 대과거가 정답이다. 부사가 없으면 주절과 종속절의 시제 일치 문제이다. / 고객이 구매를 하기 전에 제품에 대해서 수 차례 문의했다. / **ask about** ~대해서 문의하다 **several times** 여러 번, 수 차례 **make a purchase** 구매를 하다

02 (A) would go 주절의 시제가 과거이면, 종속절의 시제도 과거시제를 선택해야 하는 문제이다. 보기에서 과거시제가 정답이 되고 있다. be gone은 동사가 아니다. be동사는 원형으로 쓰이지 않고 am/are/is 형태로 쓰여야 한다. / 재무 담당자는 이사회 회의에 가기로 결정했다. / **financial manager** 재무 대리, 재무 담당자 **decide** 결정하다 **board meeting** 이사회 회의

필살기 10 시제 일치의 2가지 예외를 기억하라

He suggested that she go home.
그는 그녀가 집에 갈 것을 제안했다.

① 부사로 시제를 판단하고, 부사가 없어 ② 주절과 종속절로 시제를 파악할 경우, 시제 일치에 두 개의 예외가 있다. 첫 번째는 He will go home if she comes.와 같이 시간과 조건의 부사절(종속절)은 시제가 미래여도 현재시제를 쓴다는 것이다. 두 번째는 suggest, recommend, demand와 같이 명령, 주장, 제안, 요구의 동사 뒤에 that절이 올 때 should가 생략된 동사원형을 쓰는 것이다. 외우고 있으면 쉽게 정답을 알 수 있다. 특히 명령, 주장, 제안, 요구의 동사는 꼭 암기해야 한다.

토익, 이렇게 나온다

The overnight worker will leave as soon as his replacement _____.

(A) come (B) comes (C) will come (D) came

❶ 문장의 주요 성분들을 분석한다.
The overnight worker / will leave / as soon as / his replacements ____.
〈주절〉주어　　　　　동사　　〈수식어(= 부사절)〉접속사　주어　　동사

❷ 주어 worker와 동사 will leave가 있는 완전한 주절이 있고 수식어가 되는 종속절의 동사가 필요하다. 보기가 다 동사이지만 시제가 다른 시제 문제이다.

❸ 보기의 (A) come은 단순현재(복수형 동사), (B) comes는 단순현재(단수형 동사), (C) will come은 단순미래, (D) came은 단순과거이다.

❹ 부사가 없는 주절과 종속절의 시제 일치이다. 종속절의 시제가 빈칸이므로 주절의 시제와의 관계를 봐야 한다. 주절의 시제가 미래로 해석상 떠날 것이라는 의미이고 종속절의 시제도 교체 근무자가 올 것이어서 미래를 뜻한다. 하지만 시간을 나타내는 부사절은 시제가 미래여도 현재시제를 쓴다는 예외가 있기 때문에, 현재시제로 수일치가 되는 (B) comes가 정답이다.

point 시간과 조건을 나타내는 부사절(종속절)은 의미상 시제가 미래여도 현재시제를 써야 한다는 것을 기억하자. as soon as는 시간을 나타내는 부사 접속사이다.

해석　야간 근무자는 / 떠날 것이다 / ~하자마자 / 그의 교체자가 / 왔다
어휘　**overnight** 밤을 새는　**worker** 직원　**leave** 떠나다　**as soon as** ~하자마자　**replacement** 교체, 교체자

시험에 나오는 **시제 일치의 예외**

① 시간과 조건의 부사절은 미래를 나타내도 현재시제를 쓴다.

미래	시간/조건	현재
주절의 시제	부사 접속사	종속절의 시제

▶ 주절의 시제가 미래고 시간/조건의 부사 접속사가 있다면 종속절 시제는 현재가 정답이다. 마찬가지로 시간/조건의 부사 접속사가 있고 종속절의 시제가 현재면 주절의 시제는 미래가 정답이다.

● 시간과 조건의 부사 접속사

when ~할 때 / **while** ~하는 동안에 / **before** ~전에 / **as soon as** ~하자마자 / **since** ~이래로 / **until** ~까지 / **after** ~후에 / **if** 만약 ~라면 / **unless** 만약 ~하지 않는다면 / **by the time** ~까지는

I will call you when **I arrive** in Seoul tomorrow.
나는 너에게 전화할 것이다   내가 내일 서울에 도착하면
〈주절〉   〈종속절〉= when으로 시작한 시간의 부사절

② 명령/주장/제안/요구 동사 + that + (should) + 동사원형을 쓴다.

● 명령/주장/제안/요구 동사

suggest, propose 제안 / **order** 명령 / **ask, demand, require, request** 요구 / **insist** 주장 / **recommend, advise** 조언

The teacher **suggested** that Tom **(should) study** hard for the test.
선생님은 제안했다   톰이 열심히 공부할 것을   시험을 위해서

▶ 종속절의 주어가 Tom으로 단수이지만, 수 일치나 시제에 상관없이 should가 생략되어 있기 때문에 동사원형인 study가 사용되고 있다. 반드시 알고 있어야지만 실수 없이 정답을 선택할 수 있다.

실력더하기

01 The agency recommended that the man ___ stock as soon as possible.
(A) buy (B) buys (C) bought (D) had bought

02 The new logo ___ to the public when the final date is fixed.
(A) presented (B) will be presented (C) will present (D) was presented

01 (A) **buy** 'recommend that+주어+동사원형'으로, 명령/주장/제안/요구 동사들 뒤에 that절이 올 경우에는 should가 생략되어 뒤에 동사원형이 오는 문제이다. / 회사는 그 남자가 가능한 한 빨리 주식을 살 것을 추천했다. / **recommend** 추천하다, 권유하다 **stock** 주식, 재고품 **as soon as possible** 가능한 한 빨리

02 (B) **will be presented** 주절이 미래를 나타내고 시간/조건의 부사절이 현재를 나타낼 때는, 시간/조건의 부사절의 시제가 현재로, 주절의 시제는 미래시제가 된다. 미래 시제 중에 태 일치를 시킨 will be presented가 정답이다. 뒤에 목적어가 없을 때는 수동태로 쓰여야 한다. / 새로운 로고는 최종 날짜가 고정되면 나면 대중에게 발표될 것이다. / **public** 대중, 일반 사람들 **be fixed** 정해지다

빈칸 뒤에 목적어가 있으면 능동태, 목적어가 없으면 수동태이다

The e-mail was sent by him.
이메일은 그로 인해서 보내졌다.

주어가 동사의 동작을 '하면' 능동, 주어가 동사의 행동에 '당하면' 수동태로 쓴다. 대부분의 경우, 해석을 해보면 능동인지 수동인지 파악할 수 있지만, 간단한 공식을 통해서도 능동/수동을 구분할 수 있다. 기본적으로 타동사 뒤에 목적어가 있으면 능동, 목적어가 없으면 수동태이다. 이 공식을 먼저 이해해야 하며 시제에 따른 수동형을 알아야 문제를 쉽게 풀 수 있다.

토익, 이렇게 나온다

The project _____ by the R&D team at the conference room last night.

(A) presented (B) presenting (C) to present (D) was presented

❶ 문장의 주요 성분들을 분석한다.
   The project / _____ / by the R&D team / at the conference room / last night.
   주어   동사   전치사구(= 수식어)   전치사구(= 수식어)   수식어

❷ 주어 project 뒤에 동사가 필요한 문장이며 보기의 형태가 다양하기 때문에 동사 형태 중에서 선택해야 한다.

❸ 보기를 보면 (A) presented는 과거 동사(능동), (B) presenting은 동명사, (C) to present는 to부정사, (D) was presented는 과거 동사(수동형)이다.

❹ 동사인 (A) 과거 동사(능동), (D) 과거 동사(수동) 차이는 능동, 수동이다. 해석상 보더라도 project가 발표하는 것이 아니고 발표되는 것이고, 빈칸 뒤에 목적어인 명사가 없기 때문에 수동태인 (D) was presented(발표 되었다)가 정답이다.

point 능동 · 수동은 주로 해석상 선택할 수 있지만 뒤에 목적어인 명사가 있으면 능동태, 목적어가 되는 명사가 없으면 수동태이다. 이때 '전치사+명사 = 전치사구'는 명사가 아니어서 목적어가 될 수 없다는 것을 명심해야 한다.

해석 프로젝트가 / 발표되었다 / R&D 팀에 의해서 / 회의장에서 / 어젯밤에
어휘 **project** 프로젝트 **R&D** 연구개발 **conference room** 회의장 **present** 발표하다

시험에 나오는 **수동태**

※ 능동태를 수동태로 전환하는 법

(능) He **made** the presentation.
　　　S　V　　　O

(수) The presentation **was made** by him.
　　　　S　　　　V　　　수식어

1. 목적어를 주어로 바꾼다.
2. 동사를 'be+p.p.'로 바꾼다.
3. 주어를 'by+목적격'으로 바꾼다.

① 자동사는 수동태를 만들 수 없다.

● 자동사가 능동태밖에 될 수 없는 이유는 능동태에서 수동태로 전환하기 위해서는 목적어가 있어야 하지만 자동사는 목적어를 취하지 않기 때문이다. 따라서 주어가 사물이면 수동태를 의심해도 괜찮지만, 주어가 사물이어도 동사가 자동사라면 능동태로 써야 한다. 따라서 주어가 사물인지 사람인지 파악하는 것보다 동사가 자동사인지 타동사인지 구분하는 것이 태를 결정하는 가장 정확한 방법이다.

The computer **consisted of** 20 parts. (○) ▶ 자동사이기 때문에 능동태로만 쓰인다.
　컴퓨터는　　　구성되어 있다　　20개의 부품으로
The computer **is consisted of** 20 parts. (×) ▶ 자동사는 수동태를 만들 수 없다.

▶ 이때 영어로는 능동태로 쓰였지만 해석은 수동의 의미로 해주게 된다.

② 타동사 뒤에 목적어가 있으면 능동, 목적어가 없으면 수동태이다.

● 타동사 뒤에 목적어가 없을 때 수동태가 되는 이유는 능동태를 수동태로 전환할 때의 특징 때문이다. 수동태로 전환할 때, 능동태의 목적어가 수동태의 주어가 되기 때문에 타동사 뒤에 목적어가 없다면 수동태라는 의미이다.

The computer **fixed**. (×) ▶ fix는 타동사인데 fix 뒤에 목적어가 없다. 또한 의미상 computer가 주체가 되어 고치는 동작을 할 수 없으므로 잘못된 문장이다.

The computer **is fixed**. (○) ▶ 타동사인 fix가 is fixed로 수동태가 되었기에 목적어가 없는 것이 맞다. 또한 '컴퓨터가 고쳐져야 한다(수동)'라는 의미로 자연스럽다.
　컴퓨터는　　　　고쳐져야 한다.

➕ 실력더하기

01 The revised policy for using the Internet ___ to all employees.
　　(A) provided　(B) providing　(C) was provided　(D) will provide

02 The products of KC Paint ___ for its unique color and quality.
　　(A) knew　(B) is known　(C) known　(D) are known

01 (C) **was provided** 주어 뒤에 동사가 필요한 자리이다. 수, 태, 시제 중에 수 일치는 되어 있고 다음은 태 일치인데 뒤에 목적어가 없으므로 수동태가 정답이다. 타동사 뒤에 목적어가 없으면 수동태를 써야 하며, 주어가 사물이면 수동태를 의심할 수 있다. / 인터넷을 사용에 대한 개정된 정책은 모든 직원들에게 제공되었다. / **revised** 수정된, 개정된　**policy** 규정, 정책　**provide** 제공하다

02 (D) **are known** 주어 뒤에 동사가 필요한 자리이다. 동사가 아닌 (C)는 제거, 수, 태, 시제 중에 수 일치로 (B)는 제거, 태 일치로 뒤에 목적어가 없기 때문에 수동태인 (D) are known이 정답이다. 이 문장의 주어는 the products로 '전치사+명사'인 전치사구는 주어, 목적어가 될 수 없음을 잊지 말자. / KC 페인트의 제품들은 고유의 색과 품질로 알려져 있다. / **unique** 독특한, 특별한, 고유의　**be known** 알려져 있다

필살기 12 · 4형식 동사의 수동태는 뒤에 나오는 'to/by+목적격'을 확인하라

She sent the letter to me.
vs. She was sent the letter by me.
그녀가 나에게 편지를 보냈다. vs. 그녀는 편지를 받았다.

능동태에서 수동태로 전환하면 동사의 목적어가 없어진다고 했다. 하지만 4형식은 목적어가 두 개이기 때문에 수동태로 전환해도 뒤에 하나의 목적어가 남는다. 또한 4형식 동사들은 3형식으로도 쓰일 수 있다. 따라서 3형식으로 쓰였는지 4형식으로 쓰였는지 파악해야 하며, 능동/수동태을 구분해야 한다. 기본적인 틀은 뒤에 'to+목적격'이 있다면 3형식으로 쓰여 She sent the letter라는 능동 표현이 만들어지고, 'by+목적격'이 있다면 4형식으로 쓰여 수동형을 만들어 She was sent the letter라는 수동 표현이 만들어진다. 주요 4형식 동사들을 외워두어야 하고 수동태를 만들어도 뒤에 목적어가 나올 수 있기 때문에 뒤에 'to+목적격', 'by+목적격'을 먼저 파악해야 한다.

토익, 이렇게 나온다

The residents _____ some brochures by the sales people.
(A) gave (B) were given (C) will give (D) have given

❶ 문장의 주요 성분들을 분석한다.
The residents / _____ / some brochures / by the sales people.
　　주어　　　　동사　　　　직목　　　　전치사구(= 수식어)

❷ 주어 residents 뒤에 동사가 필요한 문장이며 보기가 전부 다 동사이다.

❸ 보기의 동사를 보면 (A) gave는 과거시제(능동), (B) were given은 과거시제(수동), (C) will give는 미래시제(능동), (D) have given은 현재완료(능동)이다.

❹ 뒤에 목적어가 있지만, 4형식 동사들은 특별하게 수동태를 만들어도 뒤에 목적어가 나올 수 있다. 뒤에 'by+목적격'이 있으므로 수동형인 (B) were given(주어졌다)이 정답이다.

point 4형식 동사를 가지고 능동, 수동태를 만들 때 뒤에 'by+목적어'가 있으면 수동태, 뒤에 'to+목적어'가 있으면 능동태의 기본 틀이 있다. 만약 이것들이 다 생략되어 있다면 해석상 선택해야 한다.

해석　주민들은 / 받았다 / 몇몇 안내 책자를 / 영업하는 사람들로부터
어휘　residents 거주민, 거주자　brochures 책자　sales people 영업하는 사람

시험에 나오는 **4형식 동사의 수동태**

① **목적어가 2개면 4형식이다.**

I / gave / him / the document.
S   V   IO   DO
나는 보냈다 그에게 문서를

② **빈칸 뒤에 'by+행위자'가 있으면 수동태가 정답이다.**

He / **was given** / the document / **by me**.
S   V   O   by+행위자
그는 받았다   문서를   나로부터

③ **빈칸 뒤에 'to+대상'이 있으면 능동태가 정답이다.**

I / **gave** / the document / **to him**.
S   V   O   to+대상
나는 보냈다   문서를   그에게

▶ 4형식을 3형식으로 전환하면 뒤에 'to+대상'이 생긴다.

④ **'by+행위자' / 'to+대상'이 생략됐다면 해석 문제이다.**

실력더하기

01 Before the meeting, the managers _____ the schedules for the event to the employees.
(A) was sent (B) sent (C) sends (D) has sent

02 The regular customers _____ special discounts as a token of appreciation.
(A) offered (B) will offer (C) were offered (D) has been offered

01 (B) sent 뒤에 'to+명사'가 있으면 3형식으로 능동태로 쓰이는 것을 알아보는 문제이다. 수, 태, 시제 중 수 일치로 (C)와 (D)는 제거, 태 일치로 능동태인 sent가 정답이다. 뒤에 'by+명사'가 있으면 수동태로 쓰인다. / 회의 전에 매니저들은 직원들에게 행사에 대한 스케줄을 보냈다. / **schedule** 스케줄, 시간표 **event** 행사, 이벤트

02 (C) were offered 4형식 동사 offer의 능동/수동을 묻는 문제이다. 'to+명사'면 능동, 'by+명사'면 수동이 정답인데 둘 다 생략이 되었기 때문에 해석상 선택하는 문제이다. 고객들은 할인을 제공받는 것이므로 수동태 중, 수 일치가 되어있는 were offered가 정답이다. / 단골 고객들은 감사의 표시로 특별 할인을 받았다. / **regular customer** 단골 고객 **as a token of appreciation** 감사의 표시로

필살기 13 수동태의 시제를 기억하라

The work has been finished.
일은 끝났다.

시제는 단순시제와 완료시제로 나뉘고 모든 문장이 능동태로만 쓰이는 것이 아니기 때문에 단순시제와 완료시제에도 수동태가 있다. 진행시제를 포함한 총 12개의 시제의 수동형을 꼭 알고 있어야 하며, 특히 보기를 볼 때 보기가 능동인지 수동인지 빨리 파악할 수 있다면 그만큼 문제를 쉽고 빠르게 풀 수 있다는 것을 명심하자.

토익, 이렇게 나온다

Employees should park at the different location while the existing parking lot _____.
(A) repairs (B) is repairing
(C) has repaired (D) is being repaired

❶ 문장의 주요 성분들을 분석한다.
Employees / should park / at the different location / while /
　주어　　　　동사　　　　전치사구(= 수식어)　　　　접속사: 수식어(= 부사절)
the existing parking lot / _____.
　　　주어　　　　　　　동사

❷ 빈칸은 종속절인 부사절의 주어 parking lot 뒤에 동사가 필요한 자리이다.

❸ 보기의 동사를 보면 (A) repairs는 단순현재(능동), (B) is repairing은 단순현재진행(능동), (C) has repaired는 현재완료(능동), (D) is being repaired는 단순현재진행(수동)이다.

❹ repair는 타동사인데 뒤에 목적어가 없기 때문에 수동형이 쓰여야 한다. 또한 해석상 보더라도 주차장이 수리하는 것이 아니고 수리되어야 하므로 정답은 수동형인 (D) is being repaired(수리되는 중에 있다)이다.

point 동사 문제는 태만 보는 것이 아니고, 수, 태, 시제를 모두 고려해야 하는 경우가 많다. 차분히 하나씩 수, 태, 시제 순서로 접근하면서 오답을 제거하다 보면 쉽게 문제를 풀 수 있다. 따라서 수, 태, 시제를 골라내는 방법을 꼭 숙지해야 한다.

해석 직원들은 / 주차해야 한다 / 다른 장소에 / ~동안 / 기존의 주차장이 / 수리되는

어휘 **employees** 직원들　**park** 주차하다　**location** 장소　**while** ~동안에　**existing** 기존의, 현재의　**parking lot** 주차장

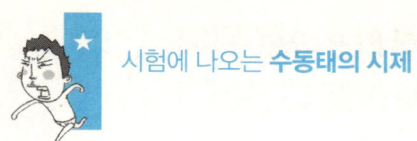# 시험에 나오는 **수동태의 시제**

	능동태	수동태
단순현재	동사의 현재형 He buys the book.	am/are/is + p.p. The book is bought (by him).
단순과거	동사의 과거형 He bought the book.	was/were + p.p. The book was bought.
단순미래	will + 동사원형 He will buy the book.	will be + p.p. The book will be bought.
현재완료	have/has + p.p. He has bought the book.	have/has been + p.p. The book has been bought.
과거완료	had + p.p. He had bought the book.	had been p.p. The book had been bought.
미래완료	will have + p.p. He will have bought the book.	will have been + p.p. The book will have been bought.
단순현재진행	am/are/is + ing He is buying the book.	am/are/is being + p.p. The book is being bought.
단순과거진행	was/were + ing He was buying the book.	was/were being + p.p. The book was being bought.
단순미래진행	will be + ing He will be buying the book.	will be being + p.p. The book will be being bought.
현재완료진행	have/has been + ing He has been buying the book.	have/has been being + p.p. The book has been being bought.
과거완료진행	had been + ing He had been buying the book.	had been being + p.p. The book had been being bought.
미래완료진행	will have been + ing He will have been buying the book.	will have been being + p.p. The book will have been being bought.

➕ 실력더하기

01 The year's incentives _____ on your next monthly paycheck.

(A) included (B) have included (C) have been including (D) will be included

02 The customers waiting in line _____ first due to the store policy.

(A) have served (B) have been served (C) are serving (D) will serve

01 (D) **will be included** 빈칸은 주어 뒤에 동사가 필요한 자리이다. 수, 태, 시제 중에 수 일치로 제거할 수 없고, 뒤에 목적어가 없으니 수동태가 정답이다. will be included는 미래 시제의 수동형이며 뒤에 부사 next monthly paycheck가 미래 시제라는 것을 가리키고 있다. / 올해 보너스는 다음 달 월급에 포함될 것이다. / **incentives** 격려금, 보너스 **monthly** 매월의 **paycheck** 급료 **include** 포함하다

02 (B) **have been served** 주어 뒤에 동사가 필요한 자리이다. 수, 태, 시제 중에 수 일치로 제거할 수 있는 것은 없다. 뒤에 목적어가 없기 때문에 수동태를 선택해야 한다. 보기에서 수동태는 하나뿐이므로 정답이 되었다. first는 부사로 수식어이다. / 줄에 서서 기다린 고객들은 가게 규정에 따라 우선 제공되었다. / **waiting** 기다리는 **first** 먼저, 우선 **be served** (서비스, 음식 등을) 제공받다

5형식 동사의 수동태는 바로 뒤에 to부정사가 주격 보어로 나온다

필살기 14

I was invited to speak at the seminar.
나는 세미나에서 연설하도록 초대되었다.

invite는 to부정사를 목적격 보어로 취하는 동사이다. 이러한 5형식 동사 뒤에 목적어 없이 to부정사가 바로 나왔다는 것은 수동태로 바뀌었다는 말이다. 주어인 I는 초대할 수도, 초대 받을 수도 있지만 뒤에 목적어 없이 바로 to부정사가 나왔기 때문에 수동형으로 I was invited가 적절하다. 이렇게 to부정사를 목적격 보어로 취하는 5형식 동사들을 외워두면 능동형과 수동형을 쉽게 구분할 수 있으며, 의미까지 외워두면 해석할 때도 좋다.

토익, 이렇게 나온다

All employees are _____ to submit their activity forms promptly.

(A) required (B) requiring (C) require (D) be required

❶ 문장의 주요 성분들을 분석한다.
   All employees / are / _____ / to submit / their extra activity forms
   주어   동사   보어   submit의 목적어
   promptly.

❷ 빈칸은 주어 employees 뒤에 있는 동사의 나머지 부분을 채우는 자리이다.

❸ 보기의 동사는 앞에 are와 함께 (A)를 선택하면 'be+p.p.(required)'의 수동태가 되고, (B)를 선택하면 'be+ing(requiring)'가 되어 진행시제(능동태), (C) require와 (D) be required는 be동사와 함께 쓸 수 없어 바로 제외한다.

❹ require는 목적어 다음에 to부정사를 목적격 보어로 취하는 5형식 동사인데 뒤에 to부정사, 즉 보어가 바로 왔다는 것은 목적어가 생략되었기 때문에 수동형이 와야 한다는 것이다. 또 모든 직원들은 그들의 외부 활동서를 제출하도록 요구되고 있다고 해석이 되어야 문맥이 부드럽기 때문에 수동형인 (A) required(요구되다)가 정답이다.

point 외우고 있으면 해석도 쉽고 문제도 쉽게 풀 수 있는 공식들이 있다. 그 중 하나가 to부정사를 목적격 보어로 취하는 5형식 동사들이다.

해석 모든 직원들은 / 요청된다 / 제출하도록 / 그들의 외부 활동서를 즉시
어휘 **be required** 요청되다, 요구되다 **submit** 제출하다 **activity form** 외부 활동서 **promptly** 즉시

시험에 나오는 5형식 동사의 수동형

- advise A to do A가 ~하도록 조언하다 → A be advised to do
  allow A to do A가 ~하도록 허가하다 → A be allowed to do
  ask A to do A가 ~할 것을 요구하다 → A be asked to do
  cause A to do A가 ~하도록 야기시키다 → A be caused to do
  enable A to do A가 ~하는 것을 가능하게 하다 → A be enabled to do
  encourage A to do A가 ~하도록 장려하다 → A be encouraged to do
  expect A to do A가 ~하기를 기대하다 → A be expected to do
  force A to do A가 ~하도록 강요하다 → A be forced to do
  permit A to do A가 ~하도록 허가하다 → A be permitted to do
  persuade A to do A가 ~하도록 설득하다 → A be persuaded to do
  require A to do A가 ~하도록 요청하다 → A be required to do
  urge A to do A가 ~하도록 간청하다 → A be urged to do

실력더하기

01 After the competition, each contestant ____ to attend the banquet with refreshments.
(A) encouraged (B) is encouraging (C) was encouraged (D) was encouraging

02 Most visitors ____ to enter all wings of the museum during the opening hours.
(A) are allowed (B) be allowed (C) will allow (D) allowed

01 (C) was encouraged 'encourage+명사+to부정사'로, encourage는 to부정사를 목적격보어로 취하는 동사이다. 뒤에 목적어가 없이 to부정사가 나왔을 경우에는 'be encouraged to do'로 수동형으로 쓰인다는 것을 알고 있어야 한다. / 대회 후에, 각각의 참가자들은 다과가 있는 연회에 참석하도록 장려됐다. / **competition** 대회 **contestant** 참가자 **encourage** 장려하다, 격려하다 **banquet** 연회 **refreshments** 다과, 음식물

02 (A) are allowed 'allow+명사+to부정사'로, allow는 to부정사를 목적격 보어로 취하는 5형식 동사이다. 목적어 없이 to부정사가 나왔을 경우에는 'be allowed to do'로 수동형으로 쓰인다는 것을 알고 있어야 한다. / 개장 시간 동안에 대부분의 방문자들은 박물관의 모든 동에 들어가는 것이 허용되고 있다. / **wings** (건물, 박물관 등의) 동 **opening hours** 개장 시간

PRACTICE TEST

★☆☆
01 All staff at Tiger World should _____ customers with a smile at all times.
(A) to acknowledge
(B) acknowledging
(C) acknowledge
(D) acknowledged

★☆☆
02 Employees at JIG Insurance _____ on rotating shifts to provide 24-hour emergency call service.
(A) work
(B) workers
(C) working
(D) works

★☆☆
03 Before you use any of our workout equipment for the first time, please _____ yourself with the safety instructions.
(A) familiarity
(B) familiarize
(C) familiarizing
(D) familiarly

★★☆
04 YMCY Design _____ employee satisfaction to be a top priority since the beginning.
(A) has considered
(B) considering
(C) will consider
(D) is considered

★★☆
05 Although Mr. Simpson had enough qualifications, the position _____ to a more experienced candidate, Clara Lewis.
(A) gives
(B) is giving
(C) was given
(D) will give

★★☆

06 A portion of the R&D department's budget _____ for unexpected problems.

(A) reserves
(B) was reserving
(C) to be reserved
(D) has been reserved

★★★

07 Before its main rival company announced its expansion plan, World Wing Company _____ expanding its business overseas.

(A) does not consider
(B) were not considered of
(C) will not consider
(D) had not considered

★★☆

08 International Incheon Airport has a subway system that _____ the airport to nearby cities.

(A) connection
(B) connecting
(C) connects
(D) connect

★★★

09 Representatives from KT Telecom _____ a press conference when a decision is reached regarding its new oversea policy.

(A) are held
(B) hold
(C) will hold
(D) has been held

★★☆

10 The summer schedules for commuter buses run by Gothem County _____ on Jun 14.

(A) will be published   (B) publishes
(C) will publish   (D) are publishing

Adjective
형용사

토익에서 형용사와 관련된 문제는 매달 7~8문제 가량 출제된다. 간단한 문장 성분의 위치 공식을 적용해 쉽게 정답을 선택할 수 있는 문제들이 보통 2~3문제, 보기에 형용사가 2개 이상 있어서 형용사의 의미를 파악해 정답을 찾아야 하는 문제들이 3~4문제로 늘어나는 추세이다.

형용사란? 형용사는 영어의 8품사에서 부사와 마찬가지로 문장에서 어떤 것을 수식해 주는 수식어 역할을 한다. a **beautiful** girl과 같이 명사(girl)를 수식하거나, I am **young**. / make the problem **easy**와 같이 주어(I)나 목적어(the problem)의 상태를 설명하는 보어 역할을 한다.

형용사는 주로 -ous, -(t)ic, -al, -ful, -ant, -ary, -ble, -tive 등으로 끝난다.

delici**ous** 맛있는   optimis**tic** 낙관적인   casu**al** 일상적인   beauti**ful** 아름다운
necess**ary** 필요한   responsi**ble** 책임 있는   attrac**tive** 매력적인

형용사문제는 이렇게 푼다!

Step 1   문장의 구조 분석을 통해 형용사가 들어갈 자리인지 확인한다.

Step 2   보기에 형용사가 한 개라면 정답!

Step 3   보기에 형용사가 2개 이상이면,

         ① 가산 명사(CN)와 불가산 명사(UN)를 수식하는 형용사를 구분하라.
         ② 의미가 다른 형용사는 해석으로 푼다.

Step 4   보기에 형용사와 분사가 같이 있으면,

         ① 의미가 같으면 형용사가 정답이다.
         ② 의미가 다르면 해석을 해보고 의미를 통해 해결한다.

필살기 01 빈칸이 명사 앞에 있으면 형용사가 정답이다

a beautiful girl
아름다운 소녀

형용사의 기본 역할은 명사를 수식해 주는 것이다. 수식해 주려면 당연히 수식하고자 하는 품사 앞에 있어야 한다. 형용사 beautiful이 명사 girl을 앞에서 수식하고 있다. 그래서 빈칸이 명사 앞에 있으면 형용사의 위치를 묻는 문제일 가능성이 높다. 문제를 빠르게 풀기 위해서는 보기에 제시된 단어들의 품사를 쉽게 파악할 수 있어야 한다.

토익, 이렇게 나온다

_____ evaluation of the department is scheduled.

(A) Extensive (B) Extent (C) Extensively (D) Extension

❶ 문장의 주요 성분들을 분석한다.
_____ evaluation (of the department) / is scheduled.
　　　　　　주어　　　　　　전치사구(= 수식어)　　　　동사

❷ 빈칸은 주어인 명사 evaluation를 수식해 주는 형용사 자리이다.

❸ 보기의 품사를 보면 (A) Extensive는 형용사, (B) Extent는 명사, (C) Extensively는 부사, (D) Extension은 명사이므로, 정답은 (A) Extensive(광범위한, 폭넓은)이다.

point '형용사+명사' 공식으로 쉽게 문제를 풀 수 있는 기본 문제이다. 참고로 문제를 풀 때 전치사구는 전체 문장 구조에 영향을 주지 않기 때문에 항상 괄호로 묶고 문제를 접근하는 습관을 들여야 한다.

해석 광범위한 평가가 / 부서의 / 예정되어 있다
어휘 **evaluation** 평가 **department** 부서 **be scheduled** 일정이 잡혀있다 **extent** 정도, 크기 **extensively** 널리, 광범위하게 **extension** (세력, 영향력) 확대, 연장

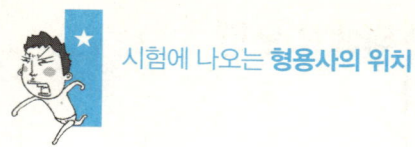

시험에 나오는 **형용사의 위치**

① 동사 + **형용사** + 명사

The company needs **careful** planning for the upcoming event.
회사는 필요하다   세심한 기획이   다가오는 이벤트를 위해서

② 전치사 + **형용사** + 명사

The manager revised some policies for **efficient** work hours.
매니저는 수정했다   몇몇 규정들을   효율적인 근무 시간을 위해서

③ 접속사 + **형용사** + 명사

If **enough** budget is not saved, it could cause serious problems.
만약 충분한 예산이 저장되어 있지 않다면,   그것은 야기할 수 있다   심각한 문제들을

④ 관사/소유격 + **형용사** + 명사

A **thorough** inspection is needed to ensure the safety of the visitors.
철저한 검사가 필요하다   확실히 하기 위해서   방문객의 안전을

⑤ 부사 + **형용사** + 명사

The consistently **excellent** performances are essential for the growth.
지속적으로 훌륭한 성과는   필수적이다   성장을 위해서

실력더하기

01 The management asked all employees to saved their personal files on a ___ basis.

(A) regularly (B) regular (C) regulation (D) regulate

02 The Local Authorities plan to demolish the ___ factories to make the new city park.

(A) vacate (B) vacantly (C) vacant (D) vacancy

01 (B) regular '관사+형용사+명사'의 구조로, 빈칸은 뒤에 있는 명사를 수식하는 형용사가 필요한 자리이다. 보기에서 형용사는 하나뿐인 기본 문제이다. 보기의 품사를 빠르게 파악할 수 있어야 기본 문제들을 잘 풀 수 있다. / 경영진은 모든 직원들이 그들의 개인적인 파일을 정기적으로 저장하도록 요청했다. / **management** 경영, 경영진 **on a regular basis** 정기적으로, 주기적으로

02 (C) **vacant** '관사+형용사+명사'로, 빈칸은 뒤에 있는 명사를 수식하는 형용사가 필요한 자리이다. 보기에서 형용사는 하나뿐인 기본 문제이다. / 지방 당국은 새로운 공원을 만들기 위해서 비어 있는 공장을 철거할 계획이다. / **local authorities** 지방 당국 **demolish** 철거하다, 무너뜨리다 **vacant** 비어있는, 사람이 없는

빈칸이 2형식 동사 뒤에 있으면 형용사가 정답이다

It looks good.
좋아 보여요.

형용사의 또 다른 역할은 보어가 되는 것이다. 2형식 동사인 불완전 자동사 look 뒤에 good이라는 형용사가 나와 주어의 상태를 설명하는 주격 보어가 될 수 있다. 일반적으로 명사와 형용사가 보어 역할을 하지만, 토익에서는 보어 자리에 주로 형용사가 등장하므로 '주어+동사+형용사' 구조로 쓸 수 있는 2형식 동사를 반드시 암기해 두어야 한다.

토익, 이렇게 나온다

The application form is _____ at the front desk.
(A) availability (B) availabilities (C) available (D) availably

❶ 문장의 주요 성분들을 분석한다.
   The application form / is / _____ (at the front desk).
   주어   동사   보어   전치사구(= 수식어)

❷ 빈칸은 2형식 동사인 be동사 is 뒤에 주어인 form의 보어가 될 수 있는 형용사 자리이다.

❸ 보기의 품사를 보면 (A) availability는 명사, (B) availabilities는 명사, (C) available은 형용사, (D) availably는 부사이므로, 정답은 (C) available(이용 가능한, 구매 가능한)이다.

point 2형식 동사의 보어는 명사와 형용사가 모두 가능하기 때문에 항상 주어와의 관계를 확인해야 한다. 예를 들어, I am young.과 같이 주어(I)의 상태를 설명할 때에는 형용사가 정답이고, I am a boy.와 같이 주어와 동격을 이루는 경우(I = a boy)에는 명사가 정답이다. 하지만 토익에서 보어는 90%가 형용사로 출제된다는 것도 알아두자.

해석 신청서는 / 구할 수 있다 / 안내 데스크에서
어휘 **application form** 지원서, 신청서 **front desk** 안내 데스크 **availability** 가능성, 유효성

시험에 나오는 **2형식 동사와 형용사의 위치**

※ 2형식 동사 + 보어(= 형용사) + 전치사/접속사/마침표

① be동사(= am, are, is)
　Tom Clancy **was successful** even though he had many hardships.
　톰 클랜시는 성공적이었다　　　　　　　　그가 많은 어려움이 있었음에도 불구하고

② remain
　The museum will **remain open** after regular hours for maintenance.
　　　　박물관은 열려 있을 것이다　　기존 운영 시간 이후에도　　점검을 위해서

③ become
　The problem **became personal** when Jane heard the story.
　　문제는 개인적인 것이 되었다　　　　　제인이 이야기를 들었을 때

④ seem
　The manager **seemed anxious** about the new project plan.
　　매니저는 보였다　걱정스러운 듯이　　새로운 프로젝트 계획에 관해서

⑤ appear, stay, look, smell, taste, feel, sound
　I don't want to **appear rude**.
　나는 원하지 않는다　무례하게 보이는 것을

실력더하기

01 The growth of the economy seems _____ due to increase in supply and demand.
　　(A) steady　(B) steadily　(C) steadiest　(D) steadiness

02 Recent usage of the smart devices became very _____ for the people on the run.
　　(A) use　(B) used　(C) useful　(D) using

01 (A) steady 'seem+형용사'로, 빈칸은 2형식 동사 뒤에 보어가 필요한 자리이다. 기본적으로 보어가 될 수 있는 품사는 형용사이다. 보어는 주어를 설명하거나 같은 것을 나타내야 함을 잊지 말자. / 경제의 성장은 공급과 수요의 증가 때문에 안정적으로 보인다. / **growth** 성장　**seem** ~로 보이다, ~인 것 같다　**steady** 꾸준한, 안정된　**due to** ~때문에

02 (C) useful 'become+형용사'로, 빈칸은 2형식 동사 뒤의 보어 자리이다. 기본적으로 분사도 보어가 될 수 있지만 의미가 올바르지 않다 It seems useful. 유용한 것처럼 보인다. It seems used. 사용된 것처럼 보인다. / 스마트 장치의 최근 사용은 바쁘게 사는 사람들에게 매우 유용해졌다. / **usage** 사용　**devices** 장치, 기구　**on the run** 계속 돌아다니는, 바쁜

필살기 03 빈칸이 5형식 동사와 명사 목적어 뒤에 있으면 형용사가 정답이다

make the seminar effective
세미나를 효율적으로 만들다

5형식 동사인 make 뒤에 목적어인 명사(the seminar), 그리고 보어인 형용사(effective)가 왔다. 여기서 목적격 보어 effective(효율적인)는 목적어 the seminar의 상태를 설명하므로 '세미나를 효율적이게 한다'는 말이 된다. 다른 문장들에 비해 5형식 문장들은 다소 특이한 문장 형태를 가지므로 토익에 자주 나오는 5형식 동사들을 반드시 외워둬야 한다.

토익, 이렇게 나온다

The students found most of the essays _____ to understand without help.

(A) difficulty (B) difficult (C) differ (D) difference

❶ 문장의 주요 성분들을 분석한다.
The students / found / most of the essays / _____ / to understand /
주어   동사   목적어   보어   수식어(= to부정사)
(without help).
전치사구(= 수식어)

❷ 빈칸은 5형식 동사인 find(= found) 뒤에 목적어 essays의 보어 역할을 하는 형용사가 들어갈 자리이다.

❸ 보기의 품사를 보면 (A) difficulty는 명사, (B) difficult는 형용사, (C) differ는 동사, (D) difference는 명사이므로, 목적어인 most of essays가 어렵다는 목적어의 상태를 말할 수 있는 형용사 (B) difficult가 정답이다.

point 문장 구조 분석을 통해 동사 find가 5형식 동사로 쓰였다는 것을 알아야 한다. 문법적으로 동사 find의 목적격 보어로 명사도 가능하지만 명사가 답이 되려면, 목적어인 most of the essays와 명사 목적격 보어인 difference(다름, 차이)가 동격이 되어야 한다. 하지만 '에세이'와 '다름'은 동격이 될 수 없다. 토익에서는 보어 자리에 주로 형용사가 답이 된다는 것도 알아두자.

해석 학생들은 / 알았다 / 대부분의 논문이 / 어렵다는 것을 / 이해하기에는 / 도움 없이

어휘 **found** find(찾다)의 과거 **most** 대부분 **essay** 논문, 에세이 **understand** 이해하다 **help** 도움 **difficulty** 어려움 **difficult** 어려운 **differ** 다르다 **difference** 차이, 다름

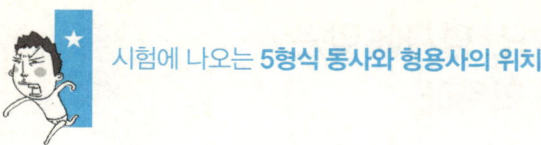
시험에 나오는 **5형식 동사와 형용사의 위치**

5형식 동사 + 명사(목적어) + 목적격 보어(형용사)

① make

　The teacher **made** the problem **easy** so that most students could
　　　　　선생님은 만들었다　　　　　　문제를　　　　쉽게　　대부분의 학생들이 그것을 쉽게 이해할 수 있도록
　understand it easily.

② keep

　All employees must **keep** the important files **safe** in order to
　　모든 직원들은 반드시 유지해야 한다　　　　　정보 파일을　　　안전하게　　위해서
　prevent any leak.
　　어떤 유출도 방지하기

③ find

　Both representatives **found** the terms **hard** to accept.
　　　두 대표자들은　　　　　발견했다　　조건들을　　어렵다고　받아들이기

④ consider

　The CEO **considered** it **essential** to hire another executive.
　　　CEO는 여겼다　　　　　　필수라고　　　또 다른 임원을 고용하는 것을

실력더하기

01 The test committee made the test ____ this time unlike the previous one.

　(A) ease　(B) easiness　(C) easily　(D) easy

02 The president considered it ____ to fill the vacant position of the senior accountant.

　(A) necessitate　(B) necessary　(C) necessarily　(D) necessity

---

01 (D) easy 'make+명사+형용사'로, 빈칸은 5형식 동사 뒤의 보어 자리이다. 5형식 동사의 목적어와 목적격 보어는 동격이 되어야 한다. the test is easy로 의미가 같아야 보어가 성립된다는 것을 잊지 말자. / 시험 위원회는 이번에는 지난 번과는 다르게 시험을 쉽게 만들었다. / **this time** 이번에　**unlike** ~와는 다른　**previous** 이전의, 바로 앞의

02 (B) necessary 'consider+명사+형용사'로, 빈칸은 5형식 동사 뒤의 목적격 보어 자리이다. 이때, it은 가목적어, to fill the vacant position은 진목적어이다. 의미상 to fill the vacant position is necessary로 진목적어가 necessary로 설명되고 있으므로 목적어와 목적격 보어 관계가 성립되고 있다. / 회장은 비어 있는 상급 회계사의 자리를 채워야 한다고 생각했다. / **consider** 고려하다, 간주하다　**fill** 채우다　**vacant** 비어있는　**senior accountant** 상급 회계사

가산/불가산 명사에 맞는 형용사를 외워라

much money vs. many students
많은 돈 vs. 많은 학생들

much와 many는 '많은'이라는 의미로 각각 명사 money와 students를 수식하고 있다. 빈칸 뒤에 불가산 명사(UN)인 money가 올 경우에는 many가 아닌 much가 정답이다. 이처럼 형용사는 가산 명사(CN)를 수식해 주는 형용사와 불가산 명사(UN)를 수식해 주는 형용사로 나누어져 있다. 이런 형용사를 수량 형용사라고 하며 수식하는 명사와 반드시 궁합을 맞춰줘야 한다.

토익, 이렇게 나온다

_____ participants at this year's conference came from a variety of fields.

(A) Each (B) Much (C) Every (D) Many

❶ 문장의 주요 성분들을 분석한다.
_____ participants / (at this year's conference) / came /
주어   전치사구(= 수식어)   동사

from a variety of fields.
전치사구(= 수식어)

❷ 모든 문장 성분이 있고 빈칸은 주어인 명사 participants를 수식해 주는 형용사 자리이다.

❸ 보기의 품사는 모두 형용사이므로 명사를 수식할 수 있다. 하지만 (A) 'Each+단수 명사', (B) 'Much+불가산 명사', (C) 'Every+단수 명사', (D) 'Many+복수 명사'이므로 정답은 (D) Many이다.

point 보기가 모두 쉬운 의미의 형용사이지만 수량 형용사의 특징을 통해 뒤에 나온 명사가 가산 명사인지 불가산 명사인지를 확인한 후 답을 골라야 한다. 예를 들어, each employee는 단수 형태, various games는 복수 형태로 쓰여야 한다. each는 단수형 가산 명사, various는 복수형 가산 명사와만 쓰인다.

해석 많은 참가자들이 / 올해의 컨퍼런스에 / 왔다 / 다양한 분야로부터
어휘 **participant** 참가자, 참석자 **conference** 회의 **come from** ~로부터 오다 **a variety of** 다양한

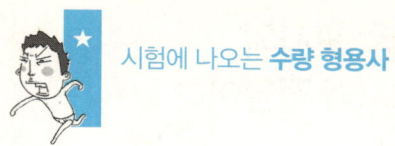
시험에 나오는 **수량 형용사**

① **each**(각각의)/**every**(모든)/**another**(또 다른) + CN 단수
- **each game** 각각의 게임 / **every student** 모든 학생 / **another nation** 또 다른 나라

② **many/few/a few/several/various** + CN 복수
- **many fields** 많은 분야 / **few questions** 여러 질문 / **various programs** 다양한 프로그램들

③ **variety of/a number of/the number of/a series of** + CN 복수
- **a number of accountants** 다수의 회계사들 / **a series of competitions** 일련의 대회들

④ **hundreds of/thousands of/millions of/dozens of** + CN 복수
- **hundreds of employees** 수백의 직원들 / **dozens of times** 수십 번

⑤ **much/little/a little/an amount of** + UN
- **a significant amount of revenue** 상당한 양의 매출 / **little information** 적은 정보

⑥ **all/most/some/any/a lot of/lots of/no** + CN 복수/UN
- **all contests/all the contests/all of the contests** 모든 대회들
  all experiment 모든 실험

실력더하기

01 Ms. Kim, the manager at Taylor Suits, explained the delay of the delivery to ____ customer.
(A) some (B) various (C) every (D) all

02 Please provide ____ information to the police officer to find who stole the money.
(A) every (B) any (C) a (D) various

01 (C) every 'every+단수 명사'로, 빈칸은 단수 명사를 수식하는 형용사가 필요한 자리이다. 'some+복수 명사/UN', 'various+복수 명사', 'all+복수 명사/UN'이다. / 테일러 수트의 매니저 킴 씨는 모든 고객들에게 배달 지연에 대해 설명했다. / **explain** 설명하다, 해명하다 **delay** 지연, 지체

02 (B) any 'any+단수 명사/복수 명사/UN'으로, 빈칸은 뒤에 불가산 명사를 수식하는 형용사가 필요한 자리이다. 'every+단수 명사', 'a+단수 명사', 'various+복수 명사'이다. / 누가 돈을 훔쳤는지 찾을 수 있도록 경찰에게 어떠한 정보라도 제공해 주세요. / **provide** 제공하다 **steal** 훔치다

보기에 나온 형용사와 분사의 의미가 같으면 형용사가 정답이다

필살기 05

We are seeking financial advisors.
우리는 재무조언자들을 찾고 있다.

형용사 문제 중, 다소 어려운 문제는 보기에 분사와 형용사가 같이 있을 때이다. 분사가 보기에 나오는 이유는, 분사는 형용사와 같아서 뒤에 있는 명사를 수식하거나 보어의 역할을 할 수 있기 때문이다. 뒤에 있는 명사 **advisors**를 수식하는 자리에 형용사 **financial**(돈과 관련된)과 분사 **financing**(돈을 제공하는)이 등장하더라도 두 단어의 의미가 유사하다면, 원래의 품사를 우선으로 하는 '품사 원칙 주의'에 따라 형용사 **financial**이 정답이 된다.

토익, 이렇게 나온다

The Lube gallery currently exhibits the _____ artworks of the late 1800's.

(A) impress (B) impressed (C) impressing (D) impressive

❶ 문장의 주요 성분들을 분석한다.
   The Lube gallery / currently / exhibits / the _____ artworks / of the late 1800's.
   주어 / 수식어(= 부사) / 동사 / 목적어 / 전치사구(= 수식어)

❷ 빈칸은 동사 exhibits 뒤에 있는 목적어 artworks를 수식해 주는 형용사 자리이다.

❸ 보기의 품사를 보면 (A) impress는 동사, (B) impressed는 분사, (C) impressing은 분사, (D) impressive는 형용사이다.

❹ 명사를 수식해 주는 형용사와 분사가 보기에서 함께 있지만 impressing과 impressive가 모두 '인상 깊은'이라는 의미이다. 이런 경우, '품사 원칙 주의'에 따라 형용사인 (D) impressive가 정답이다.

point 형용사와 분사가 의미가 같은지 다른지 알기 위해서는 뜻을 알아야 하지만 90% 경우에 형용사가 정답이 된다. 또한 impressing은 동사 impress에서 파생된 분사처럼 보이지만, 이미 그와 같은 뜻으로 형용사인 impressive가 있기 때문에 impressing은 쓰지 않는다.

해석 루브 갤러리는 / 현재 / 전시하고 있다 / 인상 깊은 작품들을 / 후기 1800년대의

어휘 **gallery** 갤러리 **currently** 현재 **exhibit** 전시하다 **artworks** 작품 **late** 늦은, 후반의 **impress** 감동시키다 **impressed** 감동받은 **impressive** 인상 깊은

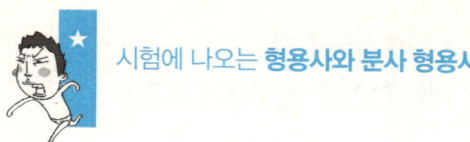

시험에 나오는 형용사와 분사 형용사

① **protective**(보호할 수 있는) vs. **protected**(보호된, 보존된)
All employees must wear **protective** clothing.
모든 직원들은   입어야 한다   보호복을

② **reliable**(믿을 만한) vs. **relied**(의지된, 신뢰된)
Edu-Job, Inc. provides a **reliable** and secure environment.
에듀잡 사는   제공한다   믿을 만하고   안전한 환경을

③ **attractive**(매력적인) vs. **attracted**(마음을 끈)
The design of the city's new sports stadium is **attractive**.
도시의 새로운 경기장의 디자인은   매력적이다

④ **advantageous**(이로운) vs. **advantaged**(유리하게 된)
It will be **advantageous** for Kowloon Finance.
그것은 이로울 것이다   코울롱 파이낸스에게

➕ 실력더하기

01 The ___ visitors at Sunny's Restaurant will receive extra discounts on all main dishes.

(A) frequent (B) frequents (C) frequently (D) frequented

02 Royal Bank and Western Union Bank merged today in a ___ effort to expand their market over other strong competitors.

(A) collaborate (B) collaborates (C) collaborative (D) collaborated

---

01 (A) **frequent** '관사+형용사+명사'로, 빈칸은 뒤에 있는 명사를 수식하는 형용사가 필요한 자리이다. 보기에 기본적인 형용사와 분사가 있을 땐 형용사가 정답이 된다. / 서니스 레스토랑의 단골손님은 모든 주요 요리에 추가 할인을 받을 것이다. / **frequent** 빈번한, 잦은 **extra discount** 추가 할인

02 (C) **collaborative** '관사+형용사+명사'로, 빈칸은 뒤에 있는 명사를 수식하는 형용사가 필요한 자리이다. 형용사와 분사가 의미가 같을 땐 형용사가 정답이 된다. / 로열 뱅크와 웨스턴 유니온 뱅크는 다른 강력한 경쟁 업체들보다 그들의 시장을 확장하려는 협력적인 노력의 일환으로 오늘 합병했다 / **merge** 합병하다 **collaborative** 공동의 **expand** 확장하다 **competitors** 경쟁 업체

필살기 06 보기 중에 형용사와 분사의 의미가 다르면 해석으로 풀어야 한다

have a considerable effect on the performance
그 성과에 대해 큰 영향을 주다

형용사와 분사는 같은 역할, 즉, 명사를 수식하거나, 보어 역할을 하기 때문에 보기에 같이 나올 수 있다. 이때, 둘의 의미가 같다면 '품사 원칙 주의'에 따라 형용사가 정답이 되고, 의미가 다르면 해석을 해보고 정답을 골라야 한다. 형용사 considerable '(상당히) 많은'과 분사 considered '심사숙고된'이라는 의미이다. 따라서 have a considerable effect로 '상당히 큰 영향을 준다'는 의미가 적절하므로 considerable이 답이 된다. 이때, considered는 분사라기보다는 새로운 의미의 형용사로 취급된다.

토익, 이렇게 나온다

Without a definite clue, an _____ guess would be the best answer to this matter.

(A) information (B) informative (C) informed (D) inform

❶ 문장의 주요 성분들을 분석한다.
  Without a definite clue, / an _____ guess / would be /
  전치사구(= 수식어)   주어   동사
  the best answer / to this matter.
  보어   전치사구(= 수식어)

❷ 빈칸은 주어 guess(명사)를 수식하는 형용사 자리이다.

❸ 보기의 품사를 보면 (A) information은 명사, (B) informative는 형용사, (C) informed는 분사, (D) inform은 동사이다.

❹ 명사를 수식하는 역할을 하는 형용사 informative와 분사 informed가 함께 나왔다. 둘의 의미가 다르기 때문에 해석상 선택을 해야 하는 경우이다. informative는 '정보를 주는, 유익한', informed는 '신중한, 잘 알고 한'이란 뜻이기 때문에 정답은 (C) informed가 되며 '정보에 입각한 추측'의 의미이다.

point 형용사와 분사의 의미를 구분하기 위해서는 뜻을 알아야 하지만 일반적으로 분사는 동사의 의미에서 파생되어 나오며, 유사한 형태의 형용사는 뜻을 별도로 알아 두어야 한다.

해석 확실한 단서 없이는, / 정보에 입각한 추측이 / 일 것이다 / 최선의 답 / 이 문제에 대해서
어휘 **definite** 확실한 **clue** 단서, 실마리 **guess** 추측 **information** 정보 **informative** 유용한 **inform** 알리다

시험에 나오는 의미가 다른 형용사와 분사

① **usable:** (형용사) 사용 가능한, 쓸 수 있는

This old computer is still **usable**.
이 오래된 컴퓨터는 아직 쓸 수 있다.

② **used:** (분사) 중고의

*분사처럼 생겼지만 형용사로 하나의 새로운 품사를 만든다.

The **used** cars are usually inexpensive.
중고차들은 주로 저렴하다.

실력더하기

01 James has always been a ____ manager to meet all the requirement of his branch.
(A) demand (B) demanded (C) demandable (D) demanding

02 It is very important to hire some of the ____ experts in risk managements.
(A) distinguish (B) distinguishable (C) distinguished (D) distinguishing

01 (D) demanding '관사+형용사+명사'로, 빈칸은 뒤에 있는 명사를 수식해 주는 형용사 자리이다. demanding은 형용사로 demandable과 의미가 다르다. demanding '까다로운', demandable '요구[청구]할 수 있는'이다. 해석상 '까다로운 매니저'가 정답이 된다. / 제임스는 그의 지점의 모든 요건들을 충족시키기 위해서 항상 까다로운 매니저였다. / **meet** 만나다, 충족시키다 **requirement** 요건, 필요조건

02 (C) distinguished '관사+형용사+명사'로, 빈칸은 뒤에 있는 명사를 수식해 주는 형용사 자리이다. distinguished는 형용사로 distinguishable과 의미가 다르다. distinguished '유명한, 성공한, 뛰어난', distinguishable '구별할 수 있는'이다. 해석상 '뛰어난 전문가'가 정답이 된다. / 위기 관리의 뛰어난 전문가를 고용하는 것이 매우 중요하다. / **hire** 고용하다 **risk management** 위기 관리 **distinguishing** 남과 구분하는, 독특한

필살기 07 : 형용사화된 분사를 암기하라

dedicated representatives
헌신적인 영업사원들

앞서 배운 informed와 같이 일반적인 동사에 -ed/-ing가 붙어서 분사가 된다. 예를 들어 -ed가 붙게 되면 '~된'이라는 수동이나 완료의 의미를 갖는 분사가 된다. 그런데 dedicate '헌신하다'라는 뜻의 타동사에 -ed를 붙이면 '헌신된'이라는 의미의 분사가 아니라, '헌신적인'이라는 형용사가 된다. 이를 형용사화된 분사(-ed/-ing 형태)라고 하는데 그 수가 많지 않기 때문에 이 단어들을 암기해 두면 보기에 형용사와 함께 나와도 해석을 해보고 쉽게 정답을 선택할 수 있다.

토익, 이렇게 나온다

The ability to work as a team is a key to the success of such a _____ project.
(A) challenge (B) challenges (C) challenged (D) challenging

❶ 문장의 주요 성분들을 분석한다.
The ability / to work as a team / is / a key / to the success /
　주어　　　수식어(= to부정사구)　　동사　보어　　전치사구(= 수식어)
of such a _____ project.
　　전치사구(= 수식어)

❷ '주어+동사+보어'를 모두 갖춘 완전한 절이며, 전치사구가 뒤에서 수식해 주고 있다. 빈칸은 전치사의 목적어(명사)를 수식해 주는 형용사 자리이다.

❸ 보기의 품사를 보면 (A) challenge는 동사, (B) challenges는 동사(단수형), (C) challenged는 분사, (D) challenging은 형용사이다.

❹ 얼핏 동사에 -ing와 -ed를 붙인 분사처럼 보이지만 challenging은 단어 자체가 형용사이므로 정답은 (D) challenging(어려운, 까다로운)이다.

point 분사로 challenging은 어렵고 까다롭지만 즐겁게 할 수 있다는 의미를 담고 있으며, challenged는 '장애를 가지고 있어서 어떤 일을 하는 데 어려움을 겪는 사람'을 의미하는 형용사로 쓰인다는 것도 알아두자.

해석 능력은 / 팀으로서 일할 수 있는 / 이다 / 열쇠 / 성공에 / 이러한 어려운 프로젝트에서는
어휘 **ability** 능력　**team** 팀　**key** 핵심, 열쇠　**success** 성공　**challenge** 도전하다

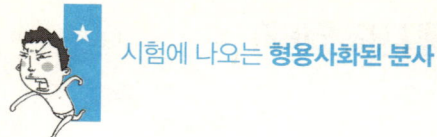

시험에 나오는 **형용사화된 분사**

① -ing형 형용사

a **challenging** job 도전적인 일
a **demanding** manager 까다로운 매니저
existing equipment 기존 장비
an **incoming** call 걸려오는 전화
a **lasting** impression 오래 지속되는 인상
missing luggage 분실한 짐
an **opposing** point of view 반대의 견해
operating costs 운영비
preceding year 전 년도, 이전 해
understanding parents 이해심이 많은 부모님
alarming news 걱정스러운[불안한] 뉴스

② -ed형 형용사

detailed information 상세한 정보
a **designated** area 지정 장소
dedicated employees 헌신적인 직원들
an **experienced** employee 숙련된 직원들
preferred means 선호되는 방법[수단]
sophisticated technology 정교한 기술
unlimited resources 무한정의 자원
updated documents 최신 문서
written consent 서면 동의
unbiased judgment 편견 없는 판단
unexpected situation 예기치 못한 상황

실력더하기

01 The reporter of Sun National wanted ____ information of how to address current political crisis.

(A) details (B) detailing (C) detailed (D) detail

02 Most of the ____ luggage at Incheon International Airport is kept in the customer service department.

(A) miss (B) missed (C) missing (D) to miss

01 (C) **detailed** '동사+형용사+명사'로, 빈칸은 뒤에 있는 명사를 수식하는 형용사 자리이다. 보기에 일반적인 형용사는 없지만 detailed가 형용사라는 것을 알면 쉽게 풀 수 있다. detailing은 주로 동명사로 'detailing+명사'와 같이 쓰인다. / 선 내셔널의 기자는 현재 정치 위기를 어떻게 해결할 수 있는가에 대한 상세한 정보를 원했다. / **address** (문제, 상황 등을) 해결하다

political crisis 정치 위기

02 (C) **missing** '관사+형용사+명사'로, 빈칸은 뒤에 있는 명사를 수식하는 형용사 자리이다. missing은 형용사로 '없어진, 분실된'의 의미이다. / 인천 국제공항에서 대부분의 분실물은 고객 서비스 부서에 보관되고 있다. / **be kept** 보관되다

필살기 08 -ly로 끝나는 형용사도 있다

It's environmentally friendly.
이것은 환경친화적이다.

주로 -ly가 붙어 있으면 부사로 생각하기 쉽지만, friendly와 같이 명사 friend에 -ly를 붙이면 형용사가 되어 '친근한'이라는 의미가 된다. 여기서 environmentally(환경적으로)는 형용사 environmental에 -ly가 붙은 부사이다.

토익, 이렇게 나온다

Most companies should provide any related services in a _____ manner.

(A) time (B) times (C) timely (D) timeless

❶ 문장의 주요 성분들을 분석한다.
   Most companies / should provide / any related services /
   　　주어　　　　　　동사　　　　　　　　목적어
   in a _____ manner.
   　　전치사구(= 수식어)

❷ '주어+동사+보어'를 모두 갖춘 완전한 절이며, 전치사구가 뒤에서 수식해 주고 있다. 빈칸은 전치사의 목적어인 명사를 수식해 주는 형용사 자리이다.

❸ 보기의 품사를 보면 (A) time은 명사, (B) times는 명사, (C) timely는 형용사, (D) timeless는 형용사이다.

❹ timeless와 timely가 모두 형용사지만 둘은 의미가 다르기 때문에 해석을 통해 풀어야 하는 문제이다. timely는 '시기 적절한, 때맞춘', timeless는 '변하지 않는'의 의미이므로 (C) timely가 정답이다.

point -ly로 끝나는 단어가 모두 부사라고 생각하지 말고 시험에 자주 등장하는 '명사+ly' 형태의 형용사를 암기해 두면 쉽게 문제를 해결할 수 있다. 만약 보기에 또 다른 형용사가 있다면 문장의 의미를 파악해 정답을 찾아야 한다.

해석 대부분의 회사들은 / 제공해야 한다 / 어떤 관련된 서비스들을 / 적절한 시기에
어휘 provide ~을 제공하다 related 연관된 in a timely manner 시기 적절하게

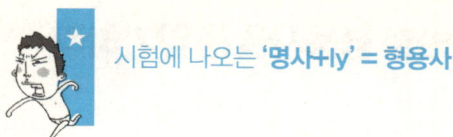

시험에 나오는 '명사+ly' = 형용사

① **timely:** 제 때에
　in a **timely** manner
　적절한 시기에

② **costly:** 값 비싼, 비용이 많이 드는
　costly renovation
　비용이 많이 드는 공사

③ **friendly:** 우호적인
　friendly relation
　우호적인 관계

④ **likely:** ~일 것 같은
　be **likely** to do
　~일 것 같다(가능성)

⑤ **weekly:** 매주의
　in a **weekly** meeting
　일주일에 한 번 하는 회의

➕ 실력더하기

01 The ____ tuition of average university is need to be handled at once.
　(A) cost　(B) costed　(C) costing　(D) costly

02 This year's ____ conference will be held at KINTEX Convention center next week.
　(A) week　(B) weekly　(C) weeklong　(D) weeks

01 (D) costly '관사+형용사+명사'로, 빈칸은 뒤에 있는 명사를 수식하는 형용사 자리이다. '명사+ly'는 형용사가 된다. 또한 보기에서 형용사와 분사가 있으면 정답은 형용사가 된다는 것을 잊지 말자. / 평균 대학의 비싼 등록금은 즉시 다뤄져야 한다. / **tuition** 등록금　**handle** (문제, 상황 등을) 다루다, 취급하다　**at once** 즉시, 지체 없이

02 (C) weeklong '소유격+형용사+명사'로, 빈칸은 뒤에 있는 명사를 수식하는 형용사 자리이다. 보기 중에 weekly와 weeklong이 형용사이고, weekly는 '매주 하는', weeklong은 '일주일에 걸친'의 의미이다. 문맥상 '일주일 동안 진행되는 학회'를 의미하므로 (C)가 정답이다. / 올해 일주일 동안 진행되는 학회는 다음주부터 킨텍스 컨벤션 센터에서 주최될 것이다. / **conference** 컨퍼런스, 학회　**be held** 열리다, 주최되다

필살기 09 형태가 유사한 빈출 형용사들을 암기하라

The success is dependent on the effort.
성공은 노력에 달려 있다.

보기에 형용사 dependent와 유사하게 생긴 형용사 dependable이 등장하면 난이도가 높아진다. 결국 두 형용사의 의미를 통해 정답을 골라야 한다. dependent(의존하는, 좌우되는)는 전치사 on과 함께 자주 쓰인다. dependable(신뢰할 수 있는)을 쓰면 의미상 성공은 신뢰의 대상이 되지 못하므로 답이 될 수 없다. 이와 같이 유사한 형태를 가진 형용사들이 등장하는 어휘 문제의 경우 먼저 빈출 어휘들을 암기하는 것이 쉽게 문제를 해결할 수 있는 방법이다.

토익, 이렇게 나온다

Under _____ economic conditions, The Bank Associates can implement new policies.
(A) favorite (B) favorable (C) favorably (D) favor

❶ 문장의 주요 성분들을 분석한다.
Under _____ economic conditions, / The Bank Associates /
　　　전치사구(= 수식어)　　　　　　　　　　　　주어
can implement / new policies.
　　동사　　　　　　목적어

❷ ',' 콤마 뒤에 완전한 절이 나와 있으며, 빈칸은 전치사 under의 목적어인 명사 conditions를 수식해 주는 형용사 자리이다.

❸ 보기의 품사를 보면 (A) favorite은 형용사, (B) favorable은 형용사, (C) favorably는 부사, (D) favor는 명사이다.

❹ 형용사가 두 개이기 때문에 해석으로 푸는 문제이다. favorite은 '좋아하는', favorable은 '호의적인'의 의미이므로 문맥상 정답은 (B) favorable이다.

point favorable은 날씨, 조건, 사람의 의견 등이 호의적이거나 우호적일 때 쓰며, favorite은 단순하게 '좋아하는(= like)'이라는 의미로 쓰인다. 참고로 favorite은 명사로 '좋아하는 것'을 의미하기도 한다.

해석　호의적인 경제 상태아래, / 뱅크 협회는 / 시행할 수 있다 / 새로운 규정을

어휘　under ~하에, ~아래에　condition 조건, 상태　implement 실행하다, 실시하다　policy 정책
　　　favorite 선호하는　favorable 호의적인　favor 호의, 친절

# 시험에 나오는 형태가 비슷한 형용사들

- **arguable** 논쟁의 여지가 있는 vs. **argumentative** 따지기 좋아하는
  economic 경제의, 경제성의 vs. **economical** 검소한, 절약하는
  considerable 상당한, 중요한 vs. **considerate** 사려 깊은
  imaginable 상상할 수 있는 vs. **imaginary** 가공의, 상상의, 공상의
  understanding 이해심이 많은 vs. **understandable** 이해할 수 있는, 이해하기 쉬운
  credulous 쉽게 믿는, 잘 속는 vs. **credible** 믿을 만한, 신뢰할 수 있는
  respectable 존경 받을 만한 vs. **respectful** 공손한 vs. **respective** 각자의, 각각의
  sensible 현명한, 양식이 있는 vs. **sensitive** 민감한, 예민한
  dependent 의존하는, 의존적인 vs. **dependable** 신뢰할 수 있는

실력더하기

01 It was very ____ of the senior employee to let new workers rest after training.
(A) consider (B) considerable (C) considerate (D) considerably

02 Mr. Laurence, an experienced analyst, is a ____ person that everyone can rely on.
(A) depend (B) dependence (C) dependable (D) dependent

01 (C) **considerate** 'be동사+형용사'로, 빈칸은 2형식 동사 뒤의 보어 자리이다. 형용사가 두 개 있기 때문에 해석을 해보고 정답을 골라야 한다. considerable은 '상당한'이고 considerate은 '사려 깊은, 배려하는'이라는 의미이다. '사려 깊은 일'이라는 의미가 적절하므로 정답이 된다. 또한 considerate+of로 뒤에 of를 취할 수 있는 것은 considerate뿐이다. / 상급 직원이 새로운 직원들을 훈련 후에 휴식을 취하도록 한 것은 매우 사려 깊은 일이었다. / **let** 허락하다, 허용하다 **rest** 휴식을 취하다

02 (C) **dependable** '관사+형용사+명사'로, 빈칸은 뒤에 명사를 수식하는 형용사 자리이다. 보기 중에 형용사가 두 개이므로 해석을 해보고 적절한 것을 고르면 된다. dependable은 '신뢰할 수 있는'이고, dependent는 '의존하는, 의지하는'이다. '모든 사람들이 의지할 수 있는[신뢰할 수 있는] 사람'이 적절하므로 (C)가 정답이다. / 숙련된 분석가인 로렌스 씨는 모든 사람이 의지할 수 있고 믿을 수 있는 사람이다. / **experienced** 경험이 많은, 숙련된 **rely on** 의지하다, 기대다

PRACTICE TEST

★☆☆

01 Holly could not buy the tickets since they were too _____.
(A) expense
(B) expensive
(C) expensively
(D) expensiveness

★☆☆

02 Before becoming an financial analyst, Jack Anderson was _____ for taking photographs.
(A) famous
(B) more famously
(C) fame
(D) famously

★★☆

03 Mechanics at Bally Autos are _____ of fixing all kinds of car-related problems.
(A) capability
(B) capableness
(C) capable
(D) capably

★★☆

04 After _____ reviews of all 8 candidates, the committee selected Peter Jackson to be the next director of public relations.
(A) careful
(B) cares
(C) cared
(D) carefully

★★☆

05 Two rival companies established an alliance in a _____ effort to solve current housing crisis.
(A) collaborate
(B) collaborates
(C) collaborative
(D) collaboratively

★☆☆

06 The company policy states that branch managers must review all complaints in a _____ manner.

(A) time
(B) timing
(C) timely
(D) timer

★★★

07 Mr. Davis thanked the emergency committee for organizing an _____ meeting in such a short notice.

(A) informative
(B) informing
(C) informed
(D) informally

★★★

08 The mayor of Springfield considered it _____ to increase bus routes until new road is paved.

(A) necessity
(B) necessary
(C) necessitate
(D) necessarily

★☆☆

09 The IT department recommends that all employees back up their important files on a _____ basis.

(A) regularly
(B) regular
(C) regularity
(D) regulation

★☆☆

10 People depend on the national weather forecast for _____ prediction throughout the year.

(A) rely
(B) reliance
(C) reliable
(D) reliably

Adverb
부사

부사와 관련된 문제는 매달 4~6문제 가량 출제된다. 기본 품사로 간단한 공식을 적용하면 쉽게 정답을 고를 수 있는 기본 형태의 문제들이 보통 3~4문제 출제되고 있다. 보기에 2개 이상의 부사를 제시하면서 부사의 의미를 묻는 문제가 2~3문제씩 꼭 출제되고 있다.

부사는 8품사 중에 수식어 역할을 하는 가장 대표적인 품사이다. I sing well. 과 같이 동사를 수식하거나, very important와 같이 형용사를 수식한다. 또한 다른 부사, 절, 분사, 전치사구 등 명사를 제외한 모든 품사를 수식할 수 있다.

기본적으로 의미를 모르더라도 대부분 일정한 어미(끝말)를 가지고 있기 때문에 쉽게 부사를 구분할 수 있다. 주로, -ly로 끝나는 단어들은 대부분 부사이며, 시간, 장소, 방법을 나타내는 기본적인 단어들도 부사이다.

mutually 상호간에 carefully 조심스럽게 originally 원래 considerably 상당히
approximately 대략 nearly 거의 steadily 착실하게

there 거기 very 매우 well 매우 much 훨씬 so 너무

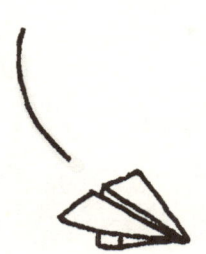

부사 문제는 이렇게 푼다!

Step 1   문장의 구조를 분석해 부사 자리인지 확인한다.

Step 2   보기가 모두 다른 품사로 구성되어 있고, 부사가 하나라면 정답!

Step 3   보기에 부사가 2개 이상일 경우

             ① 정도 부사이면 형용사를 수식해 줄 수 있는 부사를 구분하라.
             ② 시간 부사이면 어울리는 시제를 찾아야 한다.

Step 4   보기가 모두 부사이면 해석을 통해 의미를 파악해 해결해야 한다.

필살기 01 부사의 기본 위치는 정해져 있다

A very important person
매우 중요한 사람

부사는 동사, 형용사, 부사, 절을 수식해 주는 품사이다. 수식을 하려면 당연히 수식하고자 하는 품사 앞에 있어야 한다. 부사 very가 형용사 important를 앞에서 수식하고 있다. 그렇기 때문에 빈칸이 형용사나 동사 앞에 있다면 부사의 위치를 묻는 문제일 가능성이 높다. 따라서 문제를 쉽게 풀기 위해서는, 부사의 기본적인 위치를 파악하고 보기에 제시된 단어들의 품사를 빨리 파악할 수 있어야 한다.

토익, 이렇게 나온다

The economy of the super countries _____ affects entire world.

(A) direct (B) directly (C) directing (D) directed

❶ 문장의 주요 성분들을 분석한다.
The economy / of the super countries / _____ affects / entire world.
　주어　　　　전치사구(= 수식어)　　　　　　동사　　　　목적어

❷ '주어+동사+목적어'로 주요 문장 성분을 모두 갖춘 완전한 절이므로, 빈칸은 동사를 수식하는 부사가 와야 하는 자리이다.

❸ 보기의 품사를 보면 (A) direct는 형용사, (B) directly는 부사, (C) directing은 동명사, (D) directed는 동사이므로, 정답은 (B) directly(직접적으로, 바로)이다.

point 영어의 구조는 앞에 있는 단어가 뒤에 있는 단어를 수식한다. '주어+부사+동사'의 공식을 적용해 쉽게 문제를 풀 수 있는 기본 문제로, 뒤에 있는 동사(affects)를 수식해 줄 수 있는 품사는 부사뿐이다. 보기의 품사가 다른 문제는 기본 문제이기 때문에 쉽고 빠르게 문제를 풀 수 있다.

해석 경제는 / 강대국의 / 직접적으로 영향을 준다 / 전 세계에
어휘 **economy** 경제 **super countries** 강대국 **directly** 직접적으로 **affect** ~에 영향을 미치다 **entire** 전체의 **world** 세계 **direct** 직접적인 **directed** 유도된, 규제된

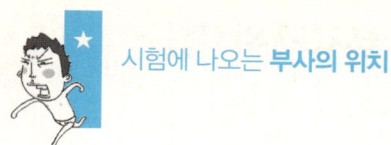
시험에 나오는 **부사의 위치**

① **주어 + 부사 + 동사**

The company **regularly** updates all client files.
회사들은   주기적으로 업데이트한다   모든 고객 파일들을

② **동사 + 부사 + 형용사**

Most of the companies are **generally** available anytime through their hot line telephone services.
대부분의 회사들은   일반적으로 연결 가능하다   언제든지   그들의 핫라인 서비스를 통해서

③ **전치사/관사 + 부사 + 형용사 + 명사**

A **popularly** known essay is listed on the website.
   일반적으로 알려진 논문들은   나열되어 있다   웹사이트에

④ **부사, + 완전한 문장**

Fortunately, some customers were able to receive extra coupon for their next time visit.
다행히도   몇몇의 고객들은   받을 수 있었다   추가 쿠폰들을
그들의 다음 방문을 위해서

⑤ **완전한 문장 + 부사**

The sales representative will represent the company **there**.
영업 대표자가   회사를 대변할 것이다   거기에서

➕ 실력더하기

01 Although the two items are from different companies, they look ____ identical.
(A) near (B) nearing (C) nearly (D) nearness

02 In order to avoid any misinterpretation, market figures must be interpreted ____.
(A) cautious (B) cautiously (C) caution (D) cautionary

---

01 (C) **nearly** '동사+부사+형용사'로, 빈칸은 뒤에 있는 형용사를 수식해 주는 부사 자리이다. 기본적으로 뒤에 형용사가 있다면 부사가 들어와야 한다. 여기서 형용사 identical로 보이다. / 두 개의 제품은 다른 회사로부터 왔음에도 불구하고 거의 동일하게 생겼다. / **nearly** 거의 **identical** 동일한, 똑 같은

02 (B) **cautiously** '완전한 문장+부사'로, 완전한 절 뒤에서 수식하는 부사 자리이다. 완전한 문장, 또는 완전한 절이란 '주어+동사+목적어/보어' 형태의 절을 말하는데 동사가 수동태인 be+p.p.일 때는 목적어가 필요 없기 때문에 '주어+동사'만으로도 절이 완전해진다. / 어떤 오해도 피하기 위해서 시장 지표는 조심스럽게 해석되어야 한다. / **in order to** ~하기 위해서 **avoid** 피하다 **misinterpretation** 오해, 오역 **figure** 수치, 지표 **cautiously** 조심스럽게

다양한 동사에 따른 부사의 위치를 암기하라

I can surely do it.
나는 확실히 할 수 있어.

부사의 기본 위치는 동사 앞, 형용사 앞, 그리고 완전한 절의 앞뒤이다. 이 외에도 부사의 기본 위치가 더 있는데, 이를 이용한 문제들은 1초만에 풀 수 있다고 할 만큼 간단한 공식이 정해져 있다. 이런 공식은 동사의 형태가 여럿 존재한다는 원리에서 비롯된 것이다. 동사는 매우 중요하기 때문에 이 동사들의 형태를 반드시 암기해 두어야 한다.

토익, 이렇게 나온다

Make sure that the entrance is _____ locked when there is nobody at the facility.

(A) security (B) securing (C) secure (D) securely

❶ 문장의 주요 성분들을 분석한다.
Make sure / that / the entrance / is _____ locked / when there is /
동사   접속사   주어   동사   종속절   동사
nobody / at the facility.
주어   전치사구(= 수식어)

❷ 동사원형으로 시작하는 명령문에 명사절이 목적어로 있는 완전한 절이며 빈칸은 수동태를 이루는 is와 locked 사이에 동사를 수식하는 부사가 필요한 자리이다.

❸ 보기의 품사를 보면 (A) security는 명사, (B) securing은 동명사, (C) secure는 동사, (D) securely는 부사이므로, 정답은 (D) securely(안전하게, 튼튼히)이다.

point 대부분의 부사 문제는 간단한 위치 파악으로 구분할 수 있기 때문에 반드시 암기해야 하는 자리가 있다. 'be+부사+p.p.'라는 공식으로 쉽게 문제를 풀 수 있는 기본 문제이다. be+p.p.는 수동태로 '주어가 동사를 한다'는 의미가 아니라, '동사의 행위를 당한다'는 의미를 나타내는 문장 구조이다. 수동형인 be+p.p.를 하나의 동사로 취급해야 한다는 것을 알아두자.

해석 확실히 해라 / ~인지를 / 입구가 / 안전하게 잠겨있는 / ~일 때에 / 아무도 없는 / 시설에

어휘 **make sure** 을 확실히 하다 **entrance** 입구 **be locked** 잠겨있다 **there** 거기, 그곳에 **nobody** 아무도 (~아닌) **facility** 시설 **security** 보안, 경비, 안보 **secure** 안전하게 지키다, 획득하다

시험에 나오는 '부사+동사'의 위치

① be + 부사 + -ing (진행시제)
We are **directly** flying to New York.
우리는   직항으로 가고 있다   뉴욕으로

② be + 부사 + p.p. (수동태)
He is **well** prepared for the test.
그는   잘 준비되어 있다   시험에

③ have + 부사 + p.p. (완료시제)
I have **clearly** asked for your request.
나는   분명히 요구해왔다   당신의 요구를

④ 조동사 + 부사 + 동사원형
He will **persistently** annoy everyone.
그는   지속적으로 괴롭힐 것이다   모두를

⑤ 자동사 + 부사 + 전치사
Tom relied **largely** on his parents.
톰은   크게 의존했다   그의 부모님께

실력더하기

01 The convention site can _____ be reached by train from the Kennedy airport.
(A) easy (B) easily (C) ease (D) easiness

02 The sales department has grown so large that it will _____ be split into several divisions.
(A) inevitably (B) inevitable (C) inevitability (D) more inevitable

01 (B) **easily** '조동사+부사+동사'로, 빈칸은 조동사와 동사원형 사이에 부사가 오는 기본 자리이다. 아주 간단한 부사 위치이다. 이때 '조동사+be+p.p.'는 수동태로 쓰이고 있다. / 케네디 공항에서 전철을 타면 대회장까지 쉽게 갈 수 있다. / **convention** 대회 **can be reached** 닿을 수 있다

02 (A) **inevitably** '조동사+부사+동사'로, 빈칸은 조동사와 동사원형 사이에 부사가 오는 기본 자리이다. 보기의 어휘가 어려운 어휘라고 해도 부사는 주로 -ly로 끝난다는 것과 부사의 위치를 알고 있으면 정답을 선택할 수 있다. / 영업 부서는 너무나 커져서 불가피하게 여러 부서로 나누어 질 것이다. / **inevitably** 불가피하게, 필연적으로 **be split in to** 분리되다, 나누어 지다 **divisions** 부서

필살기 03 : 정도 부사를 고르는 문제는 수식하는 품사에 답이 있다

It is very good. vs. It is good enough.
정말 좋아요. vs. 충분히 좋아요.

부사는 동사, 형용사, 부사, 절을 수식해 준다. 그런데 보기에 부사가 여러 개 있고 의미도 비슷하다면? 보기에 부사가 2개 이상 있을 때는 이 부사가 수식하는 품사에 따라 정답이 달라진다. 따라서 부사가 수식해 줄 수 있는 특정 수식 관계에 있는 품사를 구별할 수 있어야 한다.

토익, 이렇게 나온다

The expectation for the new product is _____ high because of fascinating advertisement.

(A) well (B) much (C) enough (D) very

❶ 문장의 주요 성분들을 분석한다.
   The expectation / for the new product / is / _____ high /
   주어   전치사구(= 수식어)   동사   보어
   because of fascinating advertisement.
              전치사구(= 수식어)

❷ '주어+동사+보어'가 모두 있는 완전한 절이고, 빈칸은 보어 역할을 하고 있는 형용사를 수식해 주는 부사 자리이다.

❸ 보기의 품사를 보면 (A) well은 부사(동사 수식)이고, (B) much는 부사(비교급 수식)이고, (C) enough는 부사(후식 수식)이고, (D) very는 부사(형용사 수식)이므로 정답은 (D) very이다.

point '동사+부사+형용사' 공식으로 쉽게 부사가 들어가는 자리를 파악할 수 있다. 보기가 전부 정도 부사로 부사의 위치보다는 특정 품사를 수식해 주는 부사를 묻고 있는 문제이다. 어렵지는 않으나 이 단어들의 수식 관계를 알고 있어야만 정답을 알 수 있는 문제로 이러한 부사들은 꼭 암기해야 한다.

해석 기대가 / 새로운 제품의 / 이다 / 매우 높은 / 매력적인 광고 때문에

어휘 **expectation** 기대, 예상 **new product** 새로운 제품 **high** 높은 **because of** 때문에 **fascinating** 매력적인, 흥미로운 **advertisement** 광고

시험에 나오는 정도부사

① **very**는 형용사/부사/현재분사/과거분사/최상급 수식
- **very** beautiful 매우 아름다운 / **very** interesting 매우 흥미로운 / the **very** largest 가장 큰

② **so**는 형용사/부사/현재분사/과거분사 수식
- **so** beautiful 매우 아름다운 / **so** complicated 매우 복잡한
- 주로 that과 함께 쓰여 'so + 형용사/부사 + that'

She is **so** beautiful that everyone loves her.
그녀는   너무 아름다워서   모두가 그녀를 사랑한다.

③ **much**는 비교급/과거분사/최상급 수식
- **much** bigger than ~보다 훨씬 더 큰
- even / still / far / a lot + 비교급

He is **even** bigger than Tom.
그는   훨씬 더 크다   톰보다

④ **well**은 동사/과거분사/전치사구 수식
- I sing **well**. 나는 노래를 잘 부른다. / Very **well** done. 잘 했다.

It is **well** over my expectation.
     훨씬 이상이다   내 기대

⑤ **enough**는 형용사 수식 *후치수식

It is good **enough** to eat.
           ~만큼 좋다   먹을 수 있을

⑥ **too**는 'too + 형용사/부사 + to부정사'의 구조로 사용

He is **too** young to drive a car.
그는   너무 어리다   자동차를 운전하기에는

➕ 실력더하기

01 The last project was very lucrative ___ to make up first quarter's sales figures.
(A) well (B) too (C) much (D) enough

02 Plastic is now a ___ more versatile construction material than it was in the past.
(A) much (B) so (C) very (D) really

01 (D) enough '형용사+enough'로, 빈칸은 뒤에서 앞에 있는 형용사를 수식하는 부사 자리이다. enough는 뒤에서 앞에 있는 형용사를 수식하며 뒤에 to부정사를 동반한다. enough는 형용사로 뒤에 있는 명사를 수식할 수도 있다. / 마지막 프로젝트는 첫 분기의 매출을 보충할 만큼 충분히 수익이 좋았다. / **lucrative** 수익이 좋은 **make up** 구성하다, 보충하다 **quarter** 분기

02 (A) **much** 'much+비교급'으로, 빈칸은 비교급을 수식할 수 있는 정도 부사 자리이다. much는 비교급을 수식하며 뒤에 'much more+형용사' 또는 much -er than으로 자주 쓰인다. 비교급 표현은 'more+형용사+than', 또는 '형용사-er + than'으로 표현한다. / 플라스틱은 이제 과거보다 훨씬 더 다용도로 쓰이는 건축 자재이다. / **versatile** 다용도의, 다재다능한 **material** 자재, 재료, 자료

필살기 04 시제를 알려주는 특정 부사를 암기하라

I will see you soon.
곧 봐요.

부사는 동사를 수식하고, 동사는 시제를 나타내기 때문에 특정 시제와 어울리는 부사들이 따로 있다. 예를 들어, 부사 soon은 '곧'이란 의미이므로 자연스럽게 미래시제와 어울린다. 이러한 부사들과 동사가 나타내는 시제의 관계를 알고 있으면 쉽게 문제를 풀 수 있다.

토익, 이렇게 나온다

Employees will _____ be able to receive positive feedbacks from the critics.

(A) recently (B) soon (C) once (D) already

❶ 문장의 주요 성분들을 분석한다.
   Employees / will _____ be able to receive / positive feedbacks /
   주어   동사   목적어
   from the critics.
   전치사구(= 수식어)

❷ '주어+동사+목적어'가 다 있는 완전한 절로 빈칸은 동사를 수식해주는 부사가 필요한 자리이다.

❸ 보기의 품사를 보면 (A) recently는 부사(과거시제와 쓰임) (B) soon은 부사(미래시제와 쓰임), (C) once는 부사(과거시제로 쓰임), (D) already는 부사(과거시제로 쓰임)이므로, 정답은 (B) soon이다.

point '조동사(be able to = can)+부사+동사원형' 공식으로 쉽게 부사가 들어가는 자리를 파악할 수 있다. 보기가 전부 시간 부사이기 때문에 부사의 위치보다는 특정 시제를 수식해 주는 부사를 묻고 있는 문제이다. I recently visited New York.(과거시제) I will be there soon.(미래시제) I was in Boston once.(과거시제) I already finished the work.(과거시제)
이들은 다른 시제도 수식해 줄 수 있기 때문에 부사의 시제적 특성을 알고 있어야만 문제를 쉽게 풀 수 있다.

해석 직원들은 / 곧 받을 수 있을 것이다 / 긍정적인 피드백을 / 평론가들로부터
어휘 employees 직원들   will be able to ~할 수 있을 것이다   receive 받다   positive feedback 긍정적인 피드백   critics 비평가 평론가들

# 시험에 나오는 **시제를 나타내는 부사**

① **currently**: 현재
- **현재시제** / The item is **currently** sold out. 제품은 현재 품절이다.
- **현재진행시제** / He is **currently** working at Sony Inc. 그는 현재 소니 사에서 일하고 있다.

② **recently**: 최근에
- **과거시제** / He **recently** finished the work. 그는 최근에 일을 끝냈다.
- **현재완료시제 수식** / Tom has **recently** moved to Seoul. 톰은 최근에 서울로 이사 했다.

③ **already**: 이미, 벌써
- **단순과거** / Kate **already** ate her breakfast. 케이트는 벌써 아침을 먹었다.
- **완료의 긍정문** / Ms. Lee has **already** finished the project. 리 씨는 이미 프로젝트를 끝냈다.

④ **soon**: 곧(= shortly)
- **미래시제** / She will go to her new work **soon**. 그녀는 곧 새로운 직장에 갈 것이다.

⑤ **once**: 한 때
- **단순과거시제** / I **once** worked at Everland. 나는 한 때 에버랜드에서 일했다.

⑥ **still**: 여전히
- **긍정문** / He **still** wants to buy your house. 그는 여전히 너의 집을 사고 싶어한다.
- **현재완료 부정** / He has **still** not seen the movie. 그는 아직 영화를 보지 않았다.
  ▶ not 앞에 위치한다

⑦ **yet**: 아직
- **부정문** / I didn't receive the paycheck **yet**. 나는 아직 급여를 받지 못했다.
- **현재완료 부정** / We have not **yet** met his partner. 우리는 아직 그의 파트너를 만나지 않았다.
  ▶ 문장 끝, 또는 not 뒤에 위치
- have yet to부정사: 아직 ~하지 못했다
  I **have yet to finish** the work. 나는 아직 일을 끝내지 못했다.

➕ 실력더하기

01 Unfortunately, our stock of new smart phones is ____ sold out and will not have them until next week.
(A) near (B) recently (C) currently (D) soon

02 Although the new software was introduced more than a year ago, it ____ has a very small share of the market.
(A) once (B) already (C) still (D) yet

01 (C) currently 'currenly+현재시제/진행시제'로, 부사 자리인 be+p.p. 사이에 시제와 일치할 수 있는 부사를 선택하는 문제이다. 'recently+과거/현재완료', 'soon+미래'로, 현재시제와 어울리는 수 있는 currently가 정답이다. / 아쉽게도 우리의 새로운 스마트폰의 재고는 현재 다 품절되었으며 다음 주까지 없을 것이다. / **unfortunately** 유감스럽게도 **stock** 재고 **be**

sold out 품절되다

02 (C) still 'still+현재시제'로, still은 긍정문과 현재시제에 주로 어울리는 부사이다. 'once+과거시제', 'already+과거시제', 'yet+부정문'에 주로 어울린다. 해석도 올바르고 시제가 일치되는 still이 정답이다. / 새로운 소프트웨어가 출시된 지 1년이 더 지났지만 여전히 시장 점유율이 미미하다.

필살기 05 : 형용사/부사는 해석상 선택하지 마라

It is more beautiful. vs. It is painted more beautifully.
그것은 더 아름답다. vs. 그것은 더 아름답게 페인트칠되어 있다.

형용사와 부사는 보기에서 함께 제시되는 경향이 있다. 단어가 비슷하게 생겼어도, 품사가 다를 때는 해석을 통해 정답을 선택하는 것이 아니라, 반드시 왜 그 품사가 문장에 필요한가, 즉 문장의 구조를 분석해서 어떤 역할을 하는 단어가 필요한지 찾아내야 한다. 그러기 위해서는 형용사와 부사의 역할을 다시 한 번 떠올려야 한다. 형용사 beautiful은 명사를 수식하거나 보어 역할을 하며, 부사 beautifully는 수식어 역할을 한다.

토익, 이렇게 나온다

Securing client's personal information became more _____ than before.

(A) importance (B) important (C) importantly (D) importing

❶ 문장의 주요 성분들을 분석한다.
Securing client's personal information / became / more _____ /
　　　　주어(= 동명사구)　　　　　　　　　동사　　　　　보어
than before.
수식어

❷ 빈칸은 2형식 불완전 자동사 became 뒤에 보어가 필요한 자리이다. more는 부사이므로 보어가 될 수 없고 뒤에 보어가 될 수 있는 형용사를 수식해 주고 있다.

❸ 보기의 품사를 보면 (A) importance는 명사, (B) important는 형용사, (C) importantly는 부사, (D) importing은 동명사이므로, 정답은 (B) important(중요한)이다.

point '2형식 동사+형용사' 공식으로 형용사가 들어가는 자리인 것을 파악할 수 있다. 여러 품사 중에 하나를 선택하는 문법 문제는 늘 해석보다, 빈칸에 필요한 역할을 채우는 것이 중요하다. 참고로 more는 형용사도 될 수 있다는 것을 알아두자. I want more money.(나는 돈을 더 원해.) 이때는 뒤에 있는 명사 money를 수식해 주는 형용사로 쓰이고 있다.

해석　고객의 개인 정보를 보호하는 것은 / ~되었다 / 더욱 중요하게 / 전보다
어휘　securing ~을 보호하는 것　client's 고객의　personal 개인적인, 사적인　information 정보　become 되었다　than before 이전보다　importance 중요성　importantly 중요하게

시험에 나오는 **형용사/부사의 위치**

① so + 형용사/부사 + that절

The old car became **so useless that** it had to be thrown away.
오래된 차는 너무 쓸모 없게 되어서   폐차되어야 했다
▶ 보어가 들어갈 자리에는 형용사

He works **so efficiently that** everyone wants to learn his method.
그는 너무 효율적으로 일해서   모두가 그의 방법을 배우고 싶어한다
▶ 수식어가 들어갈 자리에는 부사

② more + 형용사/부사/명사

Making calls to the police seem **more reasonable**.
경찰에 전화하는 것이   ~처럼 보인다   더 합리적인
▶ 보어가 들어갈 자리에는 형용사

He finished the work **more quickly** than anyone else.
그는 일을 끝냈다   더욱 빨리   다른 어떤 사람보다도
▶ 수식어가 들어갈 자리에는 부사

③ as + 형용사/부사 + as

Mr. Kim is **as smart as** Tom.
미스터 김은 똑똑하다   톰 만큼
▶ 보어가 들어갈 자리에는 형용사

Mr. Kim wrote the journal **as quickly as** possible.
미스터 김은 기사를 썼다   가능한 서둘러서
▶ 수식어가 들어갈 자리에는 부사

실력더하기

01 The new team works so ____ that other teams need to learn from them.
(A) efficient (B) efficiently (C) efficiency (D) efficiencies

02 We need to find a new location for the restaurant that is as ____ as the one in downtown.
(A) cheap (B) cheaply (C) cheapest (D) cheapen

01 (B) **efficiently** '완전한 절+so+형용사/부사'로, so 뒤에 나오는 형용사/부사 자리는 앞의 절에서 판단할 수 있다. 동사인 works는 1형식 동사로, 주어와 동사만으로 문장이 완전하기 때문에 뒤에 부사가 와야 한다. 품사를 선택하는 문제는 해석을 통해서가 아니라 문장에서의 역할을 보고 판단해야 한다. / 새로운 팀이 너무 능률적으로 일해서 다른 팀들도 그들로부터 배워야 한다. / **efficiently** 능률적으로

02 (A) **cheap** 'as+형용사/부사+as'로, 형용사나 부사를 선택할 때는 해석이 아니라 as 앞의 절을 보고 판단한다. be동사는 2형식 동사로 뒤에 보어가 필요한 자리이므로 보어가 될 수 있는 형용사가 필요한 자리이다. cheapest는 최상급으로 형용사이지만 앞에 the가 있어야 쓸 수 있다. / 우리는 새로 식당을 열기 위해 시내만큼 저렴한 새로운 부지를 찾아야 한다. / **cheap** 저렴한, 싼

PRACTICE TEST

★☆☆

01 New managers are _____ determined by their qualifications and experience.
(A) large
(B) largest
(C) larger
(D) largely

★★☆

02 In order to commission a _____ designed logo, you should consult with our representatives.
(A) professional
(B) professionals
(C) professionalism
(D) professionally

★☆☆

03 Renowned professors at Berkley _____ engage themselves in researching new topics.
(A) active
(B) activate
(C) activity
(D) actively

★★☆

04 Most of the customers have reacted _____ to the Citi Bank's automated transfer system.
(A) favorably
(B) favorable
(C) favoring
(D) favorite

★☆☆

05 As the assistant director, you are _____ responsible for preparing all the necessary materials for the board meeting.
(A) person
(B) personally
(C) personal
(D) personality

★★☆

06 Mr. Kim's final draft was revised and _____ implemented in a new safety policy.

(A) eventual
(B) eventually
(C) eventuality
(D) eventualities

★★☆

07 Some advisors are confident that the scandal of the CEO will not _____ affect its stock price.

(A) adversarial
(B) adversely
(C) adversary
(D) adversity

★★☆

08 All letters of recommendation must be sent _____ to David Mills, an assistant manager, by March 1st.

(A) directive
(B) directing
(C) directly
(D) direction

★☆☆

09 The Scottish Gems Company _____ arranges to have a showcase to promote its newest jewelry.

(A) occasionally
(B) occasional
(C) occasions
(D) occasion

★★☆

10 City officials hope to see the number of job openings to rise _____ over the next two years.

(A) steady
(B) steadily
(C) steadiness
(D) steadied

Verbal
준동사

토익에서 준동사와 관련된 문제는 매달 3~4문제 가량 출제된다. 기존에는 주로 to부정사와 동명사를 선택하는 문제가 출제되었는데 최근 명사를 수식하는 분사 문제가 자주 등장하는 추세로, 최근에 집중적으로 출제되었으므로 기본 분사와 분사 어휘를 외워두는 것이 좋다.

to부정사, 동명사, 분사로 알려져 있는 준동사의 역할은 동사를 다른 품사로 만드는 것이다. 준동사는 종류에 따라 여러 가지 역할을 할 수 있다. To study is important.처럼 to부정사는 명사의 역할로 주어, 목적어, 보어가 될 수 있고, I need a book to read.처럼 형용사의 역할로 명사를 수식하거나 보어가 되며, I worked hard to finish the work.처럼 부사의 역할로 문장 전체를 수식할 수 있다. Studying is important.처럼 동명사는 명사 역할을 해서 주어, 목적어, 보어가 될 수 있다. the finished product처럼 분사는 형용사의 역할로 명사를 수식하거나, 보어가 될 수 있다. 따라서 명사처럼 쓰이는 to부정사가 동명사와 함께 보기에 제시되며, 동명사는 또한 분사와 형태가 같기 때문에 동명사와 분사를 구분하는 문제도 출제된다.

to부정사 (to+동사원형) = '명사, 형용사, 부사' 역할
동명사 (동사원형+ing) = '명사' 역할
현재분사 (동사원형+ing) = '형용사, 부사' 역할
과거분사 (동사원형+ed) = '형용사, 부사' 역할

준동사문제는 이렇게 푼다!

Step 1   동사가 들어갈 자리인지 아닌지를 판단해라.
Step 2   to부정사의 자리와 동명사의 자리를 확인해라.
Step 3   능동/수동을 구분해라.
　　　　　① 뒤에 목적어가 있으면 능동이다.
　　　　　② 뒤에 목적어가 없으면 수동이다.
Step 4   앞뒤로 모두 명사가 있으면 현재분사 -ing가 정답이다.
Step 5   앞뒤로 명사가 하나만 있으면 과거분사 p.p.가 정답이다.

필살기 01. to부정사만을 목적어로 취하는 동사를 암기하라

I want to finish the work.
나는 일을 끝내고 싶어요.

to부정사, 동명사는 명사처럼 쓰이기 때문에 목적어 자리에 올 수 있다. 이때, to부정사만을 목적어로 취하는 동사들이 있는데, want 뒤에는 to부정사만 온다고 하는 것이 바로 이러한 것이다. 따라서 이 동사들을 외워주면, 문제를 풀 때 to부정사와 동명사 중에서 고민할 필요 없이 to부정사를 선택할 수 있다는 것을 기억하자. 기본적으로 to부정사는 소망이나 감정을 반영하며 미래를 지향한다.

토익, 이렇게 나온다

The director promised _____ fully paid vacation this summer as a reward.
(A) giving (B) to give (C) given (D) gave

❶ 문장의 주요 성분들을 분석한다.
The director / promised / _____ / fully paid vacation / this summer / as a reward.
주어 / 동사 / 목적어 / give의 목적어 / 수식어 / 전치사구(= 수식어)

❷ 빈칸은 타동사 promised 뒤의 목적어 자리이다.

❸ 보기의 품사를 보면 (A) giving은 동명사, (B) to give는 to부정사, (C) given은 과거분사, (D) gave는 과거 동사이다.

❹ 목적어가 될 수 있는 품사는 명사와 명사 상당어구인 to부정사, 동명사, 명사절이다. 따라서 (C)와 (D)는 제외하고 동명사와 to부정사만 남는데, promise는 to부정사를 목적어로 취하는 동사이기 때문에 정답은 (B) to give(줄 것을)이다.

point 'want+to부정사', 'enjoy+-ing'처럼 정해져 있는 것들을 외우면 쉽게 풀 수 있다. to부정사는 감정, 소망을 반영하고, 동명사는 행위, 행동을 반영하기 때문에 감정, 소망을 나타내는 promise, hope, want는 to부정사만을 목적어로 취하고 행위, 행동을 나타내는 enjoy, finish, practice는 동명사만을 목적어로 취한다.

해석 이사는 / 약속했다 / 주기를 / 유급 휴가를 / 이번 여름에 / 보상으로서

어휘 **director** 이사, 임원 **promise** 약속하다 **fully** 완전히 **paid vacation** 유급 휴가 **this** 이번, 오늘 **summer** 여름 **as** ~로써 **reward** 보상, 사례금

시험에 나오는 to부정사를 목적어로 취하는 동사들

- **want** 원하다　　**expect** 기대하다　　**aim** 계획하다　　**decide** 결정하다
  ask 요구하다　　**offer** 제안하다　　**prepare** 준비하다　　**intend** 의도하다
  prefer 선호하다　　**hope** 희망하다　　**fail** 실패하다　　**manage** 관리하다
  plan 계획하다　　**promise** 약속하다

※ to부정사의 동사가 타동사이면 뒤에 목적어를 취한다. to부정사는 감정, 소망을 반영하며 결단의 의미를 가진 동사들과 함께 잘 쓰인다.

David / decided / to quit / the job.
주어　　동사　　목적어　　quit의 목적어
데이빗은　결정했다　그만두기를　일을

▶ to quit는 동사인 decided의 목적어이고, the job은 to부정사 to quit의 목적어이다.

실력더하기

01 If Mr. Matthews fails ＿＿ the audit by the due date, he will be responsible for any loss.

(A) completion　(B) complete　(C) completing　(D) to complete

02 John Brown preferred ＿＿ the medicine with soft drinks since it was bitter.

(A) taken　(B) taking　(C) to taking　(D) to take

01 (D) to complete 'fail+to부정사'의 구조이다. fail은 to부정사를 목적어로 취하는 동사라는 것을 알고 있어야 한다. 명사인 completion도 목적어가 될 수 있지만 명사는 또 뒤에 다른 명사를 취하지 않는다. / 만약 매튜 씨가 마감일까지 회계 감사를 완료하지 못한다면 어떠한 손실에도 책임이 있을 것이다. / **fail** 실패하다　**audit** 회계 감사　**due date** 마감 날짜　**loss** 손실

02 (D) to take 'prefer+to부정사'의 구조이다. prefer는 to부정사를 목적어로 취하는 동사라는 것을 알고 있어야 한다. 기본적으로 동명사도 목적어가 될 수 있지만 to부정사와 동명사를 목적어로 취하는 동사들이 정해져 있다. / 존 브라운 씨는 약이 쓰기 때문에 음료수와 약을 먹는 것을 선호한다. / **prefer** 선호하다　**take the medicine** 약을 먹다　**bitter** 맛이 쓴, 매서운

필살기 02 : to부정사가 수식하는 명사를 암기하라

a book to read in a car
차에서 읽을 책

to부정사가 형용사로 쓰일 때는 앞에 있는 명사를 수식할 수 있다. 예를 들어, I need a book to read in the car.에서 to부정사는 앞에 있는 book을 꾸며 주며, '~할 명사'라고 해석된다. 토익에서 to부정사가 수식해 주는 명사들은 주로 정해져 있기 때문에, 알아두면 문제를 쉽게 해결할 수 있다.

토익, 이렇게 나온다

Sales representatives must have the ability _____ a good speech in front of large audience.
(A) to deliver (B) delivering (C) delivered (D) delivery

❶ 문장의 주요 성분들을 분석한다.
Sales representatives / must have / the ability / _____ /
　　　주어　　　　　　동사　　　　목적어　　　수식어
a good speech / in front of large audience.
　give의 목적어　　　전치사구(= 수식어)

❷ '주어+동사+목적어'가 있는 완전한 절이며 빈칸은 앞에 있는 명사 ability를 수식해 주는 형용사 형태가 들어갈 자리이다.

❸ 보기의 품사를 보면 (A) to deliver는 to부정사, (B) delivering은 동명사 또는 현재분사, (C) delivered는 과거분사, (D) delivery는 명사이다.

❹ 명사를 수식할 수 있는 품사는 형용사와 형용사 상당어구로는 to부정사, 분사, 전치사구, 형용사절이다. 따라서 명사인 (D)는 제외하고 남은 보기 중 선택해야 하는데, ability는 to부정사가 수식해 주는 명사이다. 따라서 정답은 (A) to deliver이다.

point 명사를 수식해 주는 품사는 다양하지만 뒤에서(후치)수식을 해 주는 품사는 주로 to부정사와 분사이다. 이때 to부정사가 수식해 주는 명사들은 정해져 있기 때문에 암기하면 문제를 쉽게 풀 수 있다. to부정사는 감정, 소망, 미래를 지향하기 때문에 이것들을 반영하는 단어들 뒤에는 to부정사만 온다.

해석 영업 대표들은 / 반드시 가지고 있어야 한다 / 능력을 / 전달할 수 있는 / 좋은 연설을 / 많은 청객 앞에서

어휘 **sales representatives** 영업하는 사람, 영업 대표 **ability** 능력 **give a speech** 연설을 하다 **in front of** ~앞에 **large audience** 많은 청중, 많은 청객

시험에 나오는 to부정사가 수식해 주는 명사들

- **ability to do** ~할 능력
  a chance to do ~할 가능성(기회)
  drive to do ~하려는 추진력
  a plan to do ~하려는 계획
  time to do ~할 시간

  the authority to do ~할 권한
  an effort to do ~하는 노력
  an opportunity to do ~할 수 있는 기회
  a right to do ~할 권리
  a way to do ~하는 방법

※ to부정사가 명사를 수식한다는 것은, 아직은 아니지만 앞으로 할 수 있다는 미래를 나타내는 의미이다.

This / is / the final **chance** / **to buy** / the discounted items.
주어 동사   보어   수식어   buy의 목적어
이것은 마지막 기회이다   구매할 수 있는   할인된 제품을

▶ to buy는 명사인 chance를 수식하며 타동사이므로 뒤에 items를 목적어로 취했다. to부정사의 동사가 타동사이면 뒤에 목적어를 취한다.

실력더하기

01 In the time of crisis, we must try to find a way ____ the matter as a team.
(A) overcome (B) overcame (C) overcoming (D) to overcome

02 He had some time ____ on the project before presenting it to the audience.
(A) work (B) worked (C) working (D) to work

01 (D) to overcome 'way+to부정사'로, way는 to부정사가 수식하는 명사이다. 보통 '~할 수 있는 방법'으로 해석된다. 뒤에 the matter는 overcome의 목적어이다. / 위기의 상황에서 우리는 팀으로서 방법을 극복하는 방법을 찾으려고 반드시 노력해야 한다. / **crisis** 위기 **way** 방법, 길 **overcome** 극복하다 **matter** 문제, 상황

02 (D) to work 'time+to부정사'로, time은 to부정사가 수식하는 명사이다. 보통 '~할 수 있는 시간'으로 해석된다. work는 1형식 완전 자동사여서 뒤에 전치사가 나왔다. / 그는 청중에게 발표하기 전에 프로젝트에 대해 작업할 수 있는 시간이 조금 있었다. / **work on** ~에 일하다, 작업하다 **audience** 청중, 관객

필살기 03 동명사만을 목적어로 취하는 동사는 따로 있다

I enjoy playing games.
나는 게임 하는 것을 즐겨

to부정사만을 목적어로 취하는 동사가 있다면 동명사만을 목적어로 취하는 동사도 따로 있다. enjoy 뒤에는 -ing만 온다고 했던 것이 바로 이것들이다. 보기에서 주로 to부정사와 함께 출제되는데, 이것들을 외워준다면 to부정사와 동명사 중에서 고민할 필요 없이 동명사를 선택할 수 있다. 기본적으로 동명사는 행동과 행위를 반영하며 과거를 지향한다.

토익, 이렇게 나온다

For the next quarter, the CEO suggested _____ the new strategy for advertising campaign.

(A) to develop (B) developed (C) developing (D) development

❶ 문장의 주요 성분들을 분석한다.
For the next quarter, / the CEO / suggested / _____ /
전치사구(= 수식어)　　주어　　동사　　목적어
the new strategy / for advertising campaign.
develop의 목적어　　전치사구(= 수식어)

❷ 빈칸은 '주어+동사'에서 타동사인 suggest 뒤에 목적어가 필요한 자리이다.

❸ 보기의 품사를 보면 (A) to develop은 to부정사, (B) developed는 과거분사, (C) developing은 동명사, (D) development는 명사이다.

❹ 목적어가 될 수 있는 품사는 명사와 명사 상당어구인 to부정사, 동명사, 명사절이다. 보기에서 목적어가 될 수 없는 (B)는 정답에서 제외한다. 기본적으로 명사 뒤에 또 다른 명사는 나올 수 없기 때문에 (D)도 제외한다. to부정사와 동명사는 둘 다 목적어가 될 수 있지만, suggest는 동명사만 목적어로 취하는 동사이기 때문에 정답은 (C) developing(개발할 것을)이다.

point 'want+to부정사', 'enjoy+-ing'처럼 정해져 있는 것들이 있기 때문에 외우면 쉽게 풀 수 있다. 앞에서 언급했듯이, to부정사는 감정, 소망을 반영하고 동명사는 행위, 행동을 반영하기 때문에 감정, 소망을 나타내는 promise, hope, want는 to부정사만을 목적어로 취하고 행위, 행동을 나타내는 enjoy, finish, practice는 동명사만을 목적어로 취한다.

해석 다음 분기를 위해서 / CEO는 / 제안했다 / 개발할 것을 / 새로운 전략을 / 홍보 캠페인을 위해서
어휘 next 다음 quarter 분기 suggest 제안하다 strategy 전략 advertising campaign 광고[홍보] 캠페인

시험에 나오는 동명사만을 목적어로 취하는 동사들

- **include** 포함하다
  avoid 피하다
  miss 놓치다　**mind** 꺼리다
  keep 유지하다
  busy 바쁘다
  suggest 제안하다
  consider 고려하다
  finish 끝내다
  postpone 연기하다　**practice** 연습하다
  deny 부인하다　**discontinue** 중단하다
  recommend 추천하다

  ▶ 위 동사들의 앞글자를 따서 I AM KBS CF PD R(나는 케이비에스 CF 피디야)를 기억하자.

※ 동명사의 동사가 타동사이면 뒤에 목적어를 취한다. 동명사를 목적어로 취한다는 것은 행위, 행동을 반영하며, 완료와 과거의 의미들을 가진 동사와 잘 쓰인다.

He / finished / typing / the client data.
주어　동사　목적어　type의 목적어
그는　끝냈다　입력하는 것을　고객 데이터를

▶ typing은 동사인 finish의 목적어이고, the client data는 동명사인 typing의 목적어이다.

※ 동명사 관용표현

be worth -ing ~할 가치가 있다
by -ing ~함으로써
have difficulty/problem -ing ~하는 데 어려움을 겪다

실력더하기

01 To meet the deadline, Mr. Silver recommended ＿＿ late.
　　(A) staying (B) to stay (C) stayed (D) had stayed

02 The manager always said that finding the right product is always worth ＿＿.
　　(A) trying (B) to try (C) tried (D) try

01 (A) **staying** 'recommend+-ing'로, recommend는 동명사를 목적어로 취하는 동사이다. 주로 행위/행동을 나타내는 의미들은 동명사를 목적어로 취한다. 보기에 동사와 동명사가 함께 제시되기 때문에 동사가 들어갈 자리인지 아닌지를 판단할 수 있어야 한다. / 마감 기한을 맞추기 위해서 실버 씨는 늦게까지 남아 있을 것을 권했다. / **meet** (조건, 기간 등을) 맞추다, 충족시키다

02 (A) **trying** 'worth+-ing'로, worth는 전치사로 뒤에 동명사를 목적어로 취하는 대표적인 관용표현이다. 암기하고 있으면 쉽게 풀어낼 수 있는 빈출 표현이다. / 매니저는 항상 딱 맞는 제품을 찾아볼 가치가 있다고 말했다. / **right** 맞는, 적합한 **worth** ~을 가치가 있는

필살기 04 준동사 뒤에 목적어가 있으면 능동형, 없으면 수동형이 정답이다

to deliver the item vs. the item to be delivered
제품을 배달하도록 vs. 배달되어야 하는 제품

동사가 능동태와 수동태가 있듯이 준동사도 능동형과 수동형이 있다. 뒤에 목적어인 명사가 있으면 능동형, 없으면 수동형이 정답이다. deliver 뒤에 목적어 item이 있기 때문에 능동형인 to deliver가 쓰였고, 목적어가 없을 땐 수동형인 to be delivered로 쓰인다. 이렇게 능동/수동을 구분하기 위해서는 시제가 다른 준동사의 기본형과 완료형의 능동/수동을 알고 있어야 한다. 완료형이란 준동사의 시제가 동사보다 앞선 경우를 말하는데, 주로 능동/수동을 구분하는 문제로 출제된다.

토익, 이렇게 나온다

Most people like _____ respectfully wherever they work.
(A) treat (B) treating (C) being treated (D) to treat

❶ 문장의 주요 성분들을 분석한다.
Most people / like / _____ / respectfully / wherever they work.
　주어　　　동사　　목적어　　수식어　　　수식어(= 부사절)

❷ 빈칸은 '주어+동사' 뒤에 타동사의 목적어 자리이다.

❸ 보기의 품사를 보면 (A) treat은 동사, (B) treating은 동명사(능동), (C) being treated는 동명사(수동), (D) to treat는 to부정사(능동)이다.

❹ like는 to부정사와 동명사를 둘 다 목적어로 취하고 의미 또한 같은 동사인데 이럴 때는 능동과 수동을 구분하는 문제이다. treat는 타동사인데 뒤에 목적어가 없다. 그렇다면 수동형으로 쓰인다는 것을 알아야 하며 따라서 정답은 (C) being treated(대우 받고 싶어 하길)이다.

point 준동사는 능동인지 수동인지 해석상 구분해 볼 수도 있겠지만 문법적으로 준동사의 능동형과 수동형을 파악하는 것은 동사의 태를 파악하는 공식과 동일하다. 자동사는 능동형만, 타동사인데 목적어가 있으면 능동형, 타동사인데 목적어가 없으면 수동형을 써야 한다.

해석 대부분의 사람들은 / 좋아한다 / 대우 받기를 / 정중하게 / 그들이 어디에서 일하든지
어휘 most 대부분의　respectfully 정중하게　wherever ~하는 어디서든

시험에 나오는 **능동형과 수동형**

		기본형	완료형(준동사의 시제가 동사보다 과거인 경우)
to부정사	능동	to + 동사원형	to have + p.p.
	수동	to be + p.p.	to have been + p.p.
동명사	능동	동사원형 + ing	having + p.p.
	수동	being + p.p.	having been + p.p.
분사	능동	현재분사(-ing)	having + p.p.
	수동	과거분사(-ed)	having been + p.p.

I / want / you / **to plan** / the event.
주어 동사 목적어   보어   plan의 목적어
나는 원한다 네가   계획하기를   이벤트를

▶ plan 뒤에 목적어가 있으므로 능동형이 쓰였다. want는 to부정사를 목적격 보어로 취하는 5형식 동사이다.

I / want / the event / **to be planned** / (by you).
주어 동사   목적어   보어   전치사구(= 수식어)
나는 원한다 이벤트가   계획되기를   너로 인해

▶ plan 뒤에 목적어가 없으므로 수동형이 쓰였다. 'by+목적격'은 생략 가능하다.

➕ 실력더하기

01 The director wanted all the files ___ before Jan 31.
(A) to submitted (B) to be submitted (C) to submitting (D) to submit

02 The government has postponed ___ the national assembly without any explanation.
(A) to hold (B) to be hold (C) holding (D) being held

01 (B) to be submitted 'want+명사+to부정사'로, want는 to부정사를 목적격 보어로 취한다. 형태가 틀린 보기는 제거하고 남은 to부정사 중, 뒤에 목적어가 있으면 능동, 목적어가 없으면 수동이다. 'before+명사'인 전치사구는 목적어가 될 수 없으므로 수동형이 정답이다. / 이사는 모든 파일들이 1월 31일 전에 제출되기를 원했다. / **submit** 제출하다

02 (C) holding 'postpone+-ing'로, postpone은 뒤에 동명사를 목적어로 취하는 동사이다. 뒤에 목적어인 명사가 있다면 능동이고, 없다면 수동형이 정답이다. 빈칸 뒤에 명사가 있다면 주로 목적어가 되기 때문에 능동형이 정답이다. / 정부는 국회 개원을 어떠한 해명 없이 연기했다. / **postpone** 연기하다, 미루다 **national assembly** 국회 **explanation** 해명, 이유

필살기 05 전치사 to와 to부정사의 to를 구별하라

in order to see him vs. according to him
그를 만나기 위해 vs. 그에 따르면

to는 전치사의 to가 될 수도 있고, to부정사의 to가 될 수도 있다. 이처럼 to가 무엇인가에 따라 뒤에 나오는 것도 다르다. 전치사라면 명사나 동명사가 정답이고 to부정사라면 동사원형이 정답이다. 해석상 전치사와 to부정사를 가려낼 수도 있지만 토익에 가장 많이 나오는 표현들을 암기하면 쉽게 정답을 고를 수 있다.

토익, 이렇게 나온다

The candidate looked forward to _____ another award.
(A) receiving (B) receive (C) received (D) be received

❶ 문장의 주요 성분들을 분석한다.
The candidate / looked / forward / to _____ / another award.
주어 / 동사 / 수식어 / 수식어 / receive의 목적어

❷ 빈칸은 전치사 to의 목적어가 필요한 자리이다.

❸ 보기의 품사를 보면 (A) receiving은 동명사, (B) receive는 동사, (C) received는 과거분사, (D) be received는 동사의 수동형이다.

❹ 문제의 의도는 to가 전치사 to인지 to부정사의 to인지를 묻고 있는 것인데 잘 알려진 숙어 look forward to -ing로 이미 -ing를 취해야 한다는 것을 알 수 있다. 물론 해석상 선택할 수 있겠지만 토익에 나오는 것들은 정해져 있기 때문에 외우고 있다면 문제를 풀 거나, 해석할 때 도움을 많이 받을 수 있다. 정답은 (A) receiving(받는 것을)이다.

point 토익에 나오는 문제의 의도를 파악할 수 있다면 문제를 쉽게 풀 수도 있고, 또한 영어의 기본 개념을 이해하기도 쉽다. 토익에 나오는 공식은 영어의 기본적인 원리로 이루어져 있다는 것을 명심하자.

해석 후보자는 / 기대하고 있었다 / 받는 것을 / 또 다른 상을
어휘 candidate 후보자 look forward to ~기대하다, 고대하다 another 또 다른 award 상

시험에 나오는 to부정사의 to, 전치사의 to

to부정사
▶ to 다음에 동사원형이 정답

be able to do ~할 수 있다
be eligible to do ~할 자격이 있다
be certain to do 반드시 ~하다
be likely to do ~할 가능성이 있다
be pleased to do ~하게 되어 기쁘다
be ready to do ~할 준비가 되어 있다
be willing to do 기꺼이 ~하다
be sure to do 반드시 ~하다
be intended to do ~할 의도이다

전치사
▶ to 다음에 -ing가 정답

look forward to -ing ~을 기대하다
object to -ing ~에 반대하다
be committed to -ing ~에 전념하다
be devoted to -ing ~에 몰두하다
be opposed to -ing ~에 반대하다
be subject to -ing ~하기 쉽다, ~을 받아야 한다
be accustomed to -ing ~하는 데 익숙하다

※ to부정사의 동사가 타동사라면 뒤에 목적어를 취한다.
  to부정사는 대체로 '앞으로'라는 의미로 미래 지향적인 의미의 어휘와 함께 쓰인다.

The new director / is / likely / to announce / the merge.
　주어　　　　　동사　수식어　　　　　　　보어　　　　announce의 목적어
새로운 이사는　　　　　　　가능성이 있다　　발표할　　　합병을

▶ 아직 발표하지 않은 것이고 앞으로 할 수 있다는 것이기 때문에 이때는 to부정사의 to이다.

※ 동명사의 동사가 타동사라면 뒤에 목적어를 취한다. 동명사는 대체로 '이미'라는
  의미를 포함하고 있어서, 과거 지향적인 의미의 어휘와 함께 쓰인다. 이미 한 적이
  있었고, 해오고 있던 일들이면 전치사의 to로서 동명사와 함께 쓰인다.

A clerk / is accustomed / to typing / a document.
　주어　　　　동사　　　　　수식어　　　　type의 목적어
직원은　　　익숙하다　　　타이핑하는 데　　서류를

▶ 타이핑 쳤었고, 그 행동들을 해오고 있는 의미이기 때문에 이때는 전치사의 to이다.

실력더하기

01 The director objected to _____ the matter with other board executives yesterday.
　　(A) discuss　(B) discussing　(C) discussion　(D) being discussed

02 All instructors should be able to _____ the new visual-aid devices.
　　(A) use　(B) used　(C) using　(D) be used

01 (B) discussing 'object to+동명사'로, 앞에 있는 to는 전치사의 to로 뒤에 동명사가 와야 한다. 빈칸 뒤에 목적어인 the matter가 있으므로 능동형이 정답이다. object to는 '행위, 행동하는 것에 반대하다'라는 의미이므로 동명사를 취하는 전치사라는 것을 알 수 있다. / 이사는 어제 다른 이사들과 문제를 상의하는 것에 대해서 반대했다. / **object** 반대하다　**discuss** 상의하다, 논의하다　**matter** 문제, 상황

02 (A) use 'be able to+동사원형'으로, be able to 뒤에는 동사원형이 와서 to부정사를 만든다. 'be able to+동사원형'은 'can+동사원형'과 같은 의미로 해석하면 된다. 수동형이 올 수 있지만, 뒤에 목적어가 있으므로 정답이 될 수 없다. / 모든 강사들은 새로운 영상 장치를 사용할 수 있어야 한다. / **instructor** 강사, 교사　**visual-aid device** 영상 장치

필살기 06 빈칸 앞뒤가 모두 명사면 현재분사 -ing가 정답이다

a man playing the game
게임을 하고 있는 남자

분사 또는 분사구문은 동사를 형용사나 부사로 바꿔주는 것을 말하며, 형용사로 쓰여서 명사를 수식해 줄 때 분사라고 부른다. 현재분사는 동사원형에 -ing를 붙인 형태인데, 이는 능동의 의미를 가진다. a man playing the game처럼 수식하는 명사 man이 분사의 행동을 하는 것이면 능동이므로 현재분사 playing을 쓰고, 당하는 것이면 수동이므로 과거분사로 쓰인다. 이를 공식으로 풀면, 빈칸 앞뒤가 명사가 있을 때 현재분사가 정답이 된다. 가장 중요한 것은 보기에 동사가 하나라도 있을 때는 빈칸이 동사가 들어갈 자리인지 아닌지를 먼저 파악하는 것이다.

토익, 이렇게 나온다

The person _____ the files has been on vacation since last week.
(A) organize (B) organizes (C) organizing (D) organized

❶ 문장의 주요 성분들을 분석한다.
   The person / ____ the files / has been / on vacation / since last week.
   주어   수식어   동사   보어   전치사구(= 수식어)

❷ '주어+동사'가 다 있고 주어인 빈칸은 명사 person을 수식해 주는 형용사 자리이다.

❸ 보기의 품사를 보면 (A) organize는 동사의 복수형, (B) organizes는 동사의 단수형, (C) organizing은 현재분사, (D) organized는 과거분사이다.

❹ 해석상 파일을 '정리된' 사람이 아니고, 파일을 '정리하는' 사람이므로 수식해 주는 명사인 the person과 능동의 의미인 -ing가 와야 한다. 문법적으로 빈칸이 동사가 들어갈 자리가 아니고 분사 자리인데, 앞뒤로 명사가 있으면 -ing라는 공식으로 정답은 (C) organizing(정리하는)이다

point 분사 문제의 가장 큰 특징은 보기에 동사와 꼭 같이 나온다는 것이다. 보기에 동사와 동사가 아닌 품사가 있다면, 가장 먼저 해야 하는 것은 동사가 들어갈 자리인가 아닌가를 판단하는 것이다. 따라서 ① 동사를 확인한 후 ② 분사 문제라면 앞뒤로 명사 일 때, -ing가 정답이다. '명사+-ing+명사'

해석 사람은 / 파일을 정리하는 / ~해오고 있다 / 휴가 중인 / 지난 주 이래로
어휘 **person** 사람 **files** 파일들 **on vacation** 휴가로, 휴가 중에 **since** 이래로 **last week** 지난 주

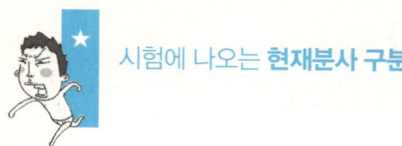

시험에 나오는 **현재분사 구분법**

● 현재분사는 보기에서 주로 동사와 함께 등장하기 때문에 빈칸이 동사 자리인지 확인한다. 동사가 들어갈 자리가 아닌데 빈칸 앞뒤가 명사라면 현재분사 -ing가 정답이다.

The company _____ **the imported cars must pay taxes.**
(A) purchase
(B) purchases
(C) purchased
(D) purchasing

① 동사를 확인한다. 동사인 must pay가 있으므로 빈칸은 동사 자리가 아니다.
② 빈칸 앞에 the company가 있고, 빈칸 뒤에는 the imported cars가 있다.
③ '명사+-ing+명사'로 정답은 (D) purchasing이다.

해석 수입차를 구매하는 회사는 반드시 세금을 내야 한다.

➕ 실력더하기

01 All floor workers ____ those who work weekend shifts are eligible for promotion.
(A) include (B) includes (C) included (D) including

02 The street promoter ____ the latest product of the soft drinks was wearing funny clothes.
(A) issued (B) issues (C) issuing (D) issue

01 (D) **including** 동사 are가 있기 때문에 빈칸은 동사 자리가 아니다. 보기에서 동사를 제거하면 분사 문제인데 앞뒤로 명사가 있으므로 정답은 -ing인 including이다. 이때 수식하는 workers는 선행사라고 하고, 뒤에 있는 대명사 those는 including의 목적어이다. / 주말 근무를 포함한 모든 현장 직원들은 승진할 자격이 있다. / **floor workers** 현장 직원 **weekend shift** 주말 근무 **be eligible for** ~에 자격이 있다

02 (C) **issuing** 동사 was가 있기 때문에 빈칸은 동사 자리가 아니다. 보기에서 동사를 제거하면 분사 문제인데 앞뒤로 명사가 있으므로 정답은 -ing인 issuing이다. 이때 promoter는 선행사가 되고 the latest product는 목적어가 된다. / 최신 음료수를 나누어 주고 있는 길거리 홍보원은 재미있는 옷을 입고 있었다. / **promoter** 기획자, (홍보하는) 직원 **the latest** 최신

빈칸 앞뒤에 명사가 하나면 과거분사(p.p.)가 정답이다

the used car
중고차

동사에 -ed를 붙여 주면 과거동사 또는 과거분사(p.p.)가 된다. He used the computer.처럼 뒤에 목적어(명사 computer)가 있으면 과거 동사 used이다. the pen used for the test처럼 뒤에 명사가 없고 전치사 for가 있으면 과거분사 used로, 앞에 있는 명사 pen을 수식해 주는 형용사와 같은 역할을 한다. 과거분사는 수동의 의미를 가지고 있으므로 수식하는 명사와 수동의 관계에 있으면 과거분사를 선택하면 된다. 빈칸이 동사 자리인지 확인한 후, 빈칸 앞뒤로 명사가 하나라면 과거분사가 정답이라는 공식이 있다.

토익, 이렇게 나온다

The shows _____ at the Kennedy Hall are one of the most spectacle ones.

(A) present (B) presents (C) presented (D) presenting

❶ 문장의 주요 성분들을 분석한다.
　The shows / _____ / at the Kennedy Hall / are / one of the most spectacle ones.
　주어　　수식어　　전치사구(=수식어)　　동사　　보어

❷ '주어+동사'의 절에서, 빈칸은 명사 show(주어)를 수식하는 형용사 자리이다.

❸ 보기의 품사를 보면 (A) present는 동사의 복수형, (B) presents는 동사의 단수형, (C) presented는 과거분사, (D) presenting은 현재분사이다.

❹ show가 '진행하는' 것이 아니고, '진행되는' shows이기 때문에 수동의 의미가 와야 한다. 앞에 명사가 있고 뒤에는 전치사구 at the Kennedy Hall이 있다. 전치사구는 명사가 아니기 때문에, 앞뒤로 명사가 하나만 있다면 이때는 수동의 의미인 과거분사 (C) presented(진행되는)가 정답이다.

point 분사 문제일 때, ① 동사 확인 ② 분사 문제라면 앞뒤로 명사가 하나면 p.p.가 정답이다. 특히 '관사+p.p.+명사' 또는 '명사+p.p.+전치사'의 형태로 p.p.가 주로 정답이다.

해석　쇼는 / 진행되는 / 케네디 홀에서 / ~이다 / 가장 인상적인 것들 중 하나
어휘　**show** 쇼, 프로　**the most** (최상급) 가장　**spectacle** 장관의, 인상적인

시험에 나오는 **과거분사 구별법**

● 보기에 주로 과거분사와 동사가 함께 나오기 때문에 동사부터 확인한다. 빈칸이 동사 자리가 아닌데 앞뒤로 명사가 하나라면 과거분사 -ed가 정답이다. 주로 '관사+p.p.+명사' 나 '명사+p.p.+전치사'의 형태로 나온다.

The cars _____ for the show must be checked thoroughly.

(A) import
(B) imports
(C) imported
(D) importing

① 동사를 확인한다. 동사 must be checked가 있으므로 빈칸은 동사 자리가 아니다.
② 빈칸 앞에는 the cars가 있고, 빈칸 뒤에는 for the show가 있다.
③ '명사+p.p.+전치사'로, 정답은 (C) imported이다.

해석 쇼를 위해서 수입된 자동차들은 반드시 철저히 검사되어야 한다.

실력더하기

01 We at Econest always double check the ____ products to ensure the top quality.
    (A) finished (B) finishing (C) finishes (D) finish

02 Ricky Silverman must check the project ____ by the committee.
    (A) approval (B) approve (C) approved (D) approving

01 (A) **finished** 빈칸은 '관사+p.p.+명사'의 구조이다. 문장에 동사 check가 있기 때문에, 빈칸은 동사 자리가 아니다. 보기에서 동사를 제거하면 분사 문제인데 앞뒤로 명사가 하나뿐이므로 정답은 finished이다. 이때 수식하는 명사인 products가 선행사이고 제품은 완성되는 것이므로 해석을 해봐도 수동형이 적절하다. / 이코네스트에서는 높은 질을 보장하기 위해서 항상 이중으로 완성된 제품을 검사한다. / **double** 두 배로 **ensure** 보장하다

02 (C) **approved** '명사+p.p.+전치사'로, 동사 must check가 있기 때문에 빈칸은 동사 자리가 아니다. 명사 뒤에 또 다른 명사도 나올 수 없으므로 분사 문제인데 앞뒤로 명사가 하나뿐이다. 따라서 정답은 approved이다. 이때 수식하는 명사인 the project가 선행사이며 프로젝트는 승인되는 것이므로 해석을 해봐도 수동형이 적절하다. / 리키 실버만은 위원회가 승인한 프로젝트를 꼭 점검해야 한다. / **approve** 승인하다 **committee** 위원회

필살기 08: 감정유발동사는 사람이면 p.p., 사물이면 -ing로 쓴다

the exciting news vs. I am excited.
신나는 뉴스 vs. 나는 신났어.

'명사+-ing+명사', '관사+p.p.+명사', '명사+p.p.+전치사'의 분사 공식을 벗어나는 동사들이 있다. 감정유발동사로 분사를 만들 때에는 수식하는 명사가 사람이면 p.p., 사물이면 -ing라는 공식이 있다. I am excited.는 I는 사람이므로 p.p.가 쓰였고 news는 사물이어서 -ing가 쓰였다. 자주 출제되는 문제로, 이 공식을 외우고 있으면 쉽게 문제를 해결할 수 있으므로 꼭 암기해 두자.

토익, 이렇게 나온다

Jason Maroon was _____ to find out that he won the prize.
(A) excite (B) exciting (C) excited (D) excitement

❶ 문장의 주요 성분들을 분석한다.
　Jason Maroon / was / _____ / to find out / that he won the prize.
　　주어　　　　동사　　보어　　수식어　　　　find out의 목적어

❷ 빈칸은 '주어+동사' 뒤에 보어가 되는 형용사가 필요한 자리이다.

❸ 보기의 품사를 보면 (A) excite는 동사, (B) exciting은 현재분사, (C) excited는 과거분사, (D) excitement는 명사이다.

❹ 주로 형용사와 그에 해당하는 형용사 상당어구만 보어가 될 수 있기 때문에 (A), (D)는 제외한다. 남은 보기 중에 excite는 감정유발동사이기 때문에 사람을 받아 줄 때는 p.p., 사물을 받아 줄 때는 -ing라는 기본 공식을 적용하면 정답은 (C) excited(신이 난)이다.

point 감정유발동사를 분사로 만들어 형용사처럼 쓸 경우, 사람을 수식할 때는 p.p., 사물을 수식할 때는 -ing가 만들어진 원리는, 감정은 사람의 의지로 조절할 수 있는 것이 아니고 생겨나는 것이기 때문에 수동의 의미를 가지고, 사물은 감정을 유발시키는 것이므로 능동의 의미를 가지기 때문이다.

해석　제이슨 마룬은 / 기뻐했다 / 알아낸 것에 대해 / 그가 상을 탔다는 것을
어휘　**find out** ~을 알아내다　**win** (무엇을) 따다, 이기다　**prize** 상, 상품, 경품

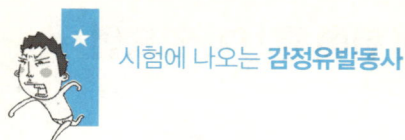 시험에 나오는 **감정유발동사**

- **excite** / **please** / **amuse** / **delight** 기쁘게/즐겁게 하다
  surprise / **astonish** / **shock** / **amaze** / **alarm** 놀라게 하다
  interest 흥미롭게 하다
  satisfy 만족시키다
  fascinate / **attract** 매혹시키다
  disappoint / **depress** / **frustrate** 실망시키다/좌절시키다
  embarrass / **bewilder** 당황스럽게 하다
  confuse 혼란스럽게 하다
  worry 걱정시키다
  trouble 곤란하게 하다
  exhaust / **tire** / **bore** 지치게 하다/지루하게 하다

- 감정유발동사는 사람일 땐 p.p., 사물일 땐 -ing이다.

  David / was / **disappointed** / at the result.
  주어   동사   보어   전치사구(= 수식어)
  데이빗은   실망했다   결과에

  ▶ 사람을 수식해 주는 자리에는 과거분사인 p.p를 사용한다.

  The result / was / **disappointing** / considering all the efforts.
  주어   동사   보어   전치사구(= 수식어)
  결과는   실망스러웠다   모든 노력을 고려했을 때

  ▶ 사물을 수식해 주는 자리에는 현재분사인 -ing를 사용한다.

실력더하기

01 Anyone ____ in finding the career should attend this year's job fair at KINTES center.

(A) interest (B) interests (C) interesting (D) interested

02 In a ____ interview with Jim Carry, he announced that he would retire after his next movie, *Trueman Show Returns*.

(A) fascinate (B) fascinating (C) fascinated (D) fascination

01 (D) interested 빈칸 앞뒤로 '사람+p.p.형 감정동사'의 구조이다. 문장에 동사 should attend가 있기 때문에 빈칸은 동사 자리가 아니다. 앞에 있는 명사를 수식하는 분사 문제인데 interest는 감정유발동사이다. 사람을 수식해 줄 때는 p.p만 쓰일 수 있기 때문에 정답은 interested이다. / 직업을 찾는 데 관심이 있는 사람은 킨테스 센터에서 하는 올해의 직업 박람회에 참가해야 한다. / **career** 직업, 경력 **job fair** 직업 박람회

02 (B) fascinating '사물+-ing인 감정유발동사'로, 뒤에 있는 명사를 수식하는 형용사 자리이다. 형용사로 쓰일 수 있는 분사 중에 fascinate은 감정유발동사로 사물을 수식해 줄 때는 -ing만 쓰일 수 있기 때문에 정답은 fascinating이다. / 짐 캐리와의 흥미로운 인터뷰에서 그는 다음 영화 <트루먼 쇼 리턴즈> 이후에 은퇴할 것이라고 발표했다. / **fascinating** 대단히 흥미로운 **retire** 은퇴하다, 퇴직하다

분사구문 문제에서 뒤에 명사가 있으면 -ing가 정답이다

Entering the gate, Tom showed his passport.
게이트를 들어오면서, 톰은 여권을 보여줬다.

분사구문은 동사를 부사처럼 만들어 절을 수식하는 것을 말한다. '주어+동사'인 절을 수식하므로 절의 맨 앞이나, 절의 맨 뒤가 분사구문의 위치이다. 이때, 능동이면 현재분사인 -ing, 수동이면 과거분사인 -ed가 정답이 되는데, 빠르게 구별하는 방법은 빈칸 뒤에 명사가 있으면 -ing, 명사가 없으면 -ed를 정답으로 고르는 것이다. Tom showed his passport라는 주절 앞에 Entering으로 시작하는 분사구문이 나왔다. 뒤에 the gate라는 명사가 있으므로 -ing형인 Entering이 정답이다. 해석상으로도 주어인 Tom이 gate를 들어오는 것이므로 능동의 의미가 적절하다.

토익, 이렇게 나온다

_____ the work, Ms. Maxwell went to the fitness center.

(A) Finish (B) Finished (C) Finishing (D) Finishes

❶ 문장의 주요 성분들을 분석한다.
_____ the work, / Ms. Maxwell / went / to the fitness center.
수식어(= 분사구문)   주어(주절)   동사   전치사구(= 수식어)

❷ 콤마 뒤에 '주어+동사'의 완전한 절이 있으며, 빈칸은 콤마 앞에서 절을 수식하는 부사 형태가 들어갈 자리이다.

❸ 보기의 품사를 보면 (A) Finish는 동사, (B) Finished는 과거분사, (C) Finishing은 현재분사, (D) Finishes는 동사이다.

❹ 이미 콤마 뒤에 주절이 있기 때문에 앞에는 또 다른 주절이 나오지 못한다. 따라서 보기에서 동사인 (A)와 (D)는 제외한다. (B)는 과거 동사와 과거분사도 되고, (C)는 동명사와 현재분사도 되지만, 여기서는 과거 동사와 동명사가 들어갈 자리는 아니므로 분사구문 문제이다. 이때, 빈칸 뒤에 명사가 있으면 -ing, 명사가 없으면 p.p.인 공식을 알고 있으면 쉽게 풀 수 있다. 정답은 (C) finishing(끝내면서)이다.

point 분사구문 문제의 흐름은, ① 분사구문 자리 확인 ② -ing+명사 ③ p.p.+전치사, ④ 자동사+ing이다. 또한 분사구문의 주어는 늘 주절의 주어로 Finishing의 주어는 Ms. Maxwell이며 해석상 주어가 일을 끝낸다는 능동의 의미로 -ing를 선택할 수도 있다.

해석 일을 끝낸 후, / 맥스웰 씨는 / 갔다 / 헬스장으로
어휘 **work** 일, 작업 **went** 갔다 **fitness center** 헬스장

시험에 나오는 분사구문의 위치

① 주절을 기준으로 주절의 맨 앞에 온다. 주로 콤마로 나누어져 있다.

Confirming the final plan, the director decided to start the campaign.
　수식어(= 분사구문)　　　　　　　　　　　　주절
　최종 계획을 확정하면서,　　　이사는 결정했다　　시작하기로　　캠페인을

▶ 뒤에 명사(the final plan)가 있으면 현재분사 -ing가 정답이다. 또한 주절의 주어인 director가 확인을 하는 것이므로 의미상 능동이 적절하다.

② 주절을 기준으로 주절의 맨 뒤에 온다. 주로 콤마로 나누어져 있다.

Michael Kim was promoted to the director, **known for his creative ideas**.
　　　　　　　주절　　　　　　　　　　　　　수식어(= 분사구문)
마이클 킴은　　승진되었다　　　이사로　　　그의 창의적인 아이디어들로 알려져 있는

▶ 이때 뒤에 명사(known 다음에 명사 없음)가 없으면 과거분사 p.p.가 정답이다. 또한 주절의 주어인 Michael이 알려져 있는 것이므로 의미상 수동이 적절하다. 명사가 없다는 것은 전치사, 부사 등 다른 품사가 나온다는 말이다.

실력더하기

01 ＿＿ the new strategy, Enux Systems hopes to expand its presence into Chinese market.

　　(A) Introduction　(B) Introduce　(C) Introducing　(D) Introduced

02 Mr. Yoshiro returned to the headquarters in Japan, ＿＿ the final agreement.

　　(A) close　(B) closes　(C) closed　(D) closing

01 (C) **introducing** '분사구문(ing)+명사'로, 콤마 뒤에 주절이 있기 때문에 앞에는 부사 또는 부사에 해당하는 분사구문 자리이다. 이때 빈칸 뒤에 명사가 있으면 -ing가 정답이며, 주절의 주어 Enux Systems가 새로운 전략을 도입하는 것이므로 의미상 능동형이 정답이다. / 새로운 전략을 도입하면서, 에누스 시스템은 회사를 중국 시장으로 확장하기를 희망한다. / **introduce** 소개하다, 도입하다　**expand** 확장하다　**presence** 존재

02 (D) **closing** '분사구문(ing)+명사'로, 콤마 앞에 주절이 있기 때문에 뒤에는 부사 또는 부사에 해당하는 분사구문 자리이다. 이때 빈칸 뒤에 명사가 있으면 -ing가 정답이며, 주절의 주어 Mr. Yoshiro가 최종 협정을 채결한 것이므로 의미상 능동이 정답이다. / 최종 협정을 채결하고, 요시로 씨는 일본에 있는 본사로 돌아왔다. / **headquarters** 본사　**close** (계약, 협정 등을) 채결하다

필살기 10. 형용사화 된 분사를 암기하라

the challenging project
어려운 프로젝트

기본적으로 '명사+-ing+명사', '관사+p.p.+명사', '명사+p.p.+전치사'라고 했지만 이것은 영어의 원리를 조금 단순화시킨 공식이기 때문에 항상 정답이 될 수는 없다. 영어는 언어이기 때문에 예외도 있고 단순하게 일치시킬 수 없는 부분도 있다. 이런 개념으로 동사에 -ing나 -ed를 붙이면 분사가 된다고 하지만, 단순한 형용사가 되는 것들이 있다. 이런 부류의 분사들은 일반 형용사와 같이 취급하며, 현재분사, 과거분사로 선택하기보다는 외워두면 쉽게 정답을 선택할 수 있다.

토익, 이렇게 나온다

There were several mistakes made in the _____ year.
(A) precede (B) precedes (C) preceded (D) preceding

❶ 문장의 주요 성분들을 분석한다.
There were / several mistakes / made / in the _____ year.
　동사　　　　주어　　　　수식어　　　전치사구(= 수식어)

❷ '주어+동사'를 갖춘 절에서, 전치사구의 목적어인 명사를 수식하는 형용사가 필요하다.

❸ 보기의 품사를 보면 (A) precede는 동사, (B) precedes는 동사(단수형) (C) preceded는 과거분사, (D) preceding은 현재분사이다.

❹ 보기에서 형용사처럼 쓰일 수 있는 단어들은 분사뿐이므로 (A)와 (B)는 정답에서 제외한다. 남은 보기 중에, precede의 뜻을 알고 있으면 추론이 가능하고, 더욱이 preceding이 '앞선, 이전의'라는 의미의 형용사라는 것을 알고 있으면 아무 어려움 없이 풀어낼 수 있는 문제이다. preceding은 동사에 -ing를 붙인 형용사이고 preceding year = last year의 의미를 가진다. 따라서 정답은 (D) preceding(앞선, 이전)이다.

point 문장에서 made가 동사가 아니라는 것을 빨리 알아 봐야 한다. 문장의 구조와 의미도 중요하기 때문이다. 'made+명사'일 때는 동사이고, 'made+전치사'일 때는 분사로 쓰인다. 분사일 때는 앞에 있는 명사를 수식한다.

해석 있었다 / 몇몇의 실수가 / 이루어진 / 지난해에

어휘 **there** 거기엔 **several** 몇의, 여러 **mistakes** 실수, 잘못 **preceding year** 지난 해, 작년

시험에 나오는 **형용사화 된 분사**

-ing형 형용사	-ed형 형용사
opening ceremony 개회식	**revised edition** 개정판
rewarding work 결실이 있는 작업	**complicated system** 복잡한 시스템
leading company 선두 회사	**attached file** 첨부된 파일
promising company 전망 있는 회사	**informed person** 박식한 사람
welcoming present 환영 선물	**provided pamphlet** 제공된 팸플릿
preceding year 이전 해	**preferred means** 선호된 수단
remaining time 남아 있는 시간	**enclosed coupon** 동봉된 쿠폰
misleading opinion 오해를 일으키는 견해	**motivated employees** 동기부여가 된 직원들
challenging task 어려운 과제	**specialized skills** 전문화된 기술

※ 형용사화된 분사는 주로 보기에서 -ing와 -ed 중에서 선택하게 된다.
(형용사 필살기 06과 07 참고)

the promising company vs. the promised company
promise는 '약속하다'라는 의미의 타동사

▶ 기본 분사로 해석하면 promising company '약속하는 회사' vs. promised company '약속된 회사'인데 둘 다 해석이 이상하다. 이렇기 때문에 형용사화된 분사를 외워야 하며 promising은 '전망 있는, 조짐이 좋은'이라는 의미의 형용사라는 것을 알아야 자연스럽게 해석할 수 있고 문제도 풀 수 있다.

실력더하기

01 RNL Industry is proud to have some of the most ____ technicians in the industry.
(A) motivation (B) motivate (C) motivated (D) motivating

02 Welding steels requires highly ____ skills that need years of experience.
(A) specialized (B) specializing (C) specialize (D) specialty

01 (C) motivated 'the most+형용사+명사'로, 빈칸은 뒤에 있는 명사를 수식하는 형용사 자리이다. 형용사로 쓰일 수 없는 보기를 제거하면, 분사 문제처럼 보이지만 motivated는 '동기가 부여된'이라는 의미의 형용사인 것을 알면 쉽게 정답을 선택할 수 있는 어휘 문제이다. / RNL 인더스트리는 그 산업에서 가장 동기가 높은 기술자들을 보유하고 있다는 것을 자랑스러워한다. / **be proud of** ~을 자랑으로 여기다 **industry** 산업

02 (A) specialized '부사+형용사+명사'로, 빈칸은 뒤에 있는 명사를 수식하는 형용사 자리이다. 형용사로 쓰일 수 없는 보기를 제거하면, 분사 문제처럼 보이지만 specialized는 '전문화된'이라는 의미의 형용사인 것을 알면 쉽게 풀 수 있는 어휘 문제이다. / 강철 용접은 수년간의 경력을 갖춘 매우 전문화된 기술을 요구한다. / **weld** 용접하다 **require** 필요로 한다, 요구한다 **highly** 매우

PRACTICE TEST

★★☆

01 Over 250 applicants around the world have gathered _____ the competition.

(A) to attend
(B) attend
(C) attended
(D) are attending

★☆☆

02 In order to _____ receiving these notices, please press 8 now.

(A) refusing
(B) refuse
(C) refusal
(D) refuses

★☆☆

03 If the passengers prepare _____ proper identifications, it will expedite the entry procedures.

(A) to show
(B) showing
(C) show
(D) showed

★★☆

04 The effective way _____ new products to the customers requires some money and time.

(A) launching
(B) to launch
(C) launch
(D) to be launched

★★☆

05 When you have trouble _____ the new software, Chris Nollan can teach you thoroughly.

(A) using
(B) to use
(C) used
(D) users

★★☆

06 Mr. Kim has been in charge of the accounting software since _____ the company last year.

(A) joining
(B) joined
(C) join
(D) has joined

★★☆

07 The _____ pamphlet details the services that our company offers daily.

(A) enclosure
(B) enclosing
(C) enclosed
(D) enclose

★★☆

08 Some merchandise _____ on the website may not be available anymore.

(A) display
(B) displays
(C) displayed
(D) displaying

★★☆

09 Ms. Simons will be leaving the company to find _____ career in fashion.

(A) excite
(B) exciting
(C) excited
(D) excitably

★★★

10 Express Now Delivery, now _____ throughout Europe, started as a small packaging company 10 years ago.

(A) may have operated
(B) operate
(C) has been operating
(D) operating

Conjunction
접속사

토익에서 접속사와 관련된 문제는 매달 4~5문제가 출제되는데, 이중에 상관접속사 또는 등위접속사 문제는 매달 1~2문제가 꼭 출제되고 있다. 전체적인 문장의 흐름을 파악하여 올바른 접속사를 선택하는 부사 접속사 문제가 가장 많이 출제되고 있는 추세이며 문법적으로 올바른 역할을 파악해서 선택하는 명사 접속사와 형용사 접속사도 꾸준히 출제되고 있다.

접속사는 기본적으로 등위, 상관, 종속접속사로 분류되어 있는데 특정하게 정해져 있기 때문에 쉽게 구분할 수 있다. 접속사는 기본적으로 단어와 단어 또는 절과 절을 이어주는 단어로 토익 파트 5, 6 문제의 문장 구조를 파악하는 것이 핵심이다. 따라서 접속사를 알아야 문장의 구조가 보인다.

등위접속사: and, or, but, so 등

상관접속사: both A and B, either A or B, neither A nor B,
             not only A but also B

종속접속사의 종류
① 명사 접속사: that, if, whether, 의문사(who, when, where, what, how, why 등)
② 형용사 접속사: 관계대명사(who, which, that 등) 관계부사(when, where 등)
③ 부사 접속사: because, although, while, if, before, once, though 등

기본적으로 '주어+동사'로 시작되는 형태를 절이라고 부르는데, 접속사가 없는 '주어+동사'를 주절, 종속접속사가 있는 '주어+동사'는 종속절이라 한다. 문장에서 주절은 반드시 한 개, 그 외의 절은 전부 종속절이 되기 때문에 어디부터 어디까지가 주절이고 종속절인지를 파악하는 연습을 해두면 해석에 도움이 된다.

I love cats and dogs.처럼 등위접속사(and)는 단어와 단어, 구와 구, 절과 절을 연결해 주는 연결어 역할을 한다. Both Tom and I need the score.처럼 상관접속사(both ~ and ~)도 짝을 이루어 단어들을 연결해 주기도 한다. 종속절은 종류에 따라서 명사절은 S(주어), O(목적어), C(보어)의 역할, 형용사절은 명사 수식, 부사절은 수식어의 역할을 한다. 예로 I believe that he is smart. 나는 그가 똑똑하다고 믿는다. 에서 종속절인 that절은 명사절로 believe의 목적어가 되고 있다.

접속사문제는 이렇게 푼다!

Step 1 보기에 상관접속사가 있다면 짝궁을 찾아라.

Step 2 등위접속사는 앞뒤를 따져서 풀 수 있다.

Step 3 전치사와 부사 접속사를 구별해라.

① 뒤에 명사만 있으면 전치사가 정답이다.
② 뒤에 절이 있으면 접속사가 정답이다.

Step 4 주절 자리에는 부사가, 종속절 자리에는 접속사가 정답이다.

Step 5 명사 접속사는 빈칸 뒤의 절이 완전한지 불완전한지를 파악해라.

Step 6 형용사 접속사는 앞에 명사와 빈칸 뒤의 절이 완전한지 불완전한지를 파악해라.

상관접속사 문제는 앞뒤의 짝을 맞추면 정답이다

필살기 01

choose either A or B
A와 B 중에 하나를 선택해

토익에서 상관접속사 문제는 매달 한 문제씩은 출제된다. 예외 없이 정답이 깔끔하게 떨어지기 때문에, 상관접속사와 이어진 짝꿍을 맞추는 것이 상관접속사 문제의 기본이다. 이때, 가장 큰 특징은 A와 B가 항상 같은 품사 형태여야 한다는 것이다. A와 B의 품사에 따라 역할도 결정된다. 명사면 명사, 형용사면 형용사, 그리고 어떤 품사가 들어가 있는지에 따라 역할도 바뀌는 것이다. 따라서 상관접속사로서 어울리는 접속사를 선택하는 문제 말고도 A와 B의 품사를 일치시키는 문제가 출제될 수 있다.

토익, 이렇게 나온다

Finding _____ your dream and your talent takes time and efforts.

(A) both (B) not only (C) but (D) either

❶ 문장의 주요 성분들을 분석한다.
  Finding / _____ your dream and your talent / takes / time and efforts.
  주어   find의 목적어   동사   목적어

❷ 빈칸은 주어인 동명사 finding의 목적어가 와야 하는 자리이다. 타동사 find는 목적어를 취한다.

❸ 보기의 (A) both는 and와 상관접속사를 이루고, (B) not only는 but also, (C) but은 없으며, (D) either는 or와 상관접속사를 이룬다.

❹ 해석상 풀 수도 있는 문제이지만, 평상시에 외운 상관접속사의 짝 맞추기를 생각하면 문장의 뒤에 나오는 and와 어울리는 것은 both이므로 정답은 (A) both(둘 다)이다.

point 기본적으로 상관접속사가 연결하는 A와 B의 품사는 같아야 한다. 예문에는 둘 다 명사이며, 동명사 finding의 목적어가 되고 있다.

해석 찾는 것은 / 너의 꿈과 재능을 / 든다 / 시간과 노력이
어휘 finding ~를 찾는 것 dream 꿈, 희망 talent 재능 take time 시간이 걸린다 effort 노력

시험에 나오는 상관접속사

both A and B	A, B 둘 다	I need **both** bags **and** money. 난 필요해 　　　　가방과 돈 둘 다
either A or B	A, B 둘 중 하나	**Either** a dog **or** a cat is fine. 강아지나 고양이 둘 중 하나면 　괜찮아
neither A nor B	A, B 둘 다 아닌	I like **neither** Tom **nor** Andy. 나는 둘 다 싫어해 　톰과 앤디를
not only A but also B	A뿐만 아니라 B 역시	**Not only** I **but also** Andy likes games. 나뿐만이 아니라 앤디도 　 게임을 좋아해
A as well as B	B뿐만 아니라 A도	Jack **as well as** Wendy is my friend. 잭과 또한 웬디도 　 내 친구야

I / need / **both** bags **and** money.
주어　동사　　　　　　　　　목적어
나는　필요해　　　　가방과 돈 둘 다

▶ bags와 money 둘 다 명사이므로 명사와 역할이 같은 주어, 목적어, 보어가 될 수 있다.

He / is / **not only** smart **but also** funny.
주어　동사　　　　　　　　　　보어
그는　　　　　똑똑할 뿐 아니라　　재미있어

▶ smart와 funny 둘 다 형용사이므로 보어가 되거나 명사를 수식할 수 있다.

➕ 실력더하기

01 The next shipment of office supplies will arrive either tomorrow ____ the day after.

　　(A) and (B) or (C) yet (D) but

02 In response to the crisis, not only the employees ____ the executives were working overnight.

　　(A) also (B) and (C) or (D) but also

---

01 (B) or 'either A or B'로 상관접속사와 함께 쓰이는 나머지 접속사가 필요한 자리이다. 외우고 있으면 쉽게 풀어낼 수 있는 문제이다. 이때, A와 B는 형태가 같아야 한다. tomorrow와 the day after는 부사로 동사를 수식하는 역할을 하고 있다. / 사무용품의 다음 선적물은 내일이나 모레에 도착할 것이다. / **shipment** 수송, 선적물　**office supplies** 사무용품

02 (D) but also not only A but also B로 상관접속사와 함께 쓰이는 나머지 접속사가 필요한 자리이다. also는 생략되어 but만 쓰일 수는 있지만 also만 따로 쓰일 수는 없다. 따라서 not only A but also B, 또는 not only A but B 이런 표현만 만들어 질 수 있다. / 위기에 대응해서, 직원들뿐만 아니라 임직원들까지도 밤새 일하는 중이었다. / **in response to** ~에 대응해서, 반응해서　**crisis** 위기

필살기 02 등위접속사는 빈칸 앞뒤 문장 구조를 파악해야 한다

I love cats but hate dogs.
나는 고양이를 좋아하지만 강아지는 싫어해.

등위접속사는 단어와 단어, 또는 절과 절을 이어주는 역할을 하는 접속사이다. love cats but hates dogs에서 but은 앞에 있는 절과 절을 받고 있지만 뒤의 hate dogs에서 주어인 I가 앞 절의 주어와 같아서 생략되었다는 것도 알아야 한다. 등위접속사는 기본적인 뜻이 있기 때문에 해석을 해서 등위접속사를 선택하는 문제가 출제되거나 등위접속사가 주어진 상태에서 그 앞이나 뒤의 품사를 채우는 문제가 출제된다.

토익, 이렇게 나온다

Tina was offered a job at LT Technologies _____ rejected it.
(A) and (B) but (C) both (D) either

❶ 문장의 주요 성분들을 분석한다.
Tina / **was offered** / **a job** / **at LT Technologies** / _____ / **rejected** / **it.**
주어 / 동사 / 목적어 / 전치사구(= 수식어) / 연결어(= 접속사) / 동사 / 목적어

❷ '주어(Tina)+동사(was offered)+목적어(a job)'가 모두 있는 완전한 절 뒤에 또 다른 동사 rejected가 있으므로 빈칸에는 접속사가 필요하다.

❸ 보기의 품사를 보면 (A) and는 접속사, (B) but은 접속사, (C) both는 한정사(형용사), (D) either는 한정사(형용사)이다.

❹ 동사가 또 나와서 절이 되기 위해서는 접속사가 필요하기 때문에 접속사가 아닌 (C)와 (D)는 제외, 남은 보기는 둘 다 등위접속사이기 때문에 기본적으로 해석을 하여 풀어야 한다. '제안 받았지만 거절한 것'으로 앞에 내용과 상반된 입장을 취하고 있기 때문에 역접인 (B) but(그러나)이 정답이다.

point 등위접속사가 상관접속사의 일부로 짝을 이루어 쓰이지 않는 한, 의미가 통하는 것을 선택해야 하기 때문에 차분히 읽어 나가면서 내용을 파악하는 것이 중요하다.

해석 티나는 / 제안 받았다 / 일자리를 / LT 테크놀로지에서 / 그러나 / 거절했다 / 그것을
어휘 **be offered** 제안 받다, 제공 받다 **job** 일자리, 직업 **reject** 거절하다

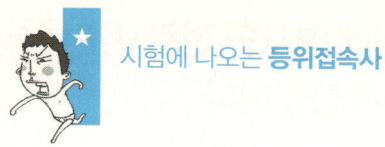 시험에 나오는 **등위접속사**

① **등위접속사의 종류**
- **순접 and, so**   그리고, 그래서
- **역접 but(yet), nor**   그러나, 그리고 ~이 아니다
- **선택 or**   또는

② **등위접속사의 특징**
① 등위접속사가 연결하는 A와 B는 형태 및 품사가 같아야 한다.
I will **eat** and **drink** (○) at the diner.
　나는　　　먹고 마실 것이다　　　 그 식당에서
I will **eat** and **drinking** (×) at the diner.

② 문두에 나올 수 없다.
And he wants to know ~ (×)

③ 동일한 부분을 생략할 수 있다.
I know Tom **and** Andy.
▶ Andy 앞에 I know 생략!

④ so는 예외로 앞뒤에 모두 완전한 문장을 받는다.
I'll go to the party, **so** I'll see you soon.
나는 갈 거야　　파티에　　그래서 나는 너를 볼 거야　　 곧

➕ **실력더하기**

01 The president would like to thank all the employees for their hard work ____ commitment.
(A) and (B) but (C) or (D) so

02 Customers may choose express ____ regular mail service after considering the price range.
(A) either (B) both (C) but (D) or

01 (A) **and** 보기가 모두 등위접속사이므로 해석을 통해 정답을 선택해야 한다. 이때, so는 바로 제거한다. so는 앞뒤에 모두 완전한 문장을 받아야 하기 때문이다. 해석상 그들의 노력과 헌신 때문에 감사를 표하는 것이기 때문에 부드럽게 이어주는 접속사 and가 정답이다. / 회장은 모든 직원들에게 그들의 노력과 헌신에 대해 감사를 표하고 싶어 한다. / **would like** 원하다   **commitment** 헌신, 약속

02 (D) **or** 빈칸 앞뒤로 형용사가 있기 때문에 형용사를 이어주는 접속사가 필요한 자리이다. 따라서 형용사인 either와 both는 제거하고 남은 등위접속사 중에서 해석상 적절한 것을 고른다. 고객들은 특급이나 일반 배송을 선택하는 것이므로 선택의 의미가 들어가 있는 or가 정답이다. / 고객들은 금액 범위를 고려한 후에 특급이나 일반 배송을 선택할 수 있다. / **express** 급행의, 속달의   **consider** 고려하다

필살기 03 : 뜻이 같을 때 빈칸 뒤에 명사면 전치사, 절이 있으면 접속사가 정답이다

although he is concerned about the work vs. despite his concern
그가 일에 대해서 걱정하고 있음에도 불구하고 vs. 그의 걱정에도 불구하고

절을 수식해 주는 부사 접속사 문제에는 의미가 동일한 전치사가 보기에 함께 나온다. 예를 들어 의미가 같은 although와 despite은 해석으로 풀 수 없고 품사에 따른 특징을 알아야 한다. 부사 접속사인 although 뒤에는 '주어+동사'로 이루어진 절이 나와서 종속절을 만들고, 전치사인 despite 뒤에는 명사가 와서 전치사구를 만들어야 한다. 따라서 빈칸 뒤에 명사만 있으면 전치사가, 절이 있으면 접속사가 정답이다.

토익, 이렇게 나온다

_____ she is new and inexperienced, Ms. Kim has enough potential to be the next manager.

(A) Despite (B) In spite of (C) Although (D) Due to

❶ 문장의 주요 성분들을 분석한다.

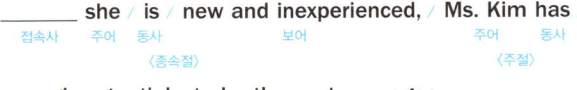

enough potential / to be the next manager.
　　목적어　　　　　　수식어

❷ 콤마 뒤에 '주어+동사'가 있는 완전한 주절이 있고, 빈칸 다음에도 '주어+동사'의 종속절이 있다. 따라서 빈칸은 접속사 자리이다.

❸ 보기의 품사를 보면 (A) Despite는 전치사, (B) In spite of는 전치사, (C) Although는 접속사, (D) Due to는 전치사이다. 보기에서 접속사는 하나 밖에 없기 때문에 쉬운 문제이다. 정답은 (C) Although(그럼에도 불구하고)이다.

point 보기에 제시된 두 단어의 의미가 같을 때는 주로 품사에 차이가 있다. despite와 although는 의미가 같지만 하나는 전치사이고 하나는 접속사이다. 전치사 despite 뒤에는 명사만 오며 접속사 although는 뒤에 절(주어+동사)이 와야 한다. 또한, despite = in spite of와 동일한 표현이라는 것도 알고 있어야 한다.

해석 ~하지만 / 그녀는 / 이다 / 새롭고 경험이 부족한 / 김 씨는 가지고 있다 / 충분한 잠재력을 / 다음 매니저가 되기에

어휘 **new** 새로운 **inexperienced** 미숙한, 경험이 없는 **enough** 충분한, 충분히 **potential** 잠재력 **next** 다음의, 다음 **manager** 매니저

시험에 나오는 **동일한 의미의 전치사 vs. 접속사**

	전치사+명사	접속사+주어+동사
양보/상반 그럼에도 불구하고, 비록 ~일지라도	despite / in spite of	although / though / even though / while / even if
이유, 원인 ~때문에	because of / due to / owing to	because / since / as
제외 ~을 제외하고	aside from / except / excluding	except that / but that
기간 ~동안	for / during	while
시점 ~할 때	at	when / at the time
시점 ~후에	after / following / subsequent to	after
시점 ~전에	before / prior to	before
시점 ~까지	by / until	by the time / until
조건 만일 ~이 아니라면	barring	unless
조건 ~이 아니라면	without	unless
조건 ~를 대비하여	in case of	in case (that)
조건 ~한 경우에	in the event of	in the event that

▶ 전치사도 되고 접속사도 되는 것들은 항상 주의해야 한다. 의미는 동일하지만, 뒤에 명사만 있으면 전치사로 쓰인 것이고, '주어+동사'가 있으면 접속사로 쓰인 것이다.

Thomas / left / the office / **after** / he / finished / the work.
주어 / 동사 / 목적어 / 접속사 / 주어 / 동사 / 목적어
주절 / / / 종속절
토마스는 / / 사무실을 떠났다 / / 그가 일을 끝낸 후에

▶ after 뒤에 S+V가 있으므로 접속사로 쓰였다.

Thomas / left / the office / **after** / the presentation.
주어 / 동사 / 목적어 / 전치사 / after의 목적어
주절 / / / 수식어(= 전치사구)
토마스는 / / 사무실을 떠났다 / / 발표 후에

▶ after 뒤에 명사가 있으므로 전치사로 쓰였다.

➕ 실력더하기

01 ____ the computer is being fixed, you should turn off the computer.
  (A) During (B) For (C) While (D) By

02 All maintenance staff must remember to lock the doors especially ____ their night shifts.
  (A) after (B) because (C) when (D) since

01 (C) **While** 'while+주어+동사'로, 빈칸 뒤에 주어와 동사가 있기 때문에 접속사가 필요한 자리이다. 보기에서 접속사는 하나뿐이므로 정답은 쉽게 while이 된다. 전치사와 접속사가 둘 다 되는 단어가 있기 때문에 그런 단어에는 늘 주의를 기울여야 한다. / 컴퓨터가 고쳐지고 있는 동안에 컴퓨터의 전원을 꺼야 한다. / **be fixed** 수리되다 **turn off** 전원을 끄다

02 (A) **after** 'after+명사'로, 빈칸 뒤에 목적어인 명사만 있기 때문에 전치사가 필요한 자리이다. 보기에서 전치사로 쓰일 수 있는 것은 after와 since뿐이다. 해석상 선택을 해야 하는데, since는 전치사일 때는 '~이래로'라는 의미를 가지기 때문에 해석상 올바르지 않아 after가 정답이다. / 모든 관리 직원들은 특별히 야간 근무 후에 문을 잠글 것을 기억해야 한다. / **maintenance** 유지, 관리 **remember to**부정사 ~할 것을 기억하다 **especially** 특별히

자주 나오는 부사접속사의 의미를 암기하라

필살기 04

I will tell you the secret if you wait.
만약에 네가 기다린다면 너에게 비밀을 말해 줄게.

부사 접속사는 주로 보기에 2~3개 이상이 동시에 제시된다. 이런 문제들은 해석상 풀어야 하는 문제로 바뀌게 된다. 따라서 부사 접속사의 뜻을 알고 문장의 전체적인 흐름과 올바르게 일치시켜야 정답을 선택할 수 있다. 토익에서 잘 나오는 부사 접속사의 의미를 암기하고 있어야 하며, 보기에서 선택할 때, 주절부터 해석해 보는 것이 유리하다.

토익, 이렇게 나온다

Jim Cameron was hired _____ he had met all the requirements.

(A) until (B) while (C) because (D) but

❶ 문장의 주요 성분들을 분석한다.
Jim Cameron / **was hired** / **___** / **he** / **had met** / **all the requirements.**
주어 / 동사 / 접속사 / 주어 / 동사 / 목적어
(주절) / (종속절)

❷ 앞에 '주어+동사'가 있는 완전한 절이 있고 빈칸 뒤에 절(주어+동사)이 있으므로 접속사를 찾는 문제이다.

❸ 보기의 품사를 보면 (A) until은 접속사 또는 전치사, (B) while은 접속사, (C) because는 접속사, (D) but은 접속사이다.

❹ 보기의 품사가 다 접속사이지만 의미가 다르기 때문에 해석상 선택해야 한다. until '~까지', while '~동안에, 반면에', because '~때문에', but '그러나'. 주절은 '고용되었다', 종속절은 '자격 조건을 충족시켰다'라고 해석이 되기 때문에 문맥상 because(~때문에)가 가장 올바른 흐름을 완성시킨다. 정답은 (C) because이다.

point 접속사/전치사가 다 될 수 있는 단어들에는 항상 주의를 기울여야 한다. until은 전치사/접속사로 다 쓰이며 의미도 똑 같기 때문에 해석으로는 구분할 수 없다.

해석 짐 캐머런은 / 고용되었다 / ~때문에 / 그가 / 충족시켰다 / 모든 자격 요건을
어휘 be hired 고용 되다 meet the requirement 요구를 충족시키다

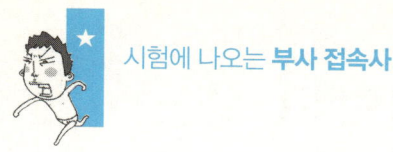
시험에 나오는 **부사 접속사**

시간	after ~후에, before ~전에, since ~이래, until ~까지, when ~할 때, while ~동안, once ~하자마자, as ~하면서
원인	because, since, as, now that ~때문에
결과	so/such + 형용사/부사 + that 너무 ~해서 하다
목적	so that, in order that ~하기 위해서
대조/양보	although, while, whereas, even though, even if ~이기는 하지만 / ~에도 불구하고
조건	if, unless, as long as, provided/providing that 만약 ~라면, once 일단 ~하면

▶ since는 전치사와 접속사 둘 다 될 수 있다. 접속사 since는 '~이래로, ~때문에'라는 의미이지만, 전치사 since는 '~이래로'라는 의미이다.

Since he was young, Tom has studied English.
　그가 어렸을 때부터　　　　톰은 공부를 해왔다　　　영어를

▶ 이때 since는 '~이래로'라는 의미로 쓰였으며 '어렸을 때부터'라고 해석한다. since가 '~이래로'라는 의미를 가질 때는 반드시 since절의 동사가 과거시제이어야 하며 주절은 현재완료시제가 되어야 한다.

Since the movie received great reviews, it was invited to Busan Film Festival.
　영화가 좋은 평가를 받았기 때문에　　　　　　초대되었다　　　　부산 영화 축제에

▶ 이때 since는 '~때문에'라는 의미이다. 어떤 의미로 쓰였는지 구분하는 위해서는 전체적인 문맥을 고려해야 한다.

Since the last movie, Tom Cruz has not received much attention.
　마지막 영화 이래로　　　　톰 크루즈는 받지 못했다　　　　　많은 주목을

▶ since가 전치사일 때는 '~이래로'라는 의미이고 주로 과거를 나타내는 시간 명사와 쓰인다.

➕ 실력더하기

01　___ the company is renovating its entrance, all offices will remain open.
　　(A) Even though (B) If (C) Because (D) Before

01　We will be sending regular e-mail advertisements ___ you consent to our service.
　　(A) although (B) if (C) so that (D) until

01 (A) **Even though** 빈칸 뒤에 '주어+동사'가 있기 때문에 접속사가 필요한 자리이다. 보기가 전부 접속사로 쓰이기 때문에 문맥상 올바른 접속사를 선택해야 한다. 주절부터 해석하는 것이 유리하다. '사무실이 열려 있을 것이다/입구가 공사되고 있는 중에도 불구하고'가 문맥상 가장 자연스럽기 때문에 정답은 even though가 되었다. even though = even if = though 이들 접속사는 의미가 같다. / 회사가 입구를 공사하고 있지만 모든 사무실은 열릴 것이다. / **renovate** 공사하다, 보수하다

02 (B) **if** 빈칸 뒤에 주어와 동사가 있기 때문에 접속사가 필요한 자리이다. 보기가 전부 접속사이기 때문에 문맥상 올바른 접속사를 선택해야 한다. '우리는 광고를 보낼 것이다/만약 동의한다면'이란 흐름이 가장 올바르기 때문에 접속사 if가 정답이다. 부사 접속사 문제는 해석이 불완전하다면 어려울 수 있다. 기본 문법을 통해 해석 능력을 기르는 것이 중요하다. / 만약 당신이 우리의 서비스에 동의한다면 우리는 정기 이메일 광고를 보내드리겠습니다. / **regular** 정기적인, 주기적인 **consent** 동의하다, 허락하다

필살기 05 부사 접속사와 부사의 자리는 정해져 있다

While you handle the customer vs. Meanwhile, you handle the customer
네가 고객을 다루는 동안에 vs. 그 사이에 네가 고객을 다뤄

meanwhile은 '~하는 동안에, 그 사이에'라는 의미로 접속사인 while과 비슷한 뜻을 가지고 있지만 부사이다. 부사와 접속사를 선택하는 문제는 두 개의 문장을 연결하는 자리에는 접속사, 하나의 문장만 있으면 부사 자리가 된다. 이때, 부사는 주로 뒤에 콤마를 동반하기 때문에 뒤에 콤마가 있다면 부사 자리라는 것을 쉽게 알 수 있다. 만약 콤마가 없다면 주절과 종속절의 자리를 파악해야 한다. 또한, 문장에서 주절은 하나뿐이고 나머지는 종속절이 되어야 한다는 것을 잊지 말자.

토익, 이렇게 나온다

_____ the cafeteria is being renovated, employees should use the restaurant across the street.

(A) Meanwhile (B) While (C) However (D) Although

❶ 문장의 주요 성분들을 분석한다.

_____ / the cafeteria / is being renovated, / employees / should use /
접속사   주어   동사   주어   동사
〈종속절〉   〈주절〉

the restaurant / across the street.
목적어   수식어

❷ 콤마 뒤에 '주어+동사'의 주절이 있는 것으로 보아, 앞에는 종속절을 형성하기 위해 빈칸에 접속사가 필요하다.

❸ 보기의 품사를 보면 (A) Meanwhile은 부사, (B) While은 접속사, (C) However는 부사, (D) Although는 접속사이다.

❹ 의미는 올바를 수 있어도 부사를 제외한 접속사 중에서 해석상 선택해야 한다. 주절부터 해석하며 의미상 '공사하는 동안에'라는 문맥이 적합하기 때문에 접속사 (B) While(~하는 동안에)이 정답이다.

point 빈칸을 포함한 절이 주절이 되기 위해서는 부사, 종속절이 되기 위해서는 접속사를 선택해야 하므로 문장 구조를 제대로 파악해야 한다. 접속사나 부사가 보기에 여럿일 때는 해석상 올바르게 선택해야 한다.

해석 ~동안에 / 식당이 / 공사되고 있는 / 직원들은 / 사용해야 한다 / 레스토랑을 / 길 건너에 있는

어휘 **cafeteria** (구내) 식당 **be renovated** 공사가 되다 **across** 건너편, 가로질러

시험에 나오는 접속부사

추가	besides, furthermore, in addition, moreover 게다가
시간	afterwards 추후에
원인, 결과	therefore, as a result, consequently, thus, hence 따라서, 결과적으로
대조	nevertheless, nonetheless, however, on the contrary ~이지만, ~에도 불구하고
조건	otherwise 그렇지 않으면
유사	similarly, likewise 마찬가지로

▶ 종속절이 필요한 자리에는 접속사, 주절이 필요한 자리에는 부사가 와야 한다. 접속부사가 정식 명칭이지만 부사와 똑같은 역할을 하기 때문에 편하게 부사라고 부른다.

While he was working at the hotel, Jackson saw many celebrities.
  종속절   주절
  그가 호텔에서 일하는 동안에   잭슨은 많은 유명인사를 봤다

▶ '접속사+S+V'는 종속절이 되고 접속사 없는 'S+V'는 주절이 된다. 콤마 뒤에 이미 주절이 있으므로 앞에는 종속절이 필요한 자리여서 접속사가 쓰이고 있다.

The doctor will see you again next week. **Meanwhile**, you must rest well.
              주절   주절
  의사는 다음 주에 널 다시 볼 것이다.   그 동안에 너는 푹 쉬어야 한다.

▶ 앞에 주절로 마침표로 끝났다. 하나의 문장이 끝나고 나면 새로운 문장이 시작하기 때문에 뒤에도 주절이 필요한 자리로, 부사가 쓰이고 있으며 부사의 특징인 콤마가 동반되고 있다.

➕ 실력더하기

01 All employees must have their final reports ready by Monday; ____, they must work over the weekend.

  (A) When (B) Because (C) Therefore (D) Likewise

02 ____ we have sent this message as courtesy, please remember it's your responsibility to return books by due date.

  (A) However (B) Although (C) Nevertheless (D) When

01 (C) Therefore 앞에 세미콜론(;)이 있다. 세미콜론은 마침표와 같은 역할을 하며 앞에 절이 끝나고 뒤에 새로운 절이 시작해야 한다. 따라서 부사가 필요한 자리이고 빈칸 뒤에 부사를 동반하고 있어 조금 더 쉽게 알아볼 수 있다. 접속사를 제거하고 부사 중에 해석상 적절한 것을 선택하게 되어 therefore가 정답이다. / 모든 직원들은 그들의 최종 보고서를 월요일까지 준비해야 한다. 따라서 그들은 주말에 반드시 일해야 한다. / **have 명사 ready** (명사를) 준비하다 **over the weekend** 주말에

02 (B) Although 콤마 뒤에 please로 시작하는 주절이 있기 때문에 빈칸은 종속절이 되기 위한 접속사가 필요한 자리이다. 부사는 제거하고 남은 접속사 중에 해석상 although가 문맥을 부드럽게 이어주기 때문에 정답이 되었다. 부사와 접속사 문제는 빈칸을 기준으로 빠르게 문장의 구조를 파악하는 것이 중요하다. / 이 메시지를 정중하게 보내드리지만, 만기일까지 책을 반납하는 것이 당신의 책임이라는 것을 기억해 주세요. / **courtesy** 예의상, 공손함 **due date** 만기일, 기간일

필살기 06 명사 접속사의 특징을 암기하라

I know that he wants you. vs. I know what he wants. 나는 그가 너를 원한다는 것을 알아. vs. 나는 그가 원하는 것을 알아.

명사절은 주어, 목적어, 보어의 역할을 해서 주로 동사나 전치사 뒤에 나온다. 명사 접속사는 종류에 따라 특징이 있다. 명사 접속사 that 뒤에는 he wants you라는 완전한 절이, 명사 접속사 what 뒤에는 he wants라는 목적어가 없는 불완전한 절이 나온다. 즉, 명사 접속사 뒤에 완전한 절 또는 불완전한 절이 온다는 것이다. 명사 접속사 문제는 접속사의 특징과 의미를 파악하여 오답을 제거하고 정답을 선택한다.

토익, 이렇게 나온다

The head director has decided _____ should be on the schedule for tomorrow's meeting.
(A) what (B) that (C) when (D) while

❶ 문장의 주요 성분들을 분석한다.
The head director / has decided / _____ should be /
　　주어　　　　　동사　　　 접속사　　 동사
　　〈주절〉　　　　　　　　　〈종속절(= 목적어)〉

on the schedule / for tomorrow's meeting.
　보어　　　　　 전치사구(= 수식어)

❷ '주어+동사' 뒤에 목적어가 필요한 문장인데, 명사가 아닌 명사 접속사를 선택하는 문제이다.

❸ (A) what은 명사 접속사(불완전한 절) (B) that은 명사 접속사(완전한 절), (C) when은 명사 접속사(완전한 절), (D) while은 부사 접속사(완전한 절)이다.

❹ 명사절을 이끌 수 없는 부사 접속사 (D)는 제외하고 남은 보기 중에 먼저 뒤에 나온 절이 완전한지 불완전한지를 파악해야 한다. 주어, 목적어, 보어 중에 하나가 없을 때 불완전한 절이라 하는데, 빈칸 뒤에 동사부터 시작하여 주어가 없는 불완전한 절이므로 정답은 (A) what이다.

point 명사 접속사 문제는 해석도 중요하지만 몇 가지 특징만 외우고 있으면 쉽게 문제를 풀 수 있다. 또한, 접속사 문제 중, 90%는 부사 접속사 문제이고 나머지가 명사 접속사나 형용사 접속사 문제로 출제 빈도가 낮은 편이다.

해석 부장은 / 결정했다 / 무엇이 있어야 하는지 / 시간표에 / 내일 미팅을 위해서
어휘 **head director** 부장 **have[has] decided** 결정했다 **schedule** 일정, 스케줄

시험에 나오는 **명사 접속사**

종류		절(S+V)	to부정사 축약	특징
순수 명사 접속사	that	완전	×	전치사 뒤에는 나올 수 없다. 반드시 'S+V'의 완전한 절이 나와야 한다.
	if		×	if절은 주어가 될 수 없다. **If he will finish the work on time** is uncertain. (×)
	whether		O	뒤에 or not 이 주로 동반된다.
의문사	who	불완전	O	who+V
	whom	불완전	O	whom+S+V
	whose	완전	O	whose+완전한 절
	when	완전	O	when+완전한 절
	where	완전	O	where+완전한 절
	what	완전 불완전	O	what+V+O what+S+V what+명사+S+V what+to부정사+O what+명사+V+O(완전한 절)
	how	완전	O	how+형/부+S+V
	why	완전	×	why+완전한 절
	which	완전 불완전	O	which+V+O which+S+V which+명사+S+V which+to부정사+O which+명사+V+O(완전한 절)

▶ to부정사로의 축약: 주어가 같으면 접속사 뒤에 나오는 주어와 동사는 to부정사로 축약이 될 수 있다.

I / don't know / **how I can use** the machine.
주어　　동사　　　　　목적어(= 명사절)
나는 알지 못한다　　기계를 어떻게 사용하는지

▶ 타동사인 know 뒤에 목적어가 되는 명사절인 how절이 왔다. 이때, 주어가 I로 같기 때문에 주어를 생략해 주고 동사를 to부정사로 줄일 수 있다.

I don't know **how to use** the machine.

▶ 의미는 위의 문장과 같고, 똑같은 원리로 대부분의 접속사 뒤에 to부정사가 나올 수 있다.

➕ 실력더하기

01 The committee is trying to determine ____ had submitted the miswritten report.
　　(A) whether　(B) who　(C) whom　(D) that

02 ____ the team must prepare is posted on the bulletin board.
　　(A) What　(B) Who　(C) That　(D) Which

01 (B) who '동사+명사 접속사'로, 빈칸은 명사 접속사가 필요한 자리이다. whether와 that의 특징은 뒤에 완전한 절, whom 은 '주어+동사'가 있는데 목적어가 없는 불완전한 절이온다는 것이다. 간단한 특징을 가지고 문제를 풀 수 있다. 'who+동사' 형태로 동사부터 시작한다. / 위원회는 누가 잘못된 보고서를 제출했는지 파악하려고 노력하는 중이다. / **determine** 측정하다, 파악하다　**submit** 제출하다　**miswritten** 잘못 쓰여진

02 (A) **What** 빈칸부터 prepare까지가 문장의 주어가 되어야 한다. 따라서 명사 접속사가 필요한 자리이다. 'who+동사', 'that+완전한 절', 'which+완전한 절', 'what+불완전한 절'로 prepare 뒤에 목적어가 없기 때문에 불완전 절이어서 정답은 what이 된다. / 팀이 준비해야 하는 것들은 게시판에 공지되어 있다. / **prepare** 준비하다　**be posted** 게시되다, 공지되다　**bulletin board** 게시판

필살기 07 관계대명사를 고르는 문제는 빈칸 앞뒤에서 힌트를 찾는다

The man who needs some rest should take a rest.
휴식이 필요한 사람은 쉬어야 한다.

형용사절은 앞에 있는 명사를 수식하기 때문에 형용사 접속사는 명사 뒤에 나온다. 예문에서 who로 시작하는 절은 앞에 있는 the man을 수식한다. 이때, 수식받는 명사를 '선행사'라 하고, 형용사 접속사인 who를 '관계대명사'라고 한다. 참고로 who는 명사 접속사도 될 수 있고 형용사 접속사도 될 수 있으며 대부분의 명사 접속사는 형용사 접속사도 되기 때문에 이들을 구분할 수 있어야 한다. '동사+명사 접속사(의문사)'의 형태와, '명사+형용사 접속사(관계사)'의 형태를 구분해서 알아두자.

토익, 이렇게 나온다

Samuel called the Asian Airlines to confirm the reservation _____ was made a week ago.

(A) when (B) that (C) who (D) whose

❶ 문장의 주요 성분들을 분석한다.
Samuel / called / the Asian Airlines / to confirm /
주어   동사   목적어   보어
                                        〈주절〉

the reservation / _____ was made / a week ago.
confirm의 목적어   동사   수식어
                〈종속절〉

❷ 앞에 주절이 있고 뒤에 또 다른 동사가 나와서 종속절이 필요한 문장이다. 이때 앞에 있는 명사(선행사)를 수식해 주는 관계사가 필요하다.

❸ 보기의 품사를 보면 (A) when은 관계사(완전한 절), (B) that은 관계사(불완전한 절), (C) who는 관계사(불완전한 절), (D) whose는 관계사(완전한 절)이다.

❹ 형용사 접속사(관계사)의 특징으로 문제를 푼다. 완전한 절이 오는 when과 whose는 제거, 남은 that과 who 중에 선행사가 사람인지 사물인지 판단하면 된다. reservation은 사물이므로 사물을 받는 관계대명사 that이 정답이다.

point '동사+that절'일 때는 명사절로 완전한 절이 되고, '명사+that절'일 때는 형용사절로 뒤에 주어 또는 목적어가 없는 불완전한 절이 된다.

해석 사무엘이 / 전화했다 / 아시안 항공사에 / 확인하기 위해서 / 예약을 / 그가 했던 / 일주일 전에
어휘 call 전화하다, 연락하다 confirm 확인하다 reservation 예약 a week ago 일주일 전

시험에 나오는 관계대명사

종류	사람 선행사	특징	사물 선행사	특징
주격	who / that	주격+V	which / that	주격+V
목적격	whom / that	목적격+S+V	which / that	목적격+S+V
소유격	whose	소유격+완전한 절	of which	소유격+완전한 절

▶ 관계대명사는 명사 접속사와 모양이 같지만 특징이 다르다.

관계대명사를 선택하는 순서	what/that의 특징
① 선행사가 사람인지 사물인지 파악 ② 빈칸 뒤에 동사부터 있으면 주격이 정답 ③ 빈칸 뒤에 'S+V(타동사)'가 있는데 목적어가 없으면 목적격 관계대명사가 정답 ④ 빈칸 뒤에 완전한 절이 있으면 소유격 관계대명사가 정답	① what은 명사 뒤에는 올 수 없음 ② that은 전치사 뒤에는 올 수 없음 ③ that은 콤마 뒤에는 올 수 없음 ④ 선행사 앞에 the only, the very, 최상급, 서수 등이 있으면 반드시 that이 정답

Please give notice to the employees who should come to the meeting tomorrow.
통지를 해주세요   ① 선행사-사람 ②주격 동사
                직원들에게   참석해야 하는   내일 미팅에

▶ 선행사가 사람이며 뒤의 절이 동사로 시작했기 때문에 주격 who가 쓰였다.

The manager whom I saw yesterday was very kind.
① 선행사-사람 ② 목적격 주어 동사
매니저는   내가 어제 만난   매우 친절했다

▶ 선행사가 사람이며 뒤의 절에 주어, 동사가 있는데 목적어가 없기 때문에 목적격 whom이 쓰였다. 목적격 관계대명사는 생략이 가능하다.

Monitor the customer whose action is strange.
        ① 선행사-사람 ③소유격 주어 동사 보어
감시해라   고객을   행동이 이상한

▶ 선행사가 사람이며 뒤의 절이 '주어+동사+보어'가 있는 완전한 절이므로 소유격 whose가 쓰였다.

➕ 실력더하기

01 The financial expert _____ career is superb has just been promoted to the director of sales.
(A) who (B) whom (C) whose (D) which

02 Give this coupon to the customers _____ purchase more than 200 dollars.
(A) what (B) whom (C) whose (D) who

01 (C) whose 선행사가 사람이며 뒤에 '주어+동사+보어'가 있는 완전한 절이 왔다. 따라서 뒤에 완전한 절이 올 수 있는 소유격 관계대명사가 정답이다. who/whom/whose는 의문사이든 관계사이든 똑같은 특징을 가진다. which가 관계사일 때 뒤에 불완전한 절만 동반한다. / 경력이 훌륭한 금융 전문가는 영업부장으로 승진되었다. / **career** 경력, 직업 **superb** 최상의, 훌륭한 **be promoted** 승진되다

02 (D) who 선행사가 사람이며 뒤에 동사가 바로 왔다. 따라서 주격 관계대명사인 who가 정답이다. what 뒤에는 동사부터 시작할 수 있지만 what은 의문사로 명사절만 될 수 있기 때문에 명사 뒤에는 올 수 없다. 명사 뒤에는 형용사 접속사, 즉 관계사가 필요한 자리이다. / 이 쿠폰을 200달러 이상 구매한 고객들에게 주세요. / **purchase** 구매하다 **more than** ~이상

관계부사 뒤에는 완전한 절이 있어야 한다

I remember the day when we bought the first house.
나는 우리가 첫 번째 집을 산 그 날을 기억해.

관계부사는 관계대명사와 마찬가지로 앞에 있는 명사를 수식해 주는 형용사 접속사이다. 수식하는 명사를 똑같이 선행사라고 부르며, 관계부사 뒤에는 꼭 '주어+동사'가 다 있는 완전한 절이 와야 한다. 보기에 주로 관계대명사가 함께 제시되며 뒤에 완전한 절이라면 관계부사 중에 선택하고 뒤에가 불완전한 절이라면 관계대명사 중에 선택한다.

토익, 이렇게 나온다

The money is in the safety lock _____ we keep all the important files.

(A) when (B) where (C) what (D) which

❶ 문장의 주요 성분들을 분석한다.
The money / is / in the safety lock / _____ we / keep /
　주어　　동사　　　보어　　　　　　　　　주어　　동사
　　　〈주절〉　　　　　　　　　　　　〈종속절(=형용사절)〉
all the important files.
　　목적어

❷ 앞에 주절이 있고 뒤에 또 다른 동사 keep이 나와서 종속절이 필요한 문장이다. 이때 앞에 있는 명사(선행사)를 수식해 주는 형용사 접속사가 필요하다.

❸ 보기를 보면 (A) when은 관계부사(완전한 절), (B) where는 관계부사(완전한 절), (C) what은 의문사(불완전한 절), (D) which는 관계대명사(불완전한 절)이다.

❹ 형용사 접속사로 쓰이는 관계사 중에 빈칸 뒤에 '주어+동사+목적어'가 다 있는 완전한 절이 오므로 which는 제외, 남은 관계부사 when과 where 중에 의미상 앞에 있는 선행사가 장소를 나타내고 있기 때문에 정답은 (B) where이다.

point what은 명사 뒤에 쓰이지 못하고, which가 명사 뒤에 와서 형용사 접속사로 쓰이는 관계대명사일 때는 'which+동사' 형태로 주격 관계대명사나, 'which+주어+동사' 형태로 목적어가 없는 목적격 관계대명사로만 쓰인다는 것을 잊지 말자.

해석 돈은 / 있다 / 안전 금고에 / 우리가 / 보관하는 / 모든 중요한 파일을
어휘 **money** 돈　**safety lock** 안전 금고　**keep** 유지하다, 보관하다

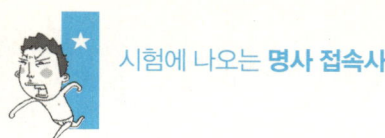

시험에 나오는 **명사 접속사**

	종류	전치사 + 관계대명사
시간 **when**	I remember the moment **when** you won the competition. 완전한 절	when = at which
장소 **where**	The school **where** we went is now closed. 완전한 절	where = to which
이유 **why**	This is the reason **why** I hate him. 완전한 절	why = for which
방법 **how**	I don't know **how** you finish the job. (선행사 the way 생략) 완전한 절	the way that = how the way how는 틀린 표현임

※ 관계부사의 형성 과정

① This is the **house** + I live in the **house**.
두 문장에서 중복된 명사를 접속사로 연결한다.

② This is the house and I lived in the house.
중복된 명사(선행사)가 사물이고 목적격이므로 which로 연결한다.

③ This is the house **which** I live in.
뒤에 전치사를 놔두고 which만 앞으로 옮길 수 있다.

④ This is the house **in which** I live.
전치사를 앞으로 가지고 나와서 in which를 쓸 수 있다.

⑤ This is the house **where** I live.
'전치사+관계대명사'를 관계부사인 where로 고칠 수 있다.

▶ 따라서 in where라는 표현은 없다는 것을 명심하자.
▶ 명사 뒤에 형용사 접속사를 선택하는 자리에서, 뒤에 완전한 절이고 관계부사가 보기에 두 개 이상일 때는 해석상 올바른 관계부사를 선택해야 한다.

🞣 실력더하기

01 We are expecting our sales representative to return from Canada _____ he made a speech about our new product.
(A) which (B) what (C) where (D) when

02 The meeting room in _____ the seminar will be held must be reserved in advance.
(A) where (B) which (C) that (D) then

01 (C) where 앞에 있는 명사를 수식해 주는 형용사 접속사가 필요한 자리이다. 따라서 what은 제거, 뒤에 완전한 절이므로 which도 제거, 남은 관계부사 중에 선행사가 장소를 나타내고 있으므로 장소를 의미하는 where가 정답이다. / 우리는 영업 대표가 새로운 제품에 대해 발표를 하고 캐나다에서 돌아오기를 기대하고 있다. / **expect** 기대하다, 희망하다 **make a speech** 연설하다, 발표하다

02 (B) **which** in which = where로 '전치사+관계대명사'가 관계부사와 같은 의미로 쓰인다는 것을 알고 있어야 한다. 자주 출제되는 표현으로 in where라는 표현은 없다는 것을 알고 있어야 한다. 전치사 뒤에 that은 쓰이지 않는다는 것도 잊지 말자. / 세미나가 주최될 회의실은 반드시 미리 예약해야 합니다. / **be held** 주최되다, 열리다 **in advance** 미리, 사전에

PRACTICE TEST

★☆☆

01 It will be easier to visit some Asian countries _____ EURASIA Airlines begins to offer nonstop flights next year.

(A) instead of
(B) after
(C) during
(D) beyond

★★☆

02 Sandra Wikis was selected as the new design director _____ she was the most qualified person among applicants.

(A) until
(B) because
(C) although
(D) so that

★★☆

03 _____ aggressive advertising campaigns may increase brand awareness, they do not always increase purchasing power.

(A) Despite
(B) Although
(C) Only if
(D) In case

★★☆

04 Joes Weden was offered an important position on Monday _____ has not yet responded.

(A) although
(B) but
(C) unless
(D) nor

★☆☆

05 Federal Law states that customer's private information cannot be revealed _____ permission is given.

(A) despite
(B) without
(C) against
(D) unless

★★★

06 Working Moms at Thunder Bay can choose _____ to work in the offices or from home.

(A) which
(B) what
(C) while
(D) whether

★★☆

07 Ms. Park must decide _____ she must buy for foreign clients who are coming next week.

(A) because
(B) what
(C) that
(D) unless

★★☆

08 _____ Lola Drink's net profit has fallen over the last quarter, its subsidiary in some states has experienced increased profits.

(A) Due to
(B) While
(C) Once
(D) Except for

★★☆

09 _____ the conference on increasing greenhouse gas, the keynote speaker discussed the merits of implementing a new set of initiatives.

(A) Although
(B) When
(C) During
(D) While

★★★

10 The long durability is _____ makes the Energy Batteries so popular.

(A) which   (B) what
(C) whose   (D) who

Preposition
전치사

일반적으로 in, to, for, with, at과 같은 단어들을 전치사라고 하며 하나의 전치사는 다양한 의미를 가진다. 기본 전치사들의 뜻을 먼저 공부하고 나서, 접속사와 보기에 함께 출제되는 전치사 despite, except, because of의 뜻과 유사 의미의 접속사를 알아두는 것이 좋다.

기본 전치사
at, on, in, for, of, with, to, from, along, toward, between 등

주로 접속사와 함께 출제되는 전치사
despite, in spite of, due to, during, following, without 등

전치사는 기본적으로 뒤에 명사와 함께 '전치사+명사'의 형태로 전치사구를 만들며, 품사로는 형용사와 부사의 역할을 한다. She is in the room.에서 전치사구인 in the room은 형용사로 보어 역할을 한다. the customer on the phone에서 전치사구인 on the phone은 형용사로 앞에 있는 명사를 수식해 주고 있다. 전치사구는 기본적으로 수식어로 많이 쓰이기 때문에 문장의 구조를 파악할 때는 중요하지 않으므로 빨리 괄호를 치고 제외시키는 연습을 해야 한다.

전치사와 관련된 문제는 매월 4~5문제가 출제된다. 먼저, 전치사가 필요한 자리인지 접속사가 필요한 자리인지 선택하는 문제들이 있는데 뒤에 명사만 있으면 전치사, 뒤에 '주어+동사'의 절이 있으면 접속사를 선택하는 문제가 있다. 그리고 보기가 다 전치사이고 해석상 올바른 전치사를 선택하는 문제들은 3~4문제 정도가 꾸준히 출제되고 있다.

전치사 문제는 이렇게 푼다!

Step 1 접속사와 전치사를 구별하라.

① 뒤에 명사만 있다면 전치사가 정답!
② 뒤에 주어, 동사의 절이 있다면 접속사가 정답!

Step 2 기본 전치사 숙어를 외워라.

Step 3 해석상 선택해야 하는 문제면 빈칸 앞뒤 내용을 파악해라.

필살기 01 시험에 나오는 at

The manager at International Corporation
International Corporation에 있는 매니저

기본 전치사 at은 시간과 장소를 나타낼 때 쓰인다. 시간을 나타낼 때는 at 2 o'clock처럼 정확한 시점을 나타낼 때 쓰이며, 장소에서는 at home, 'at+회사'처럼 좁은 장소나, 회사, 지점을 나타낼 때 쓰인다. 또한 횟수, 비율, 속도, 온도, 가격, 비용 등의 의미를 가지는 명사들과 함께 숙어로 자주 출제되는 전치사이다.

토익, 이렇게 나온다

When you arrive _____ the Continental Hotel, you should check in first.
(A) in (B) on (C) with (D) at

❶ 문장의 주요 성분들을 분석한다.
When / you / arrive / _____ the Continental Hotel, / you /
접속사 주어 동사   전치사구(= 수식어)   주어
should check in / first.
동사   수식어

❷ 자동사 arrive 뒤에 전치사를 선택하는 문제이다.

❸ 보기의 품사는 모두 전치사로, 쓰임에 따라 답을 선택한다.

❹ 장소를 나타낼 때, in Korea, in Seoul과 같이 in은 넓고, 큰 개념의 장소와 쓰인다. on the street, on the bridge와 같이 on은 평평한 개념 위에 있을 때 쓰인다. at home, at school과 같이 at은 좁고, 정확한 장소, 지점에 쓰인다. 따라서 정답은 (D) at이다.

point with는 장소를 나타내는 전치사가 아니다. 답은 항상 하나이기 때문에 기본 전치사의 숙지가 제일 중요하다.

해석 ~할 때 / 네가 / 도착하다 / 컨티넨탈 호텔에 / 너는 / 체크인해야 한다 / 먼저
어휘 **arrive** 도착하다 **check in** 탑승(투숙) 수속을 밟다 **first** 우선, 맨 먼저

시험에 나오는 전치사 at

시간	시간 정오/자정/밤 정확한 시점	at 2 o'clock 2시에 at noon/dawn/night 정오에/새벽에/밤에 at the end 끝에 at the beginning 시작에
장소	좁은 장소 주소/번지 작은 범위/지점	at home, at the school 집에서, 학교에서 at 24 oxford street 옥스퍼드 가 24번지에서 at the intersection 교차로에서 at the bus stop 버스 정류장에서
속도		at a fast pace 빠른 속도로 at the speed of 100 miles 100마일의 속도로
가격		at a reasonable price 합리적인 가격으로 at no extra cost 추가 비용 없이 at a great expense 많은 비용으로
방향		look at him 그를 보다
나이		at the age of 19 19살의 나이에 He got married at 21. 그는 21살에 결혼했다.
관련 숙어		at all times (= all the time = always) 항상 be aimed at ~를 목표로 삼다 be surprised/shocked/amazed at ~에 놀라다/충격 받다

실력더하기

01 ____ Brown university, we value students with visions and creativity.
(A) By (B) To (C) Of (D) At

02 Don't forget to receive free pamphlets ____ the end of the seminar.
(A) at (B) to (C) for (D) on

01 (D) At 보기가 모두 전치사이므로 해석을 해서 정답을 선택한다. 뒤에 정확한 장소를 나타내는 말이 있으므로 정확한 장소를 나타내는 at이 정답이다. by는 장소에 쓰이지 않는다. to는 '대학교로'라는 의미이기 때문에 의미상 적절하지 않다. of는 주로 소유의 의미를 나타내므로 정답이 아니다. / 브라운 대학에서, 우리는 비전과 창의성이 있는 학생들을 소중하게 여긴다. / **value** 소중하게 생각하다, 가치 있게 생각하다

02 (A) at 보기가 모두 전치사이므로 해석을 해서 정답을 선택한다. 정확한 시점을 나타낼 수 있는 전치사는 at이다. 따라서 at the end, at 2 o'clock, at noon 등의 표현이 완성된다. 나머지 전치사는 정확한 시점이나 시간과는 쓰일 수 없다. on은 on time(시간을 어기지 않고, 제시간에)이라는 숙어로도 쓰인다. / 세미나가 끝날 때 무료 책자를 받는 것을 잊지 마세요. / **pamphlet** 책자, 팸플릿

필살기 02 시험에 나오는 on

I am working on the project.
나는 프로젝트를 작업하는 중이야

on은 기본적으로 시간과 장소를 나타내며 특정한 주제, '~하는 중에', '~하자마자'라는 의미를 가지고 있다. 장소를 나타낼 때는 on the floor처럼 평평한 개념 위에 있을 때 쓰일 수 있고, 시간을 나타낼 때는 on Monday, on 22nd처럼 요일이나 날짜 앞에 쓰인다. 다른 품사와 함께 숙어로서 잘 쓰이는 전치사이므로 기본 뜻과 기출 숙어는 반드시 숙지해 두어야 한다.

토익, 이렇게 나온다

Tomorrow at the City Hall, a workshop _____ productivity will be held.
(A) to (B) at (C) with (D) on

❶ 문장의 주요 성분들을 분석한다.
Tomorrow at the City Hall, / a workshop / _____ productivity /
전치사구(= 수식어)　　　　　　주어　　　전치사구(= 수식어)
will be held.
동사

❷ '주어+동사'가 있는 완전한 문장으로, 명사 뒤에 전치사구를 완성하는 전치사를 선택하는 문제이다.

❸ to는 방향을 나타내기 때문에 workshop과는 어울리지 않는다. at이 오려면 뒤에 장소 표현이 있어야 한다. with가 오려면 뒤에 대상이 와서 workshop with Oxford Students처럼 와야 한다. on은 주제나 내용을 나타내기 때문에 'workshop on+주제/내용'의 형태가 된다. 뒤에 나오는 명사 productivity(생산성)에 대한 워크숍이라는 의미가 적절하므로 정답은 (D) on이다.

point 전치사는 앞에 있는 명사만 보면 대부분의 경우 다 잘 어울린다. 확실한 답을 선택하기 위해서는 꼭 앞의 단어와 뒤에 나오는 내용까지 고려해야 한다는 것을 잊지 말자.

해석 내일 시청에서 / 워크숍이 / 생산성에 대한 / 주최될 것이다
어휘 **city hall** 시청 **workshop** 워크숍 **productivity** 생산성 **be held** 주최되다, 열리다

시험에 나오는 전치사 on

시간	날짜 요일 특정한 날	on May 1st 5월 1일에 on Monday 월요일에 on my birthday 생일에, on holiday 공휴일에
장소	평면/층 거리 강	on the desk 책상(표면) 위에, on the floor 층 위에 on the street 길가에 on the river 강가에
주제	~에 대한	a book on accounting 회계에 대한 책 work on the project 프로젝트에 일하다
진행 상황/상태	~하는 중인	be on duty 근무 중이다 be on sale 세일 중이다 be on the market 시장에 판매 중이다 be on schedule 예정대로 진행 중이다 be on one's way ~로 가는 중이다
때	~하자마자	on request 요청하자 on arrival 도착하자마자
숙어		agree on ~에 동의하다 concentrate on ~에 집중하다 focus on ~에 집중하다 rely on ~에 의지하다 work on ~에 대해 일[작업]하다 be based on ~에 근거하다

➕ 실력더하기

01 We regularly hold staff meeting ___ every Monday.
　　(A) at (B) in (C) on (D) for

02 Let's focus ___ the urgent matter since it must be handled at once.
　　(A) for (B) to (C) in (D) on

01 (C) on 요일에 쓰는 전치사는 on밖에 없다. at은 시간을 나타낼 때 정확한 시간이나 시점과 함께 쓰이고, in은 연도, 달을 나타내며, for는 기간을 나타낼 때만 쓰인다. 따라서 정답은 on이다. / 우리는 직원 회의를 월요일마다 주기적으로 한다. / **regularly** 주기적으로, 정기적으로　**every** ~마다

02 (D) **on** focus on으로 on이 쓰이는 대표적인 숙어이다. on은 주제, 내용, 대상을 나타낼 수 있어 focus on은 '~에 집중하다'라는 의미로 쓰인다. 이외에도 depend on, agree on, work on 등 주제, 내용, 대상을 나타내는 숙어들을 알아두자. / 즉시 처리되어야 하기 때문에 시급한 문제에 집중하자. / **focus on** ~에 집중하다　**urgent** 시급한, 긴급한　**be handled** 처리되다　**at once** 즉시

필살기 03 시험에 나오는 in

I will see you in May.
5월에 봐.

in은 기본적으로 시간과 장소를 나타내며 기간이나 분야를 나타낼 때도 자주 쓰인다. 장소를 나타낼 때는 in the city, in town처럼 넓은 개념의 장소와 쓰이며, 시간을 나타낼 때는 in March, in 2020처럼 월이나 연도를 나타낼 때 쓰인다. 다른 품사와 함께 숙어로 많이 나오는 전치사이므로 잘 알아두어야 한다.

토익, 이렇게 나온다

Jackson moved to a small town _____ Texas after he retired from teaching.

(A) in   (B) at   (C) on   (D) of

❶ 문장의 주요 성분들을 분석한다.
Jackson / moved / to a small town / ____ Texas / after / he / retired / from teaching.
주어 / 동사 / 전치사구(=수식어) / 전치사구(=수식어) / 접속사 / 주어 / 동사 / 전치사구(=수식어)

❷ '주어+동사'가 있는 완전한 문장으로, 명사 뒤에 전치사구를 완성하는 전치사를 선택하는 문제이다.

❸ 뒤에 오는 나라나 도시를 나타내는 명사처럼 넓은 개념에 쓰일 수 있는 것은 하나뿐이므로 정답은 (A) in이다.

point in 이외의 넓은 장소와 쓰일 수 있는 전치사
moved from Texas 텍사스에서 이사 왔다
throughout Texas 텍사스 곳곳이
across Texas 텍사스를 걸쳐

위와 같은 장소 명사는 기본적으로 많은 전치사와 쓰여, 다양한 뜻을 나타내므로 주의해야 한다. 그러나 보기 중에서 정확히 한 가지만 쓰일 수 있다면 그것이 명확한 정답이 된다. 따라서 차분히 앞뒤 문맥을 따져가면서 정답을 찾는 것이 중요하다.

해석 잭슨은 / 이사했다 / 작은 마을로 / 텍사스에 있는 / 후에 / 그가 / 은퇴한 / 교직에서
어휘 **move to** ~로 이사하다 **town** 마을, 타운 **after** ~후에 **retire** 은퇴하다 **teaching** 교직

시험에 나오는 전치사 in

시간	월 연도/세기 계절 특정한 시기	in October 10월에 in 2011 2011년에 in the 21st century 21세기에 in summer 여름에, in winter 겨울에 in my childhood 어렸을 때
장소	특정(넓은) 장소 독립적인 공간	in the city 도시에, in Seoul 서울에, in Korea 한국에, in the room 방 안에, in the lobby 로비에
좁은 장소	~안에	in the box 상자 안에 in the cabinet 서랍 안에 in the envelope 봉투 안에
기간	~후에	in a week 일주일 안에 in three days 3일 후에 in 2 month 두 달 후에
분야	~에서	major in politics 정치학을 전공하다 interested in stocks 주식에 관심 있는
숙어		experience in ~에서의 경험 advance in ~의 진보 confidence in ~에의 자신감 be engaged in ~에 종사하다 invest in ~에 투자하다 result in ~로 끝나다

➕ 실력더하기

01 All the files _____ the box must be discarded since it is outdated.
(A) for (B) at (C) in (D) to

02 Mr. Ahn's confidence _____ his ability made him the leader of upcoming project.
(A) for (B) in (C) at (D) to

01 (C) in 보기가 모두 전치사이므로 해석을 해서 정답을 선택한다. 뒤에 있는 box는 장소를 나타내는 명사로, 의미상 상자 안에 있는 서류들이므로 정답은 in이다. for도 the box랑 쓰일 수 있지만, stickers for the box(상자를 위한 스티커들)처럼 '~를 위해서'라는 의미로 쓰인다. 대부분의 전치사를 붙일 수 있지만 각각 다른 의미가 되기 때문에 앞뒤 의미를 반드시 파악해봐야 한다. / 상자 안에 있는 모든 서류들은 오래되었기 때문에 반드시 폐기되어야 한다. / **be discarded** 폐기되다, 처분되다 **be outdated** 오래되다, 더 이상 쓸모없다

02 (B) in 전치사 in은 confidence in으로 많이 쓰이는 숙어이다. 기본적으로 in은 분야를 나타내기 때문에 confidence in his ability는 '그의 능력에 대한 자신감'이란 의미가 된다. 이외에도 major in, specialize in, trust in이란 숙어가 있다. / 그의 능력에 대한 안 씨의 자신감 덕분에 그는 곧 진행할 프로젝트의 리더가 되었다. / **confidence** 자신감 **upcoming** 다가오는

필살기 04 시험에 나오는 for

I have a present for you.
너를 위한 선물이 있어.

for는 기본적으로 기간, 목적, 이유, 용도, 대상을 나타낼 때 쓰인다. 기간을 나타낼 때는 for 2 years처럼 숫자와 함께 쓰여 '2년 동안에'라는 의미를 나타낸다. 또한 목적을 나타낼 때는 money for the bus fare처럼 '버스 요금을 위한 돈'이라는 의미가 된다. 다양한 뜻을 가지고 자주 출제되는 전치사이므로 각각의 기본 의미들을 모두 꼭 암기해야 한다.

토익, 이렇게 나온다

_____ further instructions, please contact our technician at any time.

(A) At (B) For (C) With (D) By

❶ 문장의 주요 성분들을 분석한다.
_____ further instructions, / please contact / our technician /
전치사구(=수식어)   동사   목적어
at any time.
전치사구(=수식어)

❷ '주어+동사'가 있는 완전한 문장으로, 절 앞에 전치사구를 완성하는 전치사를 선택하는 문제이다.

❸ 빈칸 뒤에 오는 명사와 함께 '추가 지시사항을 위해서'라는 의미로 목적을 나타내는 것이 적절하므로 정답은 (B) For가 된다.

point by는 주로 뒤에 행위자나 수단과 방법의 내용이 나온다. by him(그로 인해서), by bus(버스를 타고), by contacting him(그에게 연락을 취함으로써) 이렇게 전치사 문제는 전치사의 의미만 판단하면 쉽게 정답을 알 수 있다.

해석 추후 지시를 위해 / 연락하세요 / 우리의 기술자에게 / 언제든지
어휘 further 추후의 instruction 지시 contact 연락하다 technician 기술자

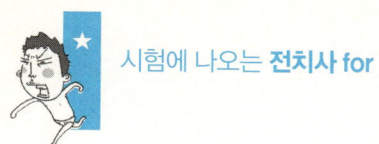

시험에 나오는 **전치사 for**

목적	~를 위한	cars for the show 쇼를 위한 자동차 wait for the interview 인터뷰를 위해서 기다리다
이유	~해서	I am sorry for the delay. 연기되어서 미안합니다.
용도	~위한	manual for installment 설치를 위한 매뉴얼
대상	~를 위한	an order for the sales department 영업 부서를 위한 주문
기간	~동안	*특정 기간 동안 지속되는 상황 for 2 weeks 2주 동안 for a while 잠깐 동안 for the summer 여름 동안 (여름 내내)
for vs. during	for+수사 명사 during+특정 기간	for 2 years 2년 동안 (O 수사가 있으면 for가 정답) during 2 years (X) during the performance 공연 동안에 for the performance 공연을 위해서 ('~동안'의 의미가 아님)
숙어		be responsible for ~에 대해 책임이 있다 look for ~를 찾다 account for ~를 설명하다 apply for ~에 지원하다 be eligible for ~에 자격이 있다

실력더하기

01 David will be away _____ 3 days on business trip to Italy.
 (A) during (B) for (C) since (D) on

02 Employees applying _____ the volunteer trip must get confirmation from their manager.
 (A) to (B) at (C) for (D) during

01 (B) **for** 빈칸 뒤에 3 days라는 기간을 나타내는 명사가 있기 때문에 기간과 쓰이는 전치사 for가 정답이다. since는 뒤에 시점만 올 수 있다. 시점은 yesterday, Friday, last week 등으로 정확한 시점을 말한다. during은 '~동안에'라는 의미이지만 뒤에 숫자와 함께 쓰일 수 없다. / 데이빗은 이탈리아 출장으로 3일 동안 자리를 비울 것이다. / **be away** 부재 중이다, 떨어져 있다 **business trip** 출장

02 (C) **for** apply for로 for가 쓰이는 대표적인 숙어이다. for가 기본적으로 목적을 나타내기 때문에 apply for는 '~에 지원하다'라는 의미이다. apply to도 흔히 쓰이는 숙어이지만 '~에 적용하다'라는 의미이다. 숙어라는 것은 기본 전치사의 의미에 따라 완성된 것이기 때문에 전치사가 바뀌면 의미도 바뀐다. / 봉사 활동에 지원하는 직원들은 매니저에게 확인을 받아야 한다. / **volunteer trip** 봉사 활동 **confirmation** 확인

필살기 05 시험에 나오는 of

The role of the teacher is important.
선생님의 역할은 중요하다.

of는 토익에서 가장 많이 볼 수 있는 전치사이다. 기본적으로 소유, 동격의 의미를 가지고 있으며 특히 형용사, 명사 같은 품사와 함께 숙어 표현에서 자주 볼 수 있다. 주로 '~의'라고 해석되며 소유의 의미를 나타낼 때는 the lid of the box(박스의 뚜껑)처럼 쓰인다. 또한 '~중에'라는 의미로 of all the restaurants(모든 레스토랑 중에)처럼 쓰인다. 숙어로 가장 많이 쓰이는 전치사이므로 전치사 of와 관련 숙어 표현들을 미리 암기해 두었다가 관련 문제를 많이 접해 보면 전치사 of의 쓰임에 익숙해질 것이다.

토익, 이렇게 나온다

Absence _____ the computer engineer may result in some delay in networking.

(A) at (B) of (C) in (D) from

❶ 문장의 주요 성분들을 분석한다.
Absence / _____ the computer engineer / may result in /
주어   전치사구(=수식어)   동사
some delay / in networking.
목적어   전치사구(= 수식어)

❷ '주어+동사'가 있는 완전한 문장으로, 명사 뒤에 전치사구를 완성하는 전치사를 선택하는 문제이다

❸ 문맥상 '기계 컴퓨터 공학자의 부재'라는 의미를 나타내고 있다. 따라서 소유의 의미를 가진 전치사 (B) of가 정답이다.

point 다른 전치사가 사람과 쓰이려면 look at him처럼 방향을 나타낼 때 쓰이거나, believe in him과 같이 사람의 잠재성, 존재 등을 나타낼 때 쓰이거나, a message from him(그로부터의 메시지)와 같은 의미로 쓰여야 한다. 그렇기 때문에 항상 앞뒤 문맥을 통해 전치사와 명사의 관계가 문장에서 자연스러운지를 고려하여 올바른 전치사를 선택해야 한다.

해석 부재는 / 컴퓨터 기사의 / 야기할 수 있다 / 지연을 / 네트워킹에서

어휘 **absence** 부재, 결석, 결핍 **computer engineer** 컴퓨터 기사, 컴퓨터 공학자 **result in** (결과) ~을 낳다, 야기하다 **delay** 지연, 지체 **networking** 인적 네트워킹

시험에 나오는 **전치사 of**

소유	~의	door of the car 자동차의 문
의미상 주어	~의	the arrival of the visitors 방문객의 도착 ▶ the visitors가 도착하는 것이므로 의미상의 주어 consent of the committee 위원회의 동의
의미상 목적어	~의	the development of new software 새로운 소프트웨어의 개발 ▶ new software를 개발한다는 말이므로 의미상의 목적어 the tour of the country 나라 관광
동격	~인	the city of Seoul 서울 시 a balance of 100 dollars 100달러 잔액
소속	~의	the manager of research and development 연구 개발 부서의 매니저
숙어		consist of ~을 구성하다 in spite of ~에도 불구하고 regardless of ~와는 관련없이 on account of ~때문에 approve of ~을 승인하다 be aware of ~을 경계하다 by means of ~에 의해서 in case of ~의 경우에 in terms of ~라는 점에서 in charge of ~을 담당해서 on behalf of ~을 대표하여

➕ 실력더하기

01 Demonstration ____ the machine is scheduled for all newly hired employees.
(A) of (B) at (C) under (D) by

02 In case ____ flight delay, most airlines have alternative plan for customers.
(A) in (B) to (C) for (D) of

---

01 (A) of 문맥상 기계의 설명을 뜻해야 하므로 정답은 동격의 의미를 나타내는 of이다. under는 기본적으로 '~아래로, 누구의 지시 아래'라는 표현이 가능하기 때문에 답이 되려면 뒤에 under the manager와 같은 형태가 와야 하며, at이 정답이 되려면 뒤에 장소 명사가 와야 한다. 다른 전치사가 정답이 아닌 대부분의 경우는 의미가 올바르지 않기 때문이라는 것을 잊지 말자. / 기계의 설명은 새롭게 고용된 모든 직원들을 위해서 예정되어 있다. / **demonstration** 설명, 시연 **be scheduled** 예정되다

02 (D) of in case of로 of가 쓰이는 대표적인 숙어이다. of는 기본적으로 동등한 상황을 표현하기 때문에 '~인 경우에'라고 해석이 된다. 이외에도 in the event of, on behalf of 등의 숙어로 많이 쓰인다. 숙어는 알고 있으면 혼동하지 않고 쉽게 문제를 해결할 수 있다는 장점이 있다. / 비행기가 연착할 경우, 대부분의 항공사들은 고객들을 위한 대안이 있다. / **delay** 연기, 연착 **alternative plan** 대안

169

필살기 06 시험에 나오는 with

a man with a gun
총을 가지고 있는 남자

with는 기본적으로 동반, 조건, 특성, 수단의 의미로 주로 쓰인다. '~를 가지고, ~와 함께'라는 뜻으로 흔하게 접할 수 있다. come with your friend처럼 '친구와 함께'라는 의미로 동반의 의미를 나타내거나, a person with power처럼 '권력을 가지고 있는 사람'이란 의미로 조건을 나타내기도 한다. comply with, associate with처럼 숙어 표현으로 자주 등장하는 전치사이기 때문에 with의 기본 뜻을 숙지하고 관련 숙어를 암기하는 것이 좋다.

토익, 이렇게 나온다

Any applicant _____ 10 years of experience is preferable.
(A) at (B) for (C) with (D) by

❶ 문장의 주요 성분들을 분석한다.
　Any applicant / _____ 10 years of experience / is / preferable.
　　주어　　　　　　전치사구(= 수식어)　　　　　　동사　　보어

❷ '주어+동사'가 있는 완전한 문장으로, 명사 뒤에 전치사구를 완성하는 전치사를 선택하는 문제이다.

❸ 문맥상 '10년의 경력을 가지고 있는 지원자'로 조건을 나타내고 있기 때문에 '~을 가지고'라는 의미로 쓰이는 (C) with가 정답이다.

point 다른 전치사가 쓰이려면, 뒤에 적절한 의미의 명사가 와야 한다. applicants at the job fair(직업 박람회에 있는 지원자들)는 장소와 함께 쓰인 것이다. applicants for clinical trial(임상 실험에 대한 지원자들)은 목적/이유와 함께 쓰인 경우이다. applicants by the stage(무대 근처에 있는 지원자들)는 장소와 함께 쓰인 경우이다.

해석　어떤 지원자들이든 / 10년의 경력을 가진 / ~이다 / 선호되는
어휘　**any** 어느, 어떤　**experience** 경력, 경험　**preferable** 선호되는, 더 나은

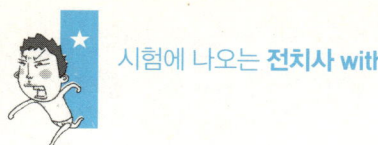

시험에 나오는 전치사 with

동반	~와 함께	with my friends 친구들과 함께
조건	~가 있는	a man with money 돈이 있는 남자
특성	~을 가진	a book with many photos 많은 사진이 있는 책
수단	~로	cut with the knife 칼로 자르다
상태	~을 가지고 ~하여	with courage 용기를 가지고 with caution 주의하여
숙어		comply with ~에 순응하다, 따르다 deal with ~을 다루다 interfere with ~에 간섭하다 be concerned with ~로 인해 걱정되다 experiment with ~로 실험하다 be familiar with ~에 정통하다 be equipped with ~을 갖추다 be pleased with ~로 기쁘다 be replaced with ~로 대체되다 in line with ~와 일치하여

실력더하기

01 All employees _____ certificate of first aid must notify their supervisors.
(A) for (B) with (C) of (D) out

02 Visitors at Sweet Spa must comply _____ the rules all the time.
(A) with (B) at (C) for (D) of

01 (B) with 문맥상 '자격증을 가지고 있는 직원들'이라는 표현을 완성하려면 with가 적절하다. for는 '~을 위한'의 의미로 어떤 목적을 위해서 지원한다는 내용이라면 정답이 될 수 있다. of는 동격이므로 a certificate of birth처럼 '출생 증명서'라는 의미를 만들 수 있다. / 응급 처치 자격증이 있는 모든 직원들은 그들의 상사에게 알려야 한다. / **certificate** 증명서, 자격증 **first aid** 응급 처치 **notify** 알리다

02 (A) **with** comply with로 with가 쓰이는 대표적인 숙어이다. 기본적으로 동반과 조건을 나타내기 때문에 comply with는 '~에 순응하다, 따르다'라는 의미로 많이 쓰인다. 이외에도 be familiar with, be pleased with 등과 같은 숙어들이 있다. / 스윗 스파에 방문객들은 항상 규칙을 따라야 한다. / **all the time** 항상

필살기 07 시험에 나오는 to

give the present to her
그녀에게 선물을 주다

to는 방향, 대상, 도달점을 주로 나타내며 '~에게, ~까지'라는 의미로 쓰인다. give the present to her처럼 '선물을 그녀에게 주다'라는 의미로 대상을 나타내는 데 쓰이거나, go to your room처럼 '방으로 가다'라는 의미로 방향을 나타내는 데 흔히 쓰인다. 하지만 to는 전치사가 될 수도 있고 to부정사의 to가 될 수도 있기 때문에 종종 헷갈린다. 전치사라면 명사가 정답, to부정사라면 동사원형이 답이 된다. 따라서 전치사와 to부정사를 구분하는 문제로 출제되기 때문에 to부정사의 to인지 전치사인지 구분할 수 있도록 평소에 관련 숙어나 예문들을 통해 학습하도록 한다.

토익, 이렇게 나온다

Admission _____ the Job Fair is free to the public.
(A) in (B) to (C) on (D) with

❶ 문장의 주요 성분들을 분석한다.
   Admission / _____ the Job Fair / is / free / to the public.
   주어   전치사구(= 수식어)   동사   보어   전치사구(= 수식어)

❷ '주어+동사'가 있는 완전한 문장으로, 명사 뒤에 전치사구를 완성하는 전치사를 선택하는 문제이다.

❸ 문맥상 '직업 박람회에 들어가는 입장'을 의미하는 것으로, 방향을 나타내고 있기 때문에 정답은 (B) to이다.

point free to the public에서 to가 쓰이고 있는 이유는 대상을 말해 주고 있기 때문이다. '대중에게' 공짜라는 의미로 대상을 나타낼 때는 전치사 to가 쓰인다.

해석 입장은 / 직업 박람회에 대한 / ~이다 / 무료의 / 일반 대중에게
어휘 **admission** 입장, 가입, 입장료 **job fair** 직업박람회 **free** 무료의, 자유로운 **public** 일반인, 대중

시험에 나오는 전치사 to

방향	~로	Move the chair to the different class. 의자를 다른 반으로 옮겨라.
대상	~에게	give the present to her 선물을 그녀에게 주다
도달 점	~까지	from 9 to 6 9시부터 6시까지 to a certain point 특정 시점까지
필요	~대한	a solution to the problem 문제에 대한 해결책
숙어		reply to ~에 답하다 response to ~에 대응해서 owing to ~덕분에 due to ~덕분에 access to ~에 접근 contribution to ~에 대한 공헌 be related to ~와 연관되다 be subject to ~하기 쉽다 *다음의 to는 전치사의 to로 뒤에 주로 동명사를 목적어로 취한다. look forward to -ing ~하는 데 기대하다 object to -ing ~하는 데 반대하다 be accustomed to -ing ~하는 데 익숙하다 be committed to -ing ~하는 데 헌신하다

실력더하기

01 An e-mail will be sent ___ Mr. Smith about his new responsibilities.
  (A) at (B) to (C) of (D) with

02 Any access ___ the database is restricted by the company policy.
  (A) with (B) of (C) in (D) to

01 (B) to 기본적으로 대상이나 방향을 나타낼 때는 to가 쓰인다. '~에게'라는 의미가 된다. with가 정답이 되려면 An e-mail will be sent with an attachment.(첨부 파일과 함께 이 메일이 보내질 것이다.)와 같이 동반의 대상이 왔어야 한다. / 그의 새로운 책임에 대해서 스미스 씨에게 이메일이 보내질 것이다. / **responsibility** 책임

02 (D) to access to로 to가 쓰이는 대표적인 숙어이다. 기본적으로 방향이나 대상을 나타내기 때문에 access to는 '~에 대한 접근'이라고 해석된다. 이외에도 solution to the problem, answer to your question 등의 표현과 함께 잘 쓰인다. / 회사 규정으로 인해 데이터베이스에 대한 어떤 접근도 제한되어 있다. / **access** 접근 **be restricted** 제한되다 **policy** 규정, 정책

시험에 나오는 from

필살기 08

a message from her
그녀로부터 온 메시지

from은 시작이나 출발점의 개념으로 '~로부터'라는 의미로 쓰인다. a message from her처럼 '그녀로부터 온 메시지'라는 의미로 출발점의 개념과 흔히 쓰이며 금지나 차이를 나타낼 때도 쓰인다. different from the previous model은 '지난 모델과는 다른'이라는 의미로 차이를 나타내는 의미로 쓰였는데 '~로부터 멀어지는' 개념이기 때문에 쓰일 수 있다. 따라서 from의 기본 뜻을 알고 있어야 하며 숙어로 잘 쓰이는 표현들을 암기하고 있다면 정답을 선택할 수 있다.

토익, 이렇게 나온다

Please forward any messages _____ the headquarters directly to Mr. Jones.
(A) at (B) in (C) from (D) to

❶ 문장의 주요 성분들을 분석한다.
Please forward / any messages / _____ the headquarters /
　　동사　　　　목적어　　　　전치사구(= 수식어)
directly to Mr. Jones.
　　수식어

❷ '주어+동사'가 있는 완전한 문장으로, 명사 뒤에 전치사구를 완성하는 전치사를 선택하는 문제이다.

❸ 문맥상 '본사로부터 온 메시지들을 존스 씨에게 전달하라'는 의미가 적절하므로 정답은 (C) from이다.

point forward A to B는 'A를 B에게 보내다, 전달하다'라는 의미로 쓰이는 숙어이다. forward the memo to all employees는 '메모를 모든 직원들에게 전달하다'라고 해석된다. 문제에서 뒤에 전치사 to가 있기 때문에 또 다른 전치사 to가 올 수 없다.

해석 전달해라 / 메시지를 / 본사에서 온 / 직접적으로 존스 씨에게
어휘 **forward** 보내다, 전달하다　**message** 메시지　**headquarters** 본사　**directly** 곧장, 즉시

시험에 나오는 전치사 from

시작	~부터	starting from Monday 월요일부터 시작 from the beginning 시작부터
출발	~부터	from today until next week 내일부터 다음 주까지 leave from the station 역으로부터 떠나다
금지	~로부터 (막다)	prevent him from drinking Coke 그를 콜라를 마시는 것으로부터 막다 prohibit A from B A가 B를 하는 것을 금지하다
차이		different from A A와는 다르다
숙어		a week from tomorrow 내일로부터 일주일 후 benefit from ~로부터 이익을 얻다 refrain from ~부터 그만두다 depart from ~로부터 출국하다 derive from ~로부터 파생되다 far from ~로부터 전혀 그렇지 않다 → 전혀[결코] ~이 아닌

실력더하기

01 The government hopes to prohibit citizen _____ smoking inside any buildings.
(A) of (B) by (C) for (D) from

02 Any baggage _____ the gate must be checked thoroughly for illegal items.
(A) to (B) from (C) by (D) with

01 (D) **from** prohibit A from B는 'A가 B를 하는 것을 방지하다, 막다'라는 의미의 숙어이다. '무엇으로부터 멀어지다, 금지하다'라는 의미로 많이 쓰인다. by -ing는 '~함으로써'라는 의미로 자주 쓰인다. by entering the number는 '번호를 입력함으로써'라는 의미가 된다. 전치사의 의미에 따른 표현을 완성할 수 있도록 익혀둬야 한다. / 정부는 시민들이 건물 안에서 담배 피는 것을 금지하기를 희망한다. / **prohibit A from B** A가 B를 하는 것으로부터 금지하다

02 (B) **from** 문맥상 '게이트에서 나오는 어떤 짐도 확인되어야 한다'는 내용이므로 정답은 from이다. 다른 전치사가 정답이 되려면 앞뒤 내용을 고려하여 올바른 표현이 완성되어야 하는데, 다른 보기는 적절한 의미를 만들지 못한다. 항상 문맥을 파악해 봤을 때, 적절한 의미를 만들지 못하는 전치사는 정답이 될 수 없다는 것을 잊지 말자. / 게이트에서 나온 모든 짐들은 불법적인 물건들에 대해서 철저히 확인되어야 한다. / **thoroughly** 철저히, 꼼꼼히 **illegal** 불법의

시험에 나오는 그 외의 전치사

필살기 09

under warranty
보증 기간 중에 있는

under는 기본적으로 '~아래'라는 의미를 가지고 있다. under the desk는 '책상 아래'라는 표현이다. under warranty는 직역하면 '보증 아래'가 되지만, 그런 말은 없다. 따라서 '보증 중에 있다, 아직 보증 기간 중이다'라는 의미로 의역된다. 이렇게 하나의 전치사는 여러 개의 뜻을 가지고 있으며 상황에 따라 올바르게 써야 한다. 토익에서 자주 반복해서 출제되는 전치사의 기본 뜻과 숙어 표현을 외워둬야 의미상 적절한 것을 선택할 수 있다. 전치사는 일단은 먼저 외워야 한다는 것을 잊지 말자.

토익, 이렇게 나온다

_____ valid identification, you can't enter the company premises.

(A) Despite (B) Without (C) Throughout (D) Among

❶ 문장의 주요 성분들을 분석한다.
   _____ valid identification, / you / can't enter / the company premises.
   전치사구(= 수식어)   주어   동사   목적어

❷ '주어+동사'가 있는 완전한 문장으로, 절 앞에 전치사구를 완성하는 전치사를 선택하는 문제이다.

❸ 문맥상 '유효한 신분증 없이는 들어올 수 없다'는 의미가 적절하므로 정답은 (B) Without이다.

point 다른 전치사의 쓰임을 보면 throughout the world(세계 곳곳), throughout the year(일 년에 걸쳐, 일 년 동안에), among people(사람들 중에), despite the loss(손실에도 불구하고)와 같다. 이렇게 빈출 전치사의 뜻을 알고 있어야 하며, 전치사는 앞뒤 문맥을 보고 가장 올바른 표현을 선택해야 한다.

해석 유효한 신분증 없이는 / 당신은 / 들어올 수 없다 / 회사 사유지에
어휘 valid 유효한, 타당한 identification 신분증 enter 입장하다, 들어가다 premises 부지, 토지, 사유지

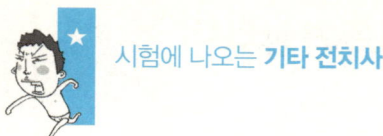

시험에 나오는 **기타 전치사**

without	~없이는	without money 돈 없이는
within	범위 기간	within 3 days 3일 이내에 within the limit 제한 내에
among	~중에	among books 책들 중에(뒤에 복수 명사가 나옴)
by	~까지 ~로 인해 수단	by this weekend 이번 주말까지 piano was played by him 피아노가 그로 인해 연주되었다 by bus 버스로 by fax 팩스로
under	진행 상태 권한	under construction 공사 중인 under the condition 조건 아래 under his leadership 그의 리더십 아래
throughout	~도처에 ~걸쳐	throughout the office 사무실 도처에 throughout the country 나라를 걸쳐
despite	~에도 불구하고	despite his efforts 그의 노력에도 불구하고
along	~를 따라서	along the street 거리를 따라서
toward	~을 향해서 ~쯤에	toward the building 빌딩을 향해서 toward the end of the week 이번 주말쯤에
through	~을 통하여	through the building 빌딩을 통해서 send the letter through the manager 매니저를 통해서 편지를 보내다
as	~로서	as an accountant 회계사로서

실력더하기

01 Consistent exercise is the most important factor ___ many athletes.
(A) since (B) along (C) among (D) under

02 ___ the chief financial officer, Paul Smith is responsible for calculating operating costs.
(A) Through (B) Without (C) As (D) Toward

01 (C) among 전체적으로 올바른 문맥을 완성하는 전치사를 선택하는 문제이다. 문맥상 '운동선수들 중에'라는 표현을 완성해야 하므로 정답은 among이다. among은 '~중에'라는 의미로 뒤에 반드시 '셋 이상'의 의미를 가진 복수 명사가 와야 한다. / 운동선수들 사이에서는 지속적인 운동이 가장 중요한 요소이다. / **consistent** 일관된, 변함없는 **factor** 요소 **athletes** 운동선수

02 (C) As 문맥상 적절한 의미를 완성하는 전치사를 선택하는 문제이다. '이러한 사람으로서'라는 의미가 가장 적절하므로 정답은 as이다. as는 기본적으로 접속사와 전치사 둘 다로 쓰일 수 있는데, 전치사일 때는 '~로서, ~처럼'이라는 의미로 쓰인다. / 자금 관리 이사로서, 폴 스미스는 운영 비용을 계산하는 데 책임이 있다. / **calculate** 계산하다 **operating costs** 운영 비용

시험에 나오는 같은 뜻의 전치사

finish by 2:00 p.m. vs. wait until 2:00 p.m.
2시까지 끝내 vs. 2시까지 기다려

의미를 안다고 해서 모든 전치사 문제를 해결할 수 있는 것은 아니다. 동일한 의미를 가진 전치사의 차이를 묻는 문제가 출제되기 때문이다. by와 until의 의미는 같지만 쓰임이 다르다. 그때까지 꼭 하지 않아도 되고 그 전에 끝날 수 있으면 by를 써야 하고, 의미상 그때까지 꼭 하고 있어야 하면 until을 써야 한다. 위에서, finish는 꼭 2시까지 해야 하는 것이 아니고 그 전에 끝내도 되기 때문에 by가 쓰이고, wait는 의미상 꼭 2시까지 계속 기다리라는 의미이기 때문에 until이 쓰였다. 이렇게 해석상 같지만 쓰임이 다른 전치사들을 알아야 하는 문제가 출제된다.

토익, 이렇게 나온다

The new restaurant will not open _____ 11th of September.

(A) by (B) until (C) in (D) to

❶ 문장의 주요 성분들을 분석한다.
  The new restaurant / will not open / _____ 11th of September.
  　　주어　　　　　　　동사　　　　　　전치사구(= 수식어)

❷ '주어+동사'가 있는 완전한 문장으로, 동사 뒤에 전치사구를 완성하는 전치사를 선택하는 문제이다.

❸ 문맥상 '9월 11일까지 열리지 않을 것이다'라는 표현을 완성해야 하므로 (A) by와 (B) until 중에서 계속의 의미를 가진 (B) until이 정답이다.

point 전치사 in은 달 앞에 쓰인다. in May(5월에), in September(7월에)와 같다. 하지만 날짜와 함께 쓰일 땐 on을 써야 한다. on May 1st(5월 1일에), on 12th of September(9월 12일에)와 같다. 따라서 in은 정답이 될 수 없다.

해석 새로운 레스토랑은 / 열리지 않을 것이다 / 9월 11일까지
어휘 **open** (가게, 상점) 문을 열다, 시작하다

시험에 나오는 같은 뜻의 전치사

① by vs. until

둘 다 '~까지'라는 의미이지만 다음과 같은 차이가 있다.

by	일회성 한 번 하면 더 이상 하지 않아도 되는 상황	Finish the work **by** 8 o'clock. 8시까지 일을 끝내라. 늦어도 8시까지 끝내라는 의미이며, 7시에 끝내면 더 이상 하지 않아도 되므로 by를 써야 한다.
until	지속성 계속적으로 하고 있어야 하는 상황	Wait **until** 8 o'clock. 8시까지 기다려줘. 물론 7시까지 기다려도 되지만, 8까지 계속 기다려 달라는 의미이므로 until을 써야 한다.

② for vs. during

둘 다 '~동안에'라는 의미이지만 다음과 같은 차이가 있다.

for	불특정 기간 동안 지속되는 경우 for+수사+시간 명사	The ticket is valid **for** 7 days. 표는 7일 동안만 유효합니다. 7일이라는 시간 동안 지속되고 있는 상황이기 때문에 for를 써야 한다. 좀 더 쉽게 생각하면, 뒤에 숫자가 올 수 있는 것은 for이다.
during	특정 기간 동안 일어난 경우 during+특정 기간 명사	**During** my childhood, I was in New York. 유년기 동안에, 나는 뉴욕에 있었다. 내가 어렸을 때를 나타내는 것은 특정 기간 동안 이루어지는 것이기 때문에 during이 와야 한다. 쉽게 생각하면, 뒤에 바로 기간 명사가 있으면 during이 정답이다.

➕ 실력더하기

01 The Mexican restaurant is open at 9:00 a.m. ___ 10:00 p.m. on weekdays.
(A) by (B) until (C) from (D) during

02 All items should be delivered ___ Friday to meet the deadline.
(A) at (B) in (C) by (D) until

---

01 (B) until '~까지'라는 의미의 전치사가 쓰여야 문맥상 올바르다. 가게가 10시까지 문을 연다고 했을 때는 10시까지 계속 열고 있어야 하기 때문에 계속의 의미를 가진 until이 정답이다. during은 시점을 나타내는 표현과 쓰일 수 없다. / 멕시칸 레스토랑은 평일에 오전 9시부터 저녁 10시까지 운영한다. / **be open** 열리다, 운영한다 **weekdays** 평일

02 (C) **by** 뒤에 요일과 쓰일 수 있는 전치사는 by와 until뿐이다. 금요일까지 계속 배달되어야 하는 것이 아니라 늦어도 금요일까지 배달되어야 한다는 의미이므로 완료의 의미를 가진 by가 와야 한다. / 모든 제품은 마감일을 맞추기 위해서 금요일까지 배달되어야 한다. / **meet** 충족시키다, (기간 등을) 지키다

PRACTICE TEST

★☆☆

01 _____ your convenience, Village Maintenance will operate 24 hour hot-line system.

(A) About
(B) By
(C) For
(D) Of

★★☆

02 All reimbursement forms must be signed and returned to the office _____ ten business days.

(A) by
(B) until
(C) within
(D) of

★☆☆

03 Banquet will be held _____ the main lobby after all of the events are finished.

(A) as
(B) in
(C) out
(D) on

★☆☆

04 Mr. Ahn is concerned _____ the increase in oil price like many other truck drivers.

(A) along
(B) through
(C) about
(D) in

★★☆

05 All safety gear must comply _____ TAP company's safety guidelines.

(A) for
(B) at
(C) by
(D) with

★★☆

06 Guests can find many affordable restaurants _____ the Seattle city limits.

(A) of
(B) into
(C) for
(D) within

★★☆

07 The documents that mailman should deliver are placed _____ the manager's office.

(A) at
(B) among
(C) of
(D) through

★★☆

08 Janet Casey will be out of the office _____ Friday of the next week.

(A) about
(B) between
(C) until
(D) since

★★★

09 _____ all the cars that Stella Cop sells, the SC-800 series are the most popular with customers.

(A) By
(B) In
(C) From
(D) Of

★★★

10 When the representatives arrive _____ Spring town, they will be staying at our finest hotel in Ozwell.

(A) on
(B) with
(C) by
(D) from

PART 6
파트 6

토익의 파트 6는 총 12문제가 출제되는데 편지, 광고, 기사, 공지 등 파트 7에서 볼 수 있는 짧은 지문에 빈칸을 채워 넣는 형식의 문법 문제와 어휘 문제로 구성되어 있다. 평균적으로 7개의 문법 문제와 5개의 어휘 문제가 출제된다.

파트 5에서 묻는 문법 문제가 동일하게 출제되며 파트 6에서만 특징적으로 매달 나오는 시제 문제나 부사를 채워 넣는 문제가 있다. 어휘 문제는 내용의 흐름에 따라 선택해야 한다. 문법 문제는 기본적으로 파트 5에서 나왔던 기초 문법과 동일하므로 전체적인 문법 복습이 이루어져야 한다. 특히 매달 시제 문제는 2~3개 정도 출제되는데 파트 5의 시제는 빈칸이 있는 문장에서 주로 부사가 단서였다면 파트 6의 시제는 빈칸이 있는 문장의 앞. 또는 뒤에 나온 문장의 흐름상 선택하면 된다. 따라서 내용의 흐름 파악이 중요하다. 또한 접속부사 문제가 매달 출제된다. 접속부사는 앞에 있는 문장의 흐름과 내용을 부드럽게 이어주어야 하기 때문에 앞뒤 문장의 내용을 정확하게 파악하고 있어야 정답을 선택할 수 있다.

문법: 평균 7문제 / 어휘: 평균 5문제
동사(시제) 문제: 2~3개
접속부사 문제 1~2개
기본 문법 문제: 2~3개

기본 어휘 문제는 문장의 흐름상 선택할 수 있다. 파트 6 어휘 문제의 특징은 빈칸이 있는 문장만 읽고는 어떤 어휘가 올바른지 선택할 수 없다는 것이다. 따라서 그런 어휘 문제를 풀기 위해서는 반드시 앞뒤 문장에서 단서를 찾아야 한다. 따라서 전체적인 틀을 빨리 읽어 나가면서 문제를 풀어가는 것이 중요하다.

초급자들은 먼저 기초 문법과 기초 어휘를 충분히 숙지해야 한다. 그리고 충분한 연습을 통해 앞뒤 문장의 흐름상 올바른 어휘를 선택할 수 있도록 다양한 지문을 통해 연습해 보는 것이 가장 바람직하다.

PART 6 문제는 이렇게 푼다!

Step 1 기본 문법 문제는 쉽게 풀린다.

Step 2 동사(시제) 문제라면 먼저,

① '할 것인가?'를 파악해라. 정답은 미래시제이다.
② '한 것인가?'를 파악해라. 정답은 과거, 현재완료시제이다.
③ '할 것'도, '한 것'도 아니라면 주로 단순현재가 정답이다.

Step 3 접속부사 문제라면, 앞뒤 문장의 내용을 파악해라.

Step 4 어휘 문제라면, 앞뒤 문장의 내용을 파악해라.

파트 6에 나오는 기본 문법은 파트 5와 동일하다

필살기 01

파트 6에서 나오는 문법 문제는 파트 5와 동일하다. 따라서 기본 문법 문제는 문제의 의도에 따라 올바르게 선택하고 문법 문제를 전체적으로 복습하는 것이 매우 중요하다. 3개의 문제가 하나의 지문에서 출제된다는 것 외에는 전체적인 틀은 똑같기 때문에 시제 문제와 접속부사 문제가 아니라면 빠르게 각 품사의 문법을 고려해서 풀어가는 것이 중요하다.

토익, 이렇게 나온다

Make sure that your software has been _____ on the hard drive.

(A) install (B) installing (C) installed (D) installation

❶ 문장의 주요 성분들을 분석한다.
Make sure / that / your software / has been ____ / on the hard drive.
동사   접속사   주어   동사   전치사구(= 수식어)

❷ 주어 뒤에 동사의 일부를 완성하는 자리이다.

❸ 보기의 품사를 보면, (A)는 동사, (B)는 has been installing 현재완료진행(능동)을 완성해 주고, (C)는 has been installed 현재완료(수동)를 완성해 주며, (D)는 명사이다.

❹ have(has) been -ing는 능동태를 만들고, have(has) been p.p.는 수동태를 만든다. 해석상으로도 소프트웨어가 설치하는 것이 아니라 설치되어야 한다. 문법적으로는 install은 타동사인데 여기서는 뒤에 목적어가 없기 때문에 수동형을 써야 한다. 따라서 정답은 (C) installed(설치되었다)이다.

point 수동태의 공식을 기억하자. ① 자동사 = 능동, ② 타동사+목적어 = 능동, ③ 타동사+목적어 없음 = 수동

해석 소프트웨어가 하드 드라이브에 설치되었는지를 확실히 하시오.
어휘 **make sure** 반드시 ~확실히 하다 **software** 소프트웨어 **install** 설치하다 **hard drive** 컴퓨터 하드 드라이브

Questions 141-143 refer to the following letter.

Dear. Mr. Smith

I am writing at the _____ of my colleague, David Lee, at Jennson Communications.

141 (A) suggesting
(B) suggestion
(C) suggests
(D) suggest

At the end of this month, I will be moving back to Florida where I will start a new job and am currently looking for a room.

Fortunately, David told me that you found him a great place to stay when he first arrived. He strongly suggested that I _____ to you and ask for your help.

142 (A) wrote
(B) write
(C) written
(D) writing

Could you please send me any information or call me at 555-1458 and let me _____ what options are available.

143 (A) know
(B) known
(C) to know
(D) knowing

Thank you,
Ronald Peterson

---

141 (B) **suggestion** '관사+명사+전치사'로, 빈칸은 전치사의 목적어로 관사의 한정을 받는 명사가 필요한 자리이다. 동명사가 목적어가 될 수 있지만 '동명사+명사' 형태로 나와야 정답이 될 수 있다. **142** (B) **write** 'suggest that+주어+동사원형'으로, 명령, 주장, 제안, 요구를 나타내는 동사들 뒤에 목적어로 that절이 올 때는 주어, 동사 사이에 조동사 should가 생략되어 동사원형이 쓰인다. should는 생략하지 않을 수도 있지만 주로 생략되어 있는 형태로 출제된다. **143** (A) **know** 'let+목적어+동사원형'으로, 지각동사, 사역동사, help 동사 뒤에는 목적어 다음에 to부정사에서 to를 생략한 원형부정사가 필요한 자리이다. 원형부정사는 동사원형의 형태를 가지고 있기 때문에 늘 동사원형이 와야 한다.
해석 스미스 씨에게, 저는 젠슨 커뮤니케이션 사에 있는 동료 데이비드 리의 추천으로 편지를 쓰고 있습니다. 이번 달 말에, 저는 플로리다로 돌아가 새로운 일을 시작할 것인데, 현재 방을 구하고 있습니다. 다행히 데이비드가 처음 도착했을 때 당신이 그를 도와 좋은 집을 구해 주었다고 들었습니다. 데이비드는 제가 당신에게 편지를 써 도움을 요청해 볼 것을 강력히 제안했습니다. 저에게 어떤 정보라도 보내 주시고, 555-1458번으로 연락 주셔서 어떤 선택들이 있는지 알려 주시겠습니까? 고맙습니다. 로널드 패터슨. 어휘 **suggestion** 제안, 추천 **fortunately** 다행히도 **options** 선택, 옵션

시제 문제는 '할 것인가?', '한 것인가?'를 구분하라

파트 6에서 매달 꼭 출제되는 문제는 시제 문제이다. 파트 5에 출제되는 시제 문제는 주로 부사가 단서가 되지만, 파트 6는 문장의 앞뒤를 읽어 보고 흐름에 올바른 시제를 선택해야 한다. 이때, 가장 중요한 단서는 '할 것인가?' 또는 '한 것인가?'를 판단하는 것이다. '할 것'이라면, 미래시제가 정답이고, '한 것'이라면 과거시제나 현재완료시제가 주로 답이 된다. 따라서 앞뒤 문장의 흐름을 반드시 파악해 봐야 정답을 선택할 수 있다.

토익, 이렇게 나온다

Date: May 10
To: David Kim
From: Hotel California
Re: Your stay

Dear Mr. Kim
Thank you for staying at California on May 5th. We hope that you _____ your visit with us. Our records indicate that you asked for a group package for your next business trip.

(A) are enjoying (B) will enjoy (C) enjoy (D) enjoyed

❶ 문장의 주요 성분들을 분석한다.
We / hope / that / you / _____ / your visit / with us.
주어   동사   접속사 주어   동사   목적어   전치사구(= 수식어)

❷ 목적어가 되는 명사절에서 주어 뒤에 동사 자리이다.

❸ 보기의 품사는 (A)는 동사(현재진행), (B)는 동사(단순미래), (C)는 동사(현재시제), (D)는 동사(과거시제)이다.

❹ 파트 6의 시제는 문장의 흐름에 따라 선택해야 한다. 편지를 쓴 날짜는 5월 10일이다. 호텔에 머물렀던 날은 5월 5일이다. 따라서 과거에 머물렀을 때 만족했기를 바란다는 내용이므로 정답은 과거시제인 (D) enjoyed이다.

point 흐름을 따라가기 위해서 파트 6는 앞 부분부터 빠르게 읽어 내려가면서 각 문제의 단서를 찾는 것이 중요하다. 따라서 충분한 해석 능력이 있어야 파트 6를 쉽게 풀 수 있기 때문에 전체 지문을 읽어 내려가는 연습이 반드시 필요하다.

해석 5월 5일에 캘리포니아에서 머물러 주셔서 감사합니다. 귀하께서 방문에 대해 만족하셨기를 바랍니다. 저희 기록에 따르면 귀하께서는 다음 출장을 위해서 단체 패키지에 대해서 문의하셨다고 되어 있습니다.

어휘 **stay** 머무르다, 투숙하다 **visit** 방문, 방문하다 **records** 기록 **indicate** 나타내다, 가리키다 **ask for** ~에 대해 묻다 **group package** 단체 패키지 **next** 다음의 **business trip** 출장

 실력더하기

Questions 141-143 refer to the following letter.

From: Lewis Banner
To: Hewit & Trollies Publishing Group staff
Subject: New editorial director
Date: February 5th

I'm pleased to inform you that we have hired a new editorial director. Robert Brown has accepted our offer and will replace John Travis, our current editor, when he retires next month. Mr. Brown _____ his new position with us on Monday, March 12.

141 (A) has assumed
(B) will assume
(C) would assume
(D) had assumed

As you already know Mr. Brown _____ in the editorial field for over 10 years and

142 (A) worked
(B) will work
(C) has worked
(D) have been working

we hope his vast experience will benefit us in many ways to come.

Finally, we are planning for a farewell party for Travis and anyone with great suggestions _____ Laura Jones at secretary office as she is in charge of arranging it.

143 (A) contact
(B) contacted
(C) contacting
(D) should contact

---

141 (B) **will assume** 앞뒤 흐름을 따져야 하는 파트 6의 시제 문제이다. 흐름상 편지를 쓴 날짜는 2월 5일이고 새로운 사람이 고용되어 3월 12일 월요일부터 일을 시작할 것이므로 미래시제가 와야 한다. 파트 6의 시제 문제는 앞뒤 문장을 고려해야 풀 수 있다. **142** (C) **has worked** 시제 문제인데 뒤에 시제를 알려 주는 부사구가 있으므로 비교적 쉬운 문제이다. for over 10 years 라는 기간을 나타내는 부사구가 있기 때문에 완료시제가 정답이 된다. 이때 (D) have been working은 수 일치가 되지 않은 것이므로 정답은 (C) has worked이다. **143** (D) **should contact** 보기에서 동사가 아닌 품사가 있을 때는 동사가 들어갈 자리인지 먼저 판단해야 한다. 빈칸은 anyone의 동사가 필요한 자리이므로 동사가 아닌 contacting은 정답에서 제거한다. 수 일치에 따라 contact는 제거, 남은 보기는 시제 차이인데, 좋은 생각이 있다면 연락을 취하라는 의미이므로 권유와 미래를 나타내는 (D) should contact가 정답이다.

해석 발신: 루이즈 바너 / 수신: 휴이트 & 트롤리스 출판 그룹 직원들 / 주제: 새로운 편집장 / 날짜: 2월 5일 / 새로운 편집장을 고용했다는 것을 전해 주게 되어 기쁩니다. 로버트 브라운은 우리의 제안을 받아들였고 현재 편집장인 존 트래비스가 다음 달에 은퇴하면 그의 자리를 대신할 것입니다. 브라운 씨는 3월 12일 월요일부터 우리와 함께 그의 새로운 직책에서 일하게 될 것입니다. 이미 여러분이 알고 있듯이 브라운 씨는 10년 이상 편집 분야에서 일해 왔고 우리는 그의 방대한 경험이 우리에게 다양한 방법으로 도움이 될 것이라고 희망하고 있습니다. 마지막으로 우리는 트래비스를 위해서 송별회를 준비하고 있으며, 좋은 제안이 있으신 분은 비서실의 로라 존스가 준비를 맡고 있으므로 그녀에게 연락을 하시면 됩니다.

어휘 **editorial director** 편집장 **assume** (권력, 책임을) 맡다 **be in charge** 책임을 맡다 **arrange** 마련하다, 주선하다

필살기 03 접속부사 문제는 앞 문장에 정답이 있다

접속부사는 시제와 더불어 파트 6에서 자주 출제된다. 역할은 부사와 같기 때문에 뒤에 있는 절을 수식하는 수식어이다. 파트 5에서는 정답이 아닌 보기로 등장하지만 파트 6에서는 보기가 모두 접속부사로 출제되는 경향이 있다. 따라서 해석상 앞의 내용과 통하는 것을 골라야 하므로 문장의 내용 파악이 매우 중요하다. 또한 보기의 접속부사의 뜻을 구분할 수 있어야 하므로 접속부사의 종류와 의미를 반드시 숙지하고 있어야 한다.

토익, 이렇게 나온다

Dear Mr. Clark,

We regret to inform you that this month's performance at Amazing Theater is canceled. According to our records, you bought 4 tickets for this evening. _____, you are entitled to a full refund.

(A) However (B) Similarly (C) Therefore (D) For example

❶ 문장의 주요 성분들을 분석한다.
_____, you / are entitled / to a full refund.
  수식어   주어   동사   전치사구(= 수식어)

❷ 콤마 뒤에 완전한 주절이 있으므로 절을 수식해 주는 부사 자리이다.

❸ 보기의 (A)는 접속부사(그러나), (B)는 접속부사(마찬가지로), (C)는 접속부사(따라서), (D)는 접속부사(예를 들어)이다.

❹ 보기가 전부 접속부사이다. 접속부사 문제는 빈칸이 있는 문장만을 읽고는 풀 수 없고, 앞의 내용과 올바르게 일치시켜야 하기 때문에 앞문장부터 읽어야 한다. 전체적인 흐름으로 보아 공연이 취소되었고 이미 표를 구매해둔 상황이다. 그런 이유의 결과로 환불을 받을 수 있는 것이므로 정답은 결과의 의미를 가진 (C) Therefore(따라서, 그러므로)이다.

point 콤마로 끊어져 있다는 것은 부사 자리라는 것을 쉽게 알 수 있다. 따라서 보기에 종속절을 만들어 주는 접속사가 있다면 제외시켜야 한다.
'_____, 주어 + 동사'일 때, (A) However 접속부사 (B) Although 접속사가 나왔다면 뒤에 콤마가 있기 때문에 접속사 (B) Although는 답이 될 수 없다.

해석 금요일 16이 공휴일이기 때문에 우리 사무실이 문을 닫을 것이라는 것을 알아두세요. 따라서 다음 여름 휴가에 대한 신청이 목요일 오후 2시까지 제출되어야 합니다.

어휘 be advised 알아두다, 조언 받다 national holiday 공휴일 be submitted 제출되다

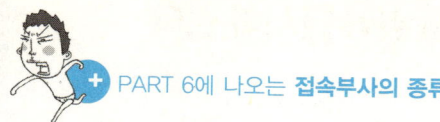

PART 6에 나오는 **접속부사의 종류**

① 추가 게다가 besides, furthermore, in addition, moreover
② 시간 추후에 afterwards
③ 원인, 결과 따라서, 결과적으로 therefore, as a result, consequently, thus, hence
④ 대조 ~이지만, ~에도 불구하고 nevertheless, nonetheless, however, on the contrary
⑤ 조건 그렇지 않으면 otherwise
⑥ 유사 마찬가지로 similarly, likewise

Questions 141-142 refer to the following letter.

Attention: All tenants of Star Palace
Posted: June 8

As discussed at last tenant's meeting, we have decided to renovate some of the parking spaces. _____, few tenants will not be able to park their vehicles during

141 (A) As a result
(B) However
(C) Nevertheless
(D) Likewise

the renovation.

The work will start next week, so you need to find out if you can still park your car before it begins. _____, please visit the superintendent office by end of this week.

142 (A) Otherwise
(B) Thus
(C) Meanwhile
(D) Besides

Thank you for your cooperation.

Sincerely,
James Barn
Building Superintendent

141 (A) **As a result** 빈칸까지 콤마로 끊어져 있고 보기가 다 접속부사이므로 해석상 적절한 접속부사를 선택하는 문제이다. 앞에 있는 내용과 일치시켜야 하는데 주차장을 공사하기로 했고 그 결과에 따라 공사 기간 동안에 주차할 수 없다는 내용이므로 결과의 의미를 가진 as a result가 정답이 된다. **142** (B) **Thus** 빈칸과 뒤의 문장이 콤마로 끊어져 있고 보기가 다 접속부사이므로 해석상 선택하는 문제이다. 앞에서 여전히 주차를 할 수 있는지 알아봐야 한다고 했다. 따라서 사무실을 방문해야 하는 것이므로 원인과 결과의 의미를 가진 thus가 정답이 된다.
해석 스타 팰리스의 모든 세입자들께 / 게시일: 6월 8일 / 지난 번 세입자 회의에서 토론되었던 것처럼, 우리는 몇몇 주차 공간을 공사하기로 결정했습니다. 그 결과로 몇몇 세입자들은 공사 기간 동안에 주차를 하지 못할 것입니다. 다음 주부터 일이 시작될 것이므로 공사가 시작되기 전에 여전히 주차할 수 있는지 알아 봐야 할 필요가 있습니다. 그러니 이번 주말까지 관리 사무실을 방문해 주세요. 협력해 주셔서 고맙습니다. 제임스 반, 건물 감독관 어휘 **renovate** 공사하다, 개조하다 **tenant** 임차인, 세입자 **vehicle** 차량 **park** 주차하다 **superintendent** 시설 관리인 **cooperation** 협력, 협조

필살기 04 어휘 문제는 문장 앞뒤에 단서가 있다

파트 6의 어휘 문제는 빈칸이 있는 문장을 파악해 정답을 선택할 수 있다. 하지만 때로는 빈칸이 있는 문장만으로는 정보가 불충분하기 때문에 빈칸 앞에 있는 문장이나 빈칸 뒤의 문장에서 어휘에 대한 단서를 찾아야 한다. 따라서 정보가 부족할 때는 빈칸의 앞뒤 흐름을 잡아낼 수 있도록 연습을 할 수 있어야 한다.

토익, 이렇게 나온다

MEMORANDUM

To: Employees of Arkman Enterprise

After several delays, headquarter of Arkman is finally moving. I know that most of you are very pleased about the news. The _____ is scheduled to begin next week.

(A) renovation   (B) proposal   (C) negotiation   (D) transition

❶ 문장의 주요 성분들을 분석한다.
The _____ / is scheduled / to begin next week.
　　주어　　　　동사　　　　수식어(= to부정사)

❷ 문장의 주어를 채우는 어휘 문제이다.

❸ 보기의 의미를 보면, (A)는 '수리', (B)는 '제안', (C)는 '협상', (D)는 '이전'이다.

❹ 빈칸이 있는 문장의 내용으로는 불충분하다. 하지만 앞 문장의 내용을 파악해 보면 이사를 한다고 했다. 따라서 이사가 다음 주에 예정되어 있다는 문맥이므로 이사의 의미를 가질 수 있는 (D) transition(이전, 이사)이 정답이다.

point 빈칸 앞의 문장 흐름을 따라올 수 없으면 빈칸 뒤에 문장을 파악해야 한다. 단서가 늘 앞의 문장에만 있는 것이 아니라 뒤에 있는 문장에서 나올 수도 있기 때문에 앞에서 부족하다면 꼭 뒤에서 찾아야 답이 보일 수 있다. 빈칸이 있는 문장만 몇 번씩 읽는 것은 도움이 안 된다.

해석 몇 번의 연기 후에, 아크만의 본사는 마침내 이사한다. 대부분의 사람들이 이 소식에 대해서 기뻐할 것이라는 것을 안다. 이사는 다음 주에 시작하도록 예정되어 있다.

어휘 **delay** 지연, 연기　**headquarter** 본사　**finally** 마침내, 마지막으로　**be pleased about** ~대해 기뻐하다　**be scheduled to** ~하도록 예정되다

 실력더하기

Questions 141-143 refer to the following letter.

Dear Ms. Lennings,

We regret to inform you that the Renaissance Symphony Orchestra scheduled for Saturday, December 2th, has just been canceled, and it will not be rescheduled. We apologize for this _____.

141 (A) inconvenience
(B) misuse
(C) delay
(D) accommodation

According to our _____, you bought four tickets for this date.

142 (A) show
(B) records
(C) invitations
(D) arrangement

Therefore, you are entitled to a full refund or comparably priced tickets for a future event at the McDonalds Arts Center.

Just call our customer service line at (405) 555-8525, and one of our service representatives will be happy to _____ you by issuing refund or replacement tickets.

143 (A) reply
(B) tell
(C) assist
(D) provide

Alternatively, you can log in to our web site at www.mcdonaldsartscentre.com to make your desired arrangements online.

Your sincerely,
Sarah Knight, Service Manager
Mcdonald Arts Center

---

141 (A) **inconvenience** 앞뒤 문맥상 올바른 어휘를 고르는 문제이다. 앞의 내용에 취소되어 다시 일정이 잡히지 않을 것이라 했으므로 (C) delay(지연)는 정답이 될 수 없고 불편을 드려 미안하다는 의미가 올바르기 때문에 (A)가 정답이다. misuse(남용)와 accommodate(수용하다)는 의미가 어울리지 않는다. **142** (B) **records** 앞뒤 문맥상 올바른 어휘를 고르는 문제이다. 앞에 내용을 보면 '불편함을 드려 미안하다'고 했고 우리의 기록에 따르면 고객이 그 날짜에 4장의 표를 구매했던 것이기 때문에 기록이라는 의미의 records가 정답이 된다. show(쇼), invitation(초대장), arrangement(약속)는 전부 어울리지 않는 표현이다. **143** (C) **assist** 앞뒤 문맥상 올바른 어휘를 고르는 문제이다. reply는 자동사여서 뒤에 전치사와 함께 쓰여야 하므로 정답에서 제거한다. 'tell+사람 명사'로 '사람에게 명사를 말해주다'라는 의미가 되므로 정답에서 제거한다. 'provide+사람+with+사물' 형태로 나와야 하므로 정답에서 제거한다. 흐름상 부드럽고 문법적으로 올바른 assist(도와주다)라는 의미가 어울리므로 정답이다.

해석 레닝스 씨에게, 우리는 12월 2일 토요일에 예정되어 있던 르네상스 오케스트라가 취소되었고 다시 일정이 잡히지 않을 것이라는 말씀을 전하게 되어 유감스럽게 생각합니다. 이런 불편함을 드려 사과드립니다. 저희 기록에 따르면 귀하는 이 날짜에 티켓 4장을 구입하셨습니다. 그러므로 전액 환불을 받으시거나 맥도널드 아트 센터에서 있는 미래 행사에 동등한 가격의 표를 받을 수 있습니다. (405) 555-8525로 고객 서비스 센터에 전화를 주시면 저희 직원이 환불이나 교환 표를 발행해 드릴 것입니다. 이 대신에, 저희 사이트 www.mcdonaldartscenter.com에 접속하셔서 온라인으로 원하시는 결정을 내릴 수 있습니다. 사라 나이트, 서비스 매니저, 맥도널드 아트 센터 **어휘 apologize** 사과하다 **be entitled to** ~할 자격이 있다, ~의 대상이 **comparably** 비교할 수 있을 만큼, 동등한 **issue** 발급하다, 발행하다 **alternatively** 대신에 **desired** 희망하는, 원하는

Practice Test

Questions 1-3 refer to the following advertisement.

Have Fun. This is the last chance!

Save time and money! Come and visit our website at www.goairways.com to learn about the most economical way _____ to Philippines. Goairways is giving away a special

1 (A) travel
(B) travels
(C) to travel
(D) travelling

discount on a special package to Philippines just for this week.

This trip includes airfare, hotel, car rental and more. You will have unforgettable nights at the beach with delicious food and drink. You will automatically receive extra 5 percent off from the original price when you choose to receive _____ monthly

2 (A) us
(B) our
(C) ours
(D) ourselves

e-mails.

Don't miss this last chance. _____ this advertisement to

3 (A) Bring
(B) Bringing
(C) To bring
(D) Brings

the main office at Wilson Center and you can receive the same priced package as on the website.

Questions 4-6 refer to the following report.

The Grand Multimedia Group _____ its annual conference

★☆☆ **4** (A) will host
(B) hosts
(C) hosted
(D) be hosted

on November 19 at Niagara Hotel in Canada. The purpose of the event was to recognize few members with outstanding accomplishments throughout the year. Of many _____,

★☆☆ **5** (A) highlight
(B) highlighting
(C) highlighted
(D) highlights

President Steve Hopkins presented the special award to Dan Brown. Mr. Brown has served the group as an advisor for the last 12 years.

_____ the event, Hopkins also mentioned that next annual

★☆☆ **6** (A) While
(B) During
(C) However
(D) Thus

conference would be their 50th anniversary.

PART 7
파트 7

파트 7은 하나의 지문을 읽고 문제를 푸는 싱글 지문이 8~9개, 두 개의 지문을 읽고 문제를 푸는 더블 지문이 4개 나온다. 싱글 지문은 지문당 2~5개의 문제가 출제되어 총 28문제, 더블 지문은 각 세트당 5문제씩 총 20문제가 나오므로 파트 7에는 총 48문제가 출제된다. 싱글 지문은 편지, 기사, 광고, 정보&공지 양식이 나오며, 더블 지문은 싱글 지문의 조합으로 출제된다. 따라서 지문 유형에 대해서 숙지하고 있어야 하며, 각 지문에서 자주 출제되는 문제들을 알아야 쉽게 문제를 풀 수 있다. 초급자의 경우 빠르게 풀기보다 시간에 상관없이 지문 유형의 특징을 충분히 숙지하고 해석 능력을 향상시키는 것이 중요하다. 그런 후에 시간을 재면서 빨리 푸는 연습을 해야 한다.

파트 7에 나오는 지문 유형

편지(letter) 주로 거래처나 고객 등과 주고 받는 편지 내용이 자주 등장한다.

광고(advertisement) 구인 광고, 제품 및 서비스나 회사를 홍보하는 광고, 할인 광고 등이 주로 등장한다.

기사(article) 지역 신문 기사나 잡지 등에 나올 만한 기사로 개업이나 인수, 합병 등의 경영과 관련된 기사나 특정 지역이나 업체 등과 관련된 지역 소식을 주로 다룬다.

안내 및 공지(announcement & notice) 다수에게 알리는 내용으로 행사나 공사 등의 일정이나 안내, 회사나 정부의 정책 등을 알리는 공지들이 자주 등장한다.

기타 서류 양식(form) 비즈니스 업무에서 반드시 필요한 송장(invoice)과 영수증, 각종 신청 서류가 자주 등장하며, 여행 일정표도 자주 등장한다.

PART 7 문제는 이렇게 푼다!

Step 1 지문 유형의 특성을 가장 먼저 확인하라.

Step 2 질문을 읽고 무엇을 묻는 문제인지 확인하라.

　　① 키워드가 있다면 빨리 지문에서 키워드를 찾아라.
　　② 키워드가 없다면 보기에서 키워드를 파악하라.
　　③ 보기의 키워드를 지문에서 찾아라.

Step 3 빨리 풀지 말고 해석을 연습하라.

　　① 다른 보기가 왜 정답이 될 수 없는지 파악하라.
　　② Paraphrasing(표현 바꾸기)에 익숙해져라.

Step 4 파트 7은 질과 양으로 승부가 나므로 되도록 많이 풀어봐야 한다.

파트 7에 나오는 **질문 유형**

- **주제/목적을 묻는 문제:**
  주로 지문의 전반부에서 정답을 알 수 있다.

  Why did Mr. Gonzales write this letter?
  What is the purpose of the letter?

- **시간, 날짜, 금액, 사람, 정보 등 구체적인 사항을 묻는 문제:**
  주로 지문의 중후반부에서 정답을 알 수 있다.

  When did the customer place an order?
  Who is Mr. Robinson?
  How much was refunded from Gloryroad Inc.?
  What is the requirement for the position?
  What will happen on November 19th?

- **키워드가 있는 (NOT) mentioned/true/indicated/suggested 문제:**
  지문의 중후반부에서 키워드가 있는 특정 문단이나 정보에서 언급된 것을 보기에서 소거해 가면서 푼다.

  What is NOT true about Mr. Kim's order?
  What did the customer NOT do at the seminar?
  What is NOT mentioned as the reason for the delay?
  What is suggested about the Karl Center?
  What is indicated about Expressive Press?

- **키워드가 없는 (NOT) mentioned/true/indicated/suggested 문제:**
  전체적으로 지문을 보면서 보기 중에 언급된 것을 소거해 가면서 푼다.

  What is NOT mentioned in the letter?
  What is NOT mentioned in the e-mail?
  What is NOT suggested in the resume?
  What is mentioned about the seminar?
  What is indicated in the information?

- **유사 의미를 묻는 어휘 문제:**
  지문의 한 문장에서 언급된 단어와 가장 가까운 의미로 쓸 수 있는 어휘를 찾는다.

  In the letter, the word "astounded" in paragraph 2, line 3, is closest in meaning to

- **요구/요청 사항 및 앞으로 벌어질 미래의 일이나 상황을 묻는 문제:**
  주로 지문의 후반부에서 정답을 알 수 있다.

  What is James asked to do?
  What is Mr. Lee requested to do?
  What is the managers invited to do?
  What will happen on August 4?
  What will Sandeep Patel do?

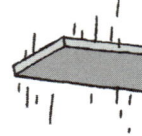

파트 7에서 지문 유형별 꼭 나오는 문제들

● **편지**
  글을 쓴 목적을 묻는 질문
  발신/수신인과 관련된 정보를 묻는 질문
  구체적인 정보(키워드)를 묻는 질문
  요청, 제안, 수단, 방법을 묻는 질문
  미래 상황을 묻는 질문
  지문 전체의 정보를 묻는 유형(Not Question)

● **광고**
  광고의 목적과 광고 대상/회사를 묻는 질문
  대상의 특징 또는 조건, 자격, 혜택에 관한 질문
  구매/지원 방법이나 수단, 광고에서 제시한 제안에 관한 질문

● **기사**
  주제와 작성자에 대한 정보, 글의 의도를 묻는 질문
  구체적인 사례나 일과 관련된 사실 여부를 확인하는 질문
  미래 상황의 전망, 계획 또는 제안에 관한 질문

● **안내 및 공지**
  주제나 목적, 출처, 발신/수신인을 묻는 질문
  공지 및 전달 사항에 관한 구체적인 사실을 확인하는 질문
  추가적인 요청이나 당부, 제안 사항을 묻는 질문

● **기타 서류 양식**
  목적 또는 수신/발신인, 출처 등을 묻는 질문
  일정, 날짜, 금액, 수량 등의 구체적인 내용을 묻는 질문
  예외 사항, 부가 사항, 수단이나 방법, 제안을 묻는 질문

편지 유형

필살기 01

편지는 파트 7에서 가장 많이 출제되는 지문 유형으로 편지 외에도 이메일(e-mail), 팩스(fax) 등이 비슷한 양식으로 나온다. 편지 유형을 풀 때는 ▶ 받는 이(수신인), 보낸 이(발신인)를 파악하고 ▶ 날짜를 확인한다. ▶ 첫 번째 질문을 읽고 질문의 특징을 구분해 가면서 한 문제씩 푼다.

토익, 이렇게 나온다

To: Daniel Brown — 받는이
From: Jeremy Smith — 보낸이
Date: June 15 — 날짜
Subject: Faulty lab equipment — 주제

Hi Dan,

I went to see you at your desk this morning to ask for your help, but since you're out, I'm sending e-mail to you. In case the request was not received, I would like to explain what needs to be done. First, in the third floor laboratory, one of the lab computers is displaying error messages when running some programs. David Thompson, the assistant manager for that lab, can explain to the repair person exactly what the problem is. David will be working in the lab from 9:00 a.m. to 4:30 p.m. each day next week except Wednesday. On Wednesday, He's working From 2:30 p.m. to 8:00 p.m. — 목적 / 내용 / 요청 사항 1

In addition, I noticed that some of the electronic scales in the sixth floor laboratory were not working properly. Because that facilities will not be in use next week and no managers will be on duty. Please let me know when someone is available to fix or replace the scales. I will be there myself to show the repair person the problem. Please let me know the time schedule as soon as possible. — 요청 사항 2

Thanks,
Jeremy Smith — 보낸이
Laboratory Supervisor — 직함/부서/회사

01 What is **the purpose** of the e-mail?

(A) To inquire about a service request
(B) To recommend that new equipment be purchased
(C) To announce that a laboratory will be closing permanently
(D) To complain that the scales were not repaired properly

>> 목적이나 주제를 묻는 문제는 지문의 전체적인 흐름을 파악한다. 주로 지문의 전반부나 후반부에 주제에 대한 좀 더 구체적인 정보가 나온다.

02 When is Mr. Thompson **unavailable to meet** with a repair person?

(A) On Monday morning
(B) On Wednesday morning
(C) On Thursday afternoon
(D) On Friday afternoon

>> 세부사항을 묻는 문제는 지문의 중반부에서 정답을 찾을 수 있다. 구체적인 시점을 묻는 문제이므로 지문에서 시간에 대한 키워드가 있는 부분에 집중해야 한다.

03 What is mentioned **about the sixth floor laboratory**?

(A) An important experiment will be conducted there next week.
(B) One of the lab computers is not working correctly.
(C) Jeremy Smith is willing to meet a repair person there.
(D) The repair work cannot be done next week.

>> 키워드가 있는 문제는 지문에서 키워드가 제시된 곳에서 정답을 확인할 수 있다. 키워드가 있는 부분을 읽은 후에 보기 중 일치하는 것을 정답으로 골라야 한다.

지문해석

수신: 다니엘 브라운
발신: 제레미 스미스
날짜: 6월 15일
주제: 고장 난 실험실 장비

안녕하세요, 댄

오늘 아침에 도움을 요청하러 자리로 갔는데 당신이 부재중이셔서 이메일을 보냅니다. (01) 요청이 전달되지 않았다면, 무엇을 해야 하는지 설명해드리고 싶습니다. 첫째, 3층 연구실에 있는 컴퓨터 중 한 대가 프로그램을 돌리면 에러 메시지가 뜹니다. 그 연구실의 조수 데이비드 톰슨이 수리공에게 어떤 문제인지 정확하게 설명할 수 있습니다. 데이비드는 다음주 수요일을 제외하고는 매일 오전 9시부터 오후 4시 30분까지 일합니다. (02) 수요일에는 오후 2시 30분부터 저녁 8시까지 일합니다.

게다가, 6층 연구실에 전자 저울 몇 대가 제대로 작동하지 않는 것을 발견했습니다. 다음주에는 시설을 사용하지 않아 매니저들이 근무를 하지 않습니다. 언제 저울을 고치거나 교체하러 올 수 있는지 좀 알려주세요. (03) 제가 직접 거기에 가서 수리공에게 문제를 보여줄 겁니다. 언제 시간이 되는지 가능한 빨리 알려주세요.

고마워요,
제레미 스미스
연구실 감독관

어휘 **faulty** 흠 있는, 결함 있는 **repair** 수리, 보수 **explain** 설명하다 **laboratory** 실험실 **display** 보여주다 **assistant** 조수 **exactly** 정확히 **notice** ~을 의식하다, 알다 **electronic scale** 전자 저울 **properly** 적절히, 제대로 **facility** 시설, 기능 **on duty** 근무 중인 **available** 구할 수 있는 **replace** 대체하다, 대신하다

01 이메일의 목적은 무엇인가?
(A) 서비스 요청에 대해 질문하기 위해서
(B) 새로운 장비 구매를 추천하기 위해서
(C) 연구실이 영구적으로 폐쇄된다고 발표하기 위해서
(D) 저울이 제대로 수리되지 않았다고 불평하기 위해서

❶ the purpose of the e-mail이라고 했으므로 e-mail을 보낸 목적을 묻는 문제이다. 목적이나 주제를 묻는 문제는 지문의 전반부에 정답이 나온다. 따라서 지문의 첫 문단을 읽으면서 목적을 파악한다.

❷ 지문의 앞부분(01)에서 목적을 확인할 수 있다. In case the request was not received, I would like to explain what needs to be done.

❸ 보기의 내용을 확인한다. 정답은 (A) To inquire about a service request(서비스 요청에 대해 질문하기 위해서)이다.

02 톰슨 씨가 수리공을 만날 수 없는 때 언제인가?
(A) 월요일 오전
(B) 수요일 오전
(C) 목요일 오후
(D) 금요일 오후

❶ 시간을 묻는 문제이다. 구체적인 사항을 묻는 문제는 지문의 중반부에 정답이 나온다. 지문을 빠르게 읽으면서 시간 관련 내용이 나오는 부분에 집중한다.

❷ 지문(02)에서 정답을 확인할 수 있다. On Wednesday, he's working 2:30 p.m. to 8:00 p.m.

❸ 수요일에는 오후에 컴퓨터에 대해 설명해 줄 데이비드 톰슨 씨가 일을 하기 때문에 수요일 오전에는 만날 수 없다. 따라서 정답은 (B) On Wednesday morning(수요일 오전)이다.

03 6층 연구실에 대해서 언급된 것은 무엇인가?
(A) 다음 주에 중요한 실험이 실행될 것이다.
(B) 연구실 컴퓨터 중 한 대가 제대로 작동하지 않는다.
(C) 제레미 스미스가 수리공을 그곳에서 만나고 싶어 한다.
(D) 다음 주에는 수리가 될 수 없다.

❶ the sixth floor laboratory를 언급한 부분은 지문의 후반부에 나온다. mention/true/indicate 문제의 경우, 지문에 언급되지 않은 내용의 보기는 정답에서 제외한다.

❷ facilities will not be in use next week에서 (A)는 틀린 내용임을 알 수 있다. 컴퓨터는 3층에 있는 것이므로 (B)는 틀린 내용이다. 수리 여부에 대해서는 언급되지 않았기 때문에 (D)는 알 수 없다.

❸ 지문(03)에서 정답을 확인할 수 있다. I will be there myself to show the repair person the problem. 직접 문제를 보여준다고 했기 때문에 편지를 쓴 Jeremy가 6층에 갈 것이라고 하는 (C)가 정답이다.

광고 유형

파트 7에서 많이 출제되는 유형으로 구인 광고, 제품, 서비스, 업체 등의 광고문이 있다. 구인 광고는 기본적으로 업무 내용, 자격 요건, 접수 기간, 연락처를 묻는 문제가 반드시 나온다. 제품이나 서비스 광고에는 광고의 목적, 대상, 제품 소개, 특징, 구매/할인 조건, 주

토익, 이렇게 나온다

VISIT SOUTH AFRICA
with
Wild King Tours

목적

Would you like to view African wildlife in its most natural environment? Meet all the wildlife? Then, Wild King Tours is the travel service for you! We conduct excursions year-round to Amboseli National Park, Comoe National Park, and other top destination in the South African savannah. All tours are led by our licensed and experienced guides. Meals are provided by our excellent cooks in many cultural dishes. See our best special tour packages:

회사소개 및 서비스 목적

특징

- All Around Tour: Accommodations at the base camp lodge
5 days, 4 nights - starting at £490
7 days, 6 nights - starting at £690

제품/서비스 소개

- Nights Tour: Nightly accommodations in tents across the Park
5 days, 4 nights - starting at £390
7 days, 6 nights - starting at £590

In addition, we now offer packages that include air travel to South Africa. Our popular tours fill up quickly, so it is recommended to reserve in advance! For further information or to ask any questions, see our Web site at www.wildkingtours.com.

추가 정보

연락 정보

소/연락처를 묻는 문제가 등장한다. 광고문은 ▶ 광고의 유형을 파악한 후 ▶ 첫 번째 질문을 읽고 질문의 특징을 구분하면서 푼다.

01 What is suggested about **the Amboseli National Park**?

(A) It is far from Comoe National Park.
(B) The tour guides live there.
(C) The Wild King's office is located there.
(D) It is open every month of the year for the tour.

>> 문제의 키워드가 the Amboseli National Park인데, 지문의 전체적인 내용이 이에 대한 것이므로 키워드가 없는 것과 같다. 이런 경우에는 보기부터 읽은 후에 지문과 내용을 비교하여 일치하는 것을 선택한다.

02 According to the advertisement, what does **Wild King Tours offer**?

(A) Choice of accommodation types
(B) Tour guide licensing
(C) Single-day excursions
(D) Car rental service

>> 구체적인 정보를 찾는 문제는 지문의 중반부에 정답이 나온다. Wild King Tours라고 하는 회사가 제공하고 있는 것을 묻고 있기 때문에 상품 또는 서비스에 대한 내용에 집중해서 읽는 것이 중요하다.

03 What is **NOT indicated about Wild King Tours**?

(A) It encourages making reservations early.
(B) It provides packages that include air travel.
(C) It employs its professional guides.
(D) It is the largest tour company in South Africa.

>> Wild King Tours에 대해 지문에서 언급하지 않은 것을 묻는 문제이다. 이런 문제의 경우, 보기와 지문의 내용을 비교하면서 지문에 언급된 나머지 3개를 찾아 소거하는 것이 중요하다.

지문해석

와일드 킹 투어즈와 함께
남아프리카를 방문하세요

아프리카 야생동물을 가장 자연스러운 환경에서 보고 싶으세요? 모든 야생동물을 만나보고 싶으세요? 그렇다면 와이드 킹 투어즈가 여러분을 위한 여행 서비스입니다! (01) 우리는 연중 암보셀리 국립공원, 코모에 국립공원, 그리고 남아프리카 사바나에 있는 최고 여행지로 여행을 떠납니다. (03_C) 모든 투어는 자격증을 소지한 숙련된 가이드가 진행합니다. 식사는 우리의 훌륭한 요리사들이 여러 문화의 음식을 제공합니다.

우리의 가장 특별한 여행 패키지를 확인하세요.

● 전체 투어: (02) 베이스 캠프에서 숙박
4박 5일 490파운드부터
6박 7일 690파운드부터

● 야간 투어: (02) 공원 곳곳에 있는 텐트에서 숙박
4박 5일 390파운드부터
6박 7일 590파운드부터

또한 (03_B) 이제 남아프리카로 오는 비행편을 포함하는 패키지도 제공하고 있습니다. (03_A) 인기 투어는 빨리 예약이 완료되므로 미리 예약하실 것을 권장합니다! 추가 정보를 얻고 싶거나 질문이 있으시면 우리의 사이트인 www.wildkingtours.com을 방문하길 바랍니다.

어휘 **wildlife** 야생동물 **natural environment** 자연 환경 **conduct** 하다, 지휘하다 **excursion** 여행 **year-round** 연중 계속되는 **destination** 여행지, 목적지 **licensed** 자격증을 소지한 **dish** 요리 **accommodation** 숙박 **lodge** 오두막, 산장 **fill up** 가득 차다 **recommend** 추천하다 **reserve** 예약하다 **in advance** 미리, 사전에

01 암보셀리 국립공원에 대해서 알 수 있는 것은?
(A) 코모에 국립공원에서 멀리 떨어져 있다.
(B) 투어 가이드가 그곳에 산다.
(C) 와일드 킹의 사무실이 그곳에 있다.
(D) 일 년 내내 투어를 제공한다.

❶ 보기를 확인하고 지문을 읽으면서 내용을 대조한다. Comoe National Park와의 거리는 언급되지 않았기 때문에 (A)는 알 수 없다. 가이드가 사는 곳에 대해서도 언급되지 않아 (B)는 알 수 없는 정보이다. 사무실의 장소에 대해서도 언급되지 않았기 때문에 (C)는 알 수 없다.

❷ 지문(01)에서 We conduct excursions year-round to Amboseli National Park라고 했다. year-round는 '일 년 내내'라는 의미이다.

❸ 따라서 정답은 일 년 내내 투어를 제공한다는 의미인 (D) It is open every month of the year for the tour.이다.

02 광고에 따르면 와일드 킹 투어즈는 무엇을 제공하는가?
(A) 숙박 종류의 선택
(B) 투어 가이드 자격증
(C) 당일 관광
(D) 자동차 임대 서비스

❶ 지문에 언급되지 않은 정보는 정답이 될 수 없다.

❷ 지문(02)에서 정답을 확인할 수 있다. Accommodations at the base camp lodge와 Nightly accomodations in tents를 보면 두 종류의 숙박을 제공하고 있기 때문에 정답은 (A) Choice of accommodation types(숙박 종류 선택)이다.

03 와일드 킹 투어즈에 대해서 언급되지 않은 것은?
(A) 일찍 예약할 것을 장려하고 있다.
(B) 항공권을 포함한 패키지를 제공하고 있다.
(C) 전문 가이드를 고용하고 있다.
(D) 남아프리카에서 가장 큰 여행사이다.

❶ 지문의 유형과 질문의 의도를 파악한다. Wild King Tours에 대해 지문에서 언급하지 않은 것을 묻는 문제이다.

❷ 지문을 전체적으로 읽으면서 일치하지 않는 보기를 소거한다.

❸ 지문(03_A) (03_B) (03_C)에서 보기의 내용을 모두 확인할 수 있다.

❹ 지문에 언급이 없는 나머지 보기의 내용을 확인한다. 정답은 (D) It is the largest tour company in South Africa.이다. 남아프리카에서 가장 큰 회사라는 내용은 지문에서 찾을 수 없다.

기사 유형

기사는 수험자들이 파트 7에서 가장 어려워하는 유형으로 인물 탐구, 업체 소개, 지역 뉴스 등과 같은 내용이 나온다. 기본적으로 기사는 주제/대상, 배경 및 원인, 전망 및 향후 계획 등의 흐름으로 전개된다. 특정한 형식을 취하지 않기 때문에 기사 유형을 풀 때는 ▶ 제목과 단락 구분을 주의 깊게 봐야 한다. ▶ 첫 번째 질문을 읽고

토익, 이렇게 나온다

Avian Hair Opens with success — 제목

Strathfield, March 7 - Avian Hair had a successful grand opening earlier this week. Owner and stylist Phillip Avian noted that the event went well with many visitors, and appointments in the salon are fully booked through the next couple of weeks. — 배경
Sasha Hermenez, who recently visited the salon for the first time, said that she is excited about the new shop in the street. "Avian provides quality cuts." She added, "And it's conveniently located on the same street where I and many other people in the community work."

In fact, Avian is located on Kings Cross, just down the street from NSW University. "I chose Kings Cross because it is close to the central city and campus and I hope to attract university students and staff." said Phillip during the opening. — 원인 및 세부사항

Another customer also noted that the prices for all of the services and hair care products were inexpensive. It seems like that almost everyone welcomes this already famous hair salon. — 원인 및 세부사항

For more information or to schedule an appointment, call 405-965-1515 or visit www.avianhair.com. — 연락정보

질문의 특징을 구분해 가면서 한 문제씩 푼다. ▶ 질문에 키워드가 있다면 지문을 볼 때도 키워드 중심으로 읽어야 한다.

01 **Why** was **the article written**?

　　(A) To announce the relocation of a business
　　(B) To invite new hair stylist to the salon
　　(C) To introduce a new business to the community
　　(D) To inform students of a special promotion

　　>> 목적이나 주제를 묻는 문제는 지문의 전반부에 정답이 나온다. 정답을 바로 보여 주는 구체적인 한 문장이 제시되기도 하지만, 전체적인 흐름을 파악해야 할 때도 있기 때문에 지문을 처음부터 읽어내려가면서 글을 쓴 주된 목적을 찾는 것이 중요하다.

02 According to Mr. Avian, why was the new store opened on **Kings Cross**?

　　(A) Because it is the only place he could rent
　　(B) Because there is a enough parking space nearby
　　(C) Because the rent is lower than other locations
　　(D) Because it is close to a university

　　>> 구체적인 정보를 찾는 문제는 지문의 중반부에 정답이 나온다. 문제의 키워드 Kings Cross가 지문 중에 나오는 부분에서 이유를 찾아내는 것이 중요하다.

03 What is **indicated about Avian Hair**?

　　(A) It is seeking a new stylist.
　　(B) It sells low-cost hair products.
　　(C) It offers a discount to the students of NSW.
　　(D) It is the Mr. Avian's second shop.

　　>> Avian Hair에 대해 알 수 있는 것을 고르는 문제이다. 지문 전체가 Avian Hair에 대한 내용이므로 키워드가 없는 것과 마찬가지이다. 이런 문제들은 보기부터 읽은 후에, 지문에서 보기와 일치하는 내용을 찾아내는 것이 중요하다.

지문해석

에이비언 헤어 성공적으로 개업하다

스트라스필드 3월 7일 – 에이비언 헤어는 이번 주 초에 성공적인 개업식을 가졌다. 사장이자 스타일리스트인 필립 에이비언은 행사는 많은 방문객으로 성황을 이루었고 향후 몇 주간 미용실 예약이 꽉 찼다고 전했다. 최근에 처음 미용실을 방문한 사샤 헤르메네즈는 이 거리에 가게가 새로 생겨 기쁘다고 전했다. "에이비언은 훌륭한 헤어컷을 제공해요." "그리고 저를 비롯해 많은 지역 사람들이 일하는 같은 거리에 편리하게 위치해 있어요."라고 덧붙였다.

실제로, 에이비언은 NSW 대학 거리 아래 킹스 크로스에 위치해 있다. (02) "킹스 크로스를 선택한 이유는 도심과 학교에 가깝기 때문이에요. 그리고 대학생과 교직원들을 유치할 수 있으면 좋겠어요."라고 개업식에서 필립이 말했다.

또 다른 고객은 또한 (03) 모든 서비스와 헤어 제품의 가격이 저렴하다고 전했다. 거의 모든 사람들이 벌써 유명해진 이 미용실을 좋아하는 것 같다.

추가적인 정보를 원하거나 예약을 하려면 405-965-1515번으로 전화를 하거나 www.avianhair.com을 방문하면 된다.

어휘 **note** 언급하다 **appointment** 약속 **fully** 완전히 **book** 예약하다 **recently** 최근에 **excite** 흥분시키다, 자극하다 **quality** 고급의 **conveniently** 편리하게 **central** 중앙의, 중심가의 **attract** 마음을 끌다 **inexpensive** 비싸지 않은

01 왜 기사를 썼는가?
(A) 한 사업체의 이전을 발표하기 위해서
(B) 미용실에 새로운 헤어 디자이너를 고용하기 위해서
(C) 새로운 사업체를 지역 공동체에 소개하기 위해서
(D) 학생들에게 특별 홍보에 대해서 알려주기 위해서

❶ 목적 또는 주제를 묻는 문제이다. 지문의 전체적인 흐름을 파악해 주제를 확인해야 하는 문제이다.

❷ 지문은 Avian Hair had a successful grand opening을 시작으로 전체적인 내용이 새로 문을 연 가게에 대한 내용이다.

❸ 따라서 정답은 (C) To introduce a new business to the community가 된다.

02 에이비언에 따르면, 새로운 가게는 왜 킹스 크로스에 개업했는가?.
(A) 그가 임대할 수 있는 유일한 장소이기 때문에
(B) 주변에 충분한 주차 공간이 있기 때문에
(C) 다른 지역보다 임대료가 저렴하기 때문에
(D) 대학교와 가깝기 때문에

❶ 구체적인 정보를 찾는 문제이다. 지문에서 키워드 Kings Cross가 등장하는 부분을 찾는다.

❷ 지문(02)에서 정답을 확인할 수 있다. I chose Kings Cross because it is close to the central city and campus

❸ 따라서 정답은 (D) Because it is close to a university이다.

03 에이비언 헤어에 대해서 알 수 있는 것은?
(A) 새로운 헤어 디자이너를 구하고 있다.
(B) 저렴한 헤어 제품을 판매한다.
(C) NSW 대학생에게 할인을 제공한다.
(D) 에이비언 씨의 두 번째 가게이다.

❶ 지문의 유형과 문제의 의도를 파악해 보면, Avian Hair에 대해 알 수 있는 것을 고르는 문제이다. 이런 문제는 종종 지문의 내용이 paraphrasing되어 보기에 제시되기 때문에 주의 깊게 읽어야 한다.

❷ 지문에서는 (A), (C), (D)의 내용이 모두 언급되어 있지 않다.

❸ 지문(03)에서 내용을 확인할 수 있다. the prices for all of the services and hair care products were inexpensive.

❹ 따라서 정답은 (B) It sells low-cost hair products.이다.

안내 및 공지 유형

필살기 04

특정 혹은 불특정 다수에게 정보를 전달하거나 공유하기 위한 내용으로 표(table)나 일정(schedule)의 양식이 포함되어 있어 시각적으로 내용을 쉽게 확인할 수 있는 유형이 있고, 지역 뉴스나 회사 내에 올리는 짧은 메모 유형도 있다. 특정 전달 대상이 있는 정보/공지 유형은 수신인, 목적, 내용, 요청 사항, 연락 정보의 흐름으로 전개된

토익, 이렇게 나온다

Amazon Books is pleased to host a public reading by famous novelist, Opera Winston, on Thursday, July 10, from 2 p.m. to 4 p.m. A three-time winner of the Best of the Best Seller's award for the children's novel, Winston will read excerpts from *Lost in the Island*. This novel, the third and final installment in her *Adventure of Jimmy Cook* series, has topped the best-seller lists and earned praise from book reviewers and lovers around the world.

Don't miss the opportunity to hear one of the most popular authors live at the stage read from her latest work. After the reading, there will be a time to ask questions and to take photographs.

Tickets are £ 5 and can be purchased at Amazon Books, 33 Huston Lane, Oxford, or by calling the store's customer service line at 905-447-1471.

다. 특정 전달 대상이 없는 정보/공지 유형은 목적, 내용, 기타 사항, 연락 정보의 흐름으로 전개된다. 정보/공지 유형은 ▶ 시각적으로 확인할 수 있는 내용을 확인한 후 ▶ 첫 번째 질문을 읽고 질문의 특징을 구분해 가면서 한 문제씩 푼다. ▶ 질문에 키워드가 있다면 키워드를 중심으로 읽어야 한다.

01 Who is **Ms. Winston**?

(A) A children's librarian in Oxford
(B) A owner of Amazon Books
(C) A literacy critic for children's book
(D) A winner of an award

>> 구체적인 정보를 찾는 문제이며 키워드가 제시되었다. 이런 문제들은 지문에서 키워드가 언급된 부분을 정확하게 읽는 것이 중요하다.

02 What is indicated about *Lost in the Island*?

(A) It was written over three years.
(B) It received a children's book award.
(C) It is the last book in a series.
(D) It costs £ 5 per a copy.

>> 키워드가 있는 문제이다. 지문에서 *Lost in the Island*가 나오는 부분을 찾아서 보기와 내용을 비교하여 지문과 일치하는 것을 고르는 것이 중요하다.

03 What will Ms. Winston do **after the reading**?

(A) Buy a book
(B) Comment on a book
(C) Speak with the participants
(D) Advertise in a magazine

>> 구체적인 정보를 찾는 문제는 지문의 중반부에 정답이 나온다. after the reading, 즉 낭독 후에 하는 일을 묻는 것이므로 지문에서 낭독이 끝나는 시점을 나타내는 말을 찾는 것이 중요하다.

지문해석

아마존 북스는 유명한 소설가인 오페라 윈스턴의 공개 낭독을 7월 10일 목요일 오후 2시에서 4시까지 주최하게 되어 기쁩니다. (01) 어린이 소설로 최고 베스트셀러 상을 3번이나 탄 윈스턴은 〈로스트 인 아일랜드〉의 일부를 읽을 것입니다. (02) 그녀의 세 번째이자 〈지미 쿡의 모험〉 시리즈의 완결판인 이 소설은 베스트셀러 목록 상위권에 있으며 평론가들과 전 세계 애호가들로부터 찬사를 받았습니다.

가장 유명한 저자가 무대에서 실시간으로 그녀의 최근 작품을 낭독하는 것을 들으실 수 있는 기회를 놓치지 마세요. (03) 낭독 후에는 질문을 하고 사진을 찍는 시간도 있습니다.

표는 5파운드이며 옥스퍼드, 휴스턴 레인 33번 가인 아마존 북스에서 구매하거나 매장의 고객 서비스 번호 905-447-1471로 전화를 하셔서 구매할 수 있습니다.

어휘 **pleased** 기쁜 **host** 주최하다 **public** 대중의 **novelist** 소설가 **award** 상 **excerpt** 발췌, 인용 **installment** (연재물 등의) 1회분, 한 권 **top** 최고이다, 1위를 하다 **earn** 얻다 **praise** 칭찬, 찬사 **opportunity** 기회 **author** 작가 **latest** 최근의 **photograph** 사진 **purchase** 구매하다

01 윈스턴 씨는 누구인가?
 (A) 옥스포드의 어린이 도서관 사서
 (B) 아마존 북스의 사장
 (C) 어린이 책의 문학 비평가
 (D) 상을 받은 사람

> ❶ 키워드 Ms. Winston이 누구인지 묻는 문제이다. 지문과 보기에 대한 해석이 미흡하면 틀리기 쉬운 문제이므로 정확하게 해석하는 것이 중요하다.
>
> ❷ 지문(01)에서 정답을 확인할 수 있다. A three-time winner of the Best of the Best Seller's award for the children's novel
>
> ❸ 따라서 정답은 (D) A winner of an award이다.

02 〈로스트 인 아일랜드〉에 대해서 알 수 있는 것은?
 (A) 3년에 걸쳐 썼다.
 (B) 어린이 책 상을 받았다.
 (C) 연재작 중에 마지막이다.
 (D) 한 권에 5파운드이다.

> ❶ 지문의 유형과 질문의 의도를 파악한다. 키워드 Lost in the Island에 대해 언급한 내용을 지문에서 찾는 문제이다.
>
> ❷ mention/suggest/indicate 문제의 경우, 지문에 언급되지 않은 내용은 정답이 될 수 없다. 이런 문제는 틀린 내용을 보기에 제시해 오답을 유도할 때가 많다.
>
> ❸ 지문의 앞부분(02)에서 정답을 확인할 수 있다. This novel, the third and final installment in her Adventure of Jimmy Cook series
>
> ❹ 보기의 내용을 확인한다. (C) It is the last book in a series.가 정답이다.

03 윈스턴 씨는 낭독 후에 무엇을 할 것인가?
 (A) 책을 살 것이다.
 (B) 책에 대해서 논평할 것이다.
 (C) 참가자와 대화할 것이다.
 (D) 잡지에 광고를 낼 것이다.

> ❶ 문제의 키워드 after the reading을 확인한다.
>
> ❷ 지문(03)에서 정답을 확인할 수 있다. After the reading, there will be a time to ask questions
>
> ❸ 질문을 할 수 있는 시간이 있다고 했으므로 정답은 (C) Speak with the participants가 된다. 작가가 참가자와 대화를 한다는 말은 참가자로부터 질문을 받고 답해 준다는 의미이다.

기타 서류 양식 유형

필살기 05

주로 이력서, 스케줄, 설문조사, 극장표, 가격 및 제품의 리스트 등이 출제되고 있다. 빈출 양식으로 특정 패턴을 가지고 있는 것도 있지만 유사한 패턴을 가지고 있지 않은 경우도 많으므로 이러한 양식들을 많이 봐두는 것이 도움이 된다. 특히 제목에 해당하는 굵게 처리된 글씨를 보면 주된 내용이 무엇인지 확인할 수 있다.

토익, 이렇게 나온다

Customer Declaration Form 5-K

Sender's name and address must be affixed to the front of package.
Packages may be opened for inspection.

Sender's name and Address:	**Addressee's Name and Address:**
Tom Anderson	Richardson Jewelry
21 Riverside street	#5 11th street
Toronto, Ontario	New York
Canada	United States

___ Gift   ___ Document   _X_ Commercial sample   ___ Other

Quantity	Description of package contents	weight (kg)	Estimated value
3	gold necklace	2	$ 1,500
2	silver rings	0.5	$ 200
		Total weight	**Total value**
		2.5	$1,700

Fill in for commercial items only:
Country of origin: Thailand   License number : FA08978993

Postage and Fees :
Postage $ 29.90
Insurance (X) yes ( ) no $ 3.00
Total amount due: **$ 32.90**

The undersigned, certify that the details given in this declaration are correct and that this package does not contain any item prohibited by postal or customer regulations.

Signature
Tom Anderson
Date: July 17

양식 유형은 ▶ 시각적으로 확인할 수 있는 내용을 확인한 후 ▶ 첫 번째 질문을 읽고 질문의 특징을 구분해 가면서 한 문제씩 푼다. ▶ 질문에 키워드가 있다면 지문에서도 키워드 중심적으로 읽어야 한다.

01 <u>Why</u> did Mr. Anderson most likely fill out the form?

(A) He is accepting a package from the sender.
(B) He is travelling to another country.
(C) He is sending some products to a potential buyer.
(D) He is sending a gift to a friend.

>> 목적이나 주제를 묻는 문제는 지문의 전반부에 정답이 나온다. 양식은 전체적인 틀을 살펴봐야지만 주제를 알 수 있는 경우가 많다. 따라서 양식에서는 옆에 제시한 것과 같이 굵게 표시한 내용을 통해 전체적인 흐름을 파악해 보는 것이 중요하다.

02 What is <u>in the package</u>?

(A) Electronics
(B) Jewelry
(C) A gold bar
(D) A medal

>> 구체적인 정보를 찾는 문제로 지문의 중후반부에 정답이 나온다. 포장에 들어 있는 것을 묻고 있으므로 지문에서 내용물을 나타내는 표현을 찾는 것이 중요하다.

03 How much does it <u>cost to send the package</u>?

(A) $ 1700
(B) $ 32.90
(C) $ 29.90
(D) $ 3.00

>> 구체적인 정보를 찾는 문제이다. 소포를 보내는 데 드는 비용을 묻고 있으므로 지문에서 금액이 나오는 부분을 살펴봐야 한다.

지문해석

(01) 고객 가격 신고서 5-K

발신인의 주소와 이름은 포장의 앞면에 붙여야 합니다.
포장은 검사를 위해서 개봉될 수 있습니다.

(01) 발신인 이름과 주소:	(01) 수취인 이름과 주소:
톰 앤더슨	리차드슨 주얼리
리버사이드 가 21번지	11번 가 5번지
토론토, 온타리오	뉴욕
캐나다	미국

___ 선물   ___ 문서   (01) X 상업적 샘플   ___ 기타

수량	포장 내용물에 대한 설명	무게(kg)	예상 가치
3	(02) 금목걸이	2	1,500달러
2	(02) 은반지	0.5	200달러
		총 무게	총 가치
		2.5	1,700달러

상업적인 샘플들의 경우만 작성하세요:
원산지: 태국   등록번호: FA08978993

우표와 비용:
우표   29.90달러
보험 (X)네   (   )아니요   3.00달러
(03) 총 결재 금액: 32.90달러

아래 서명하시면, 이 신고서에 있는 세부사항들이 정확하다는 것과 이 상품은 우편 또는 고객 규정에 의해 금지된 물건들을 포함하고 있지 않다는 것을 증명합니다.

서명
톰 앤더슨
날짜: 7월 17일

어휘 **declaration** (자세한 정보를 담은) 신고서 **affix** 부착하다 **inspection** 점검 **addressee** 수신인 **commercial** 상업의 **quantity** 수량 **description** 서술, 묘사 **content** 내용물 **estimated value** 견적 가격 **origin** 근원, 출신 **postage** 우편 요금 **insurance** 보험 **certify** 증명하다 **detail** 세부 사항 **correct** 정확한, 맞는 **prohibit** 금지하다 **regulation** 규제, 규정

01 앤더슨 씨는 왜 이 양식을 작성했는가?
(A) 그는 발신인으로부터 물건을 받고 있다.
(B) 그는 다른 나라로 여행하고 있다.
(C) 그는 잠재적 구매자에게 몇 가지 제품을 보내고 있다.
(D) 그는 친구에게 선물을 보내고 있다.

❶ 목적을 묻는 문제이다. 지문에 포함된 정보가 무엇인지 확인한다.

❷ 지문(01)에서 단서를 확인할 수 있다. Customer Declaration Form(고객 가격 신고서), Sender's name(발신인의 이름), Addressee's name(수취인의 이름), Commercial sample(제품 샘플) 등을 보고 물건을 보내고 있다는 것을 알 수 있다.

❸ 따라서 정답은 (C) He is sending some products to a potential buyer.이다.

02 포장에는 무엇이 들어 있는가?
(A) 가전제품
(B) 보석류
(C) 금괴
(D) 메달

❶ 내용물에 대한 질문이므로 굵은 글씨에 해당되는 내용을 빠르게 확인한다.

❷ 지문(02)에서 정답을 확인할 수 있다. gold necklace, silver rings

❸ 따라서 정답은 (B) Jewelry이다.

03 상품을 보내는 데 드는 비용은 얼마인가?
(A) 1,700달러
(B) 32.90달러
(C) 29.90달러
(D) 3.00달러

❶ 배달되는 상품의 가격을 묻는 것이므로 지문에서 가격이 나오는 부분을 확인하는 것이 중요하다.

❷ 지문(03)에서 정답을 확인할 수 있다. Total amount due(총 결재 금액)에서 총 비용을 알 수 있다.

❸ 따라서 정답은 (B) $ 32.900다.

파트 7에 나오는 더블 지문

필살기 06

앞에서 배운 편지, 광고, 기사, 공지 중 2개의 지문이 함께 나온다. 싱글 지문과 같은 유형의 문제들이 출제되지만 지문이 2개라 내용이 많기 때문에 좀 더 어렵다. 2개의 지문을 대조해야지만 풀 수 있는 문제를 푸는 요령도 알고 있어야 한다. 빠르게 풀려고 하는 것보다 내용과 정답이 되는 부분들을 충분히 숙지해 가면서 연습하고 점

토익, 이렇게 나온다

Celltrionic Biotechnology Locations

Blue Celltrion In Washington DC
Blue Celltrion is our corporate headquarters, where over 1,000 employees work in the area of research & development, product development, marketing, sales, distributions and administration. Our state-of-the-art building, built with solar-panels and other energy saving techniques, was chosen as the most brilliant building in the last month's issue of *Washington Times*.

White Celltrion, China
White Celltrion is home to our newly renovated manufacturing facilities. Over 300 employees work here to manufacture our products and ship them around the world. White has been operating without any incident for the last 2 years.

Red Celltrion, France
Red Celltrion is the center of our European business operations. Celltronic has over 200 branches in Europe. New Celltronic employees on the training often stay here to learn about company's overall business.

Purple Celltrion, Korea
Our new Purple office is responsible for our Asia-Pacific operations. As Celltrionic continues to expand throughout the region, our operations in Korea will become increasingly vital to our success. Vice-president of Celltrion is currently in this location to oversee the new office.

To:	Timothy Gardner
From:	Ellen Powell
Date:	October 3
Subject:	Your transfer

Tim,

I just heard that you will be joining us in Europe. I know you will be a very valuable addition to our team and want to let you know that we are waiting. We will be holding a team meeting on October 9 at 3:00 p.m. (which is 9:00 a.m. your time). We would like you to attend the meeting in that morning, since we will be discussing the marketing plans for our new line of products. Please let me know whether you can participate, and I will send you the

점 시간을 줄이도록 공부하는 것이 좋다. 더블 지문은 ▶ 각각의 지문을 조금씩 읽고 어떤 내용인가를 파악한다. ▶ 첫 번째 질문을 읽고 질문의 특징을 구분해 가면서 어느 지문에 정답이 있는지 파악한다. ▶ 질문에서 어느 지문을 읽어야 하는지 가르쳐 주거나 키워드가 있다면 지문에서 키워드를 찾는다.

---

agenda and teleconferencing number.

I hope that your move from the Washington goes smoothly. Please let me know if you need help in anyway.

Ellen

---

01 What is mentioned about the company's **headquarters in Washington DC**?

(A) It was recently moved.
(B) It was designed to save energy.
(C) It will soon be replaced with a larger building.
(D) It advertises in the magazine.

02 What is implied about the company's **Asia-Pacific business**?

(A) It is larger than the European market.
(B) It is overseen by Ms. Powell.
(C) It is expected to grow.
(D) It is not renovated.

03 Where is **Ms. Gardner** currently working?

(A) In Blue
(B) In White
(C) In Red
(D) In Purple

04 In what department does **Ms. Powell** work?

(A) Manufacturing
(B) Product development
(C) Administrative
(D) Marketing

05 What is **Mr. Gardner** asked to do?

(A) Participate in a meeting
(B) Develop a new product
(C) Move to the new facility
(D) Travel to Europe for a conference

지문해석

셀트리오닉 바이오테크놀로지 지점

(03) 블루 셀트리온, 워싱턴 DC
블루 셀트리온은 우리 기업의 본사이며 1,000명 이상의 직원들이 연구 개발, 제품 개발, 마케팅, 판매, 유통 및 관리 분야에서 일하고 있습니다. 우리의 최첨단 건물은, **(01)** 태양판과 다른 에너지 절약 기법으로 지어져 있으며, 지난 달에 〈워싱턴 타임즈〉 지에서 가장 뛰어난 건물로 선정되었습니다.

화이트 셀트리온, 중국
화이트 셀트리온은 새로 개조한 제조 시설이 있는 곳입니다. 300명 이상의 직원들이 여기에서 제품을 만들고 전 세계로 실어 보내기 위해서 일합니다. 이 시설은 지난 2년 동안 어떠한 사고도 없이 운영되고 있습니다.

레드 셀트리온, 프랑스
레드 셀트리온은 유럽에서 사업 운영의 중심입니다. 셀트리온은 유럽에 200개 이상의 지점이 있습니다. 교육 과정에 있는 셀트리온 신입 직원들은 종종 이곳에 머물면서 회사의 전반적인 사업을 배웁니다.

퍼플 셀트리온, 한국
우리의 새로운 퍼플 사무실은 아시아-태평양 사업을 책임지고 있습니다. **(02)** 셀트리온이 이 지역에서 확장을 계속하고 있어, 우리의 성공에 있어 한국에서의 사업이 점점 중요해질 것입니다. 현재 셀트리온 부사장이 이 신규 지점을 감독하기 위해서 이곳에 있습니다.

수신: 티모시 가드너
발신: 엘렌 파월
날짜: 10월 3일
주제: 귀하의 이동

팀,

당신이 유럽에서 우리와 합류하실 거라는 소식을 방금 들었습니다. 당신이 우리 팀에 매우 귀중한 일원이 될 것이라는 것을 알고 있으며 우리가 당신을 기다리고 있다는 것을 말씀드리고 싶군요. 우리는 10월 9일 오후 3시에 (귀하의 시간으로 오전 9시) 팀 회의를 합니다. **(05)** 그날 아침에 귀하께서 회의에 참석하시기를 바랍니다. **(04)** 새로운 제품 라인에 대한 마케팅 계획을 토론할 것이기 때문입니다. **(05)** 참석하실 수 있는지 말씀해 주시면 안건과 화상 회의 번호를 보내드리겠습니다.

(03) 워싱턴으로 부터의 전근이 순조롭게 진행되길 바랍니다. 어떻게든 도움이 필요하시다면 제게 말씀해주십시오.

엘렌

어휘 **biotechnology** 생명 공학 **corporate** 기업의 **headquarters** 본사 **research & development** 연구 개발 **distribution** 분배, 분포 **administration** 관리직 **state-of-the-art** 최첨단의, 최신식의 **brilliant** 훌륭한, 멋진 **issue** (잡지, 신문의) 호 **renovate** 개조하다, 새롭게 하다 **ship** 수송하다 **incident** 일, 사건 **branch** 지사, 분점 **overall** 종합적인, 전체의 **be responsible for** ~에 책임이 있다 **expand** 확장하다 **vital** 필수적인 **currently** 현재, 지금 **join** 합쳐지다 **valuable** 가치가 큰 **attend** 참석하다 **discuss** 논의하다 **participate** 참여하다 **agenda** 의제, 안건 **teleconferencing** 화상 회의 **smoothly** 순조롭게

01 워싱턴 DC에 있는 본사에 대해서 언급된 것은?
 (A) 최근에 이전했다.　　　　(B) 에너지를 절약하도록 설계되었다.
 (C) 더 큰 건물로 곧 교체될 것이다.　(D) 잡지에 광고를 한다.

❶ 문제의 키워드 headquarters in Washington DC에 대해서 지문에 언급되지 않은 정보를 정답에서 제외한다.

❷ 최근에 이전했다는 언급은 없으므로 (A)는 정답에서 제외한다. 더 큰 건물로 교체될 것이라는 내용이 없으므로 (B)도 제외한다. 잡지에서 좋은 평판을 들었다고는 했지만 광고를 한다는 말은 없으므로 (D)는 틀린 정보이다.

❸ 지문(01)에서 정답을 확인할 수 있다. built with solar-panels and other energy saving techniques를 보면 에너지를 절약하도록 만들어져 있다고 했다. 따라서 정답은 (B) It was designed to save energy.이다.

02 회사의 아시아-태평양 사업에 대해서 알 수 있는 것은?
 (A) 유럽 시장보다 더 크다.　(B) 파월 씨가 운영한다.　(C) 성장할 것으로 예상된다.　(D) 보수하지 않았다.

❶ 키워드 Asia-Pacific business가 첫 번째 지문에 있으므로 첫 번째 지문에서 단서를 찾는다.

❷ 지문(02)에서 정답을 확인할 수 있다. As Celltrionic continues to expand throughout the region을 보면 이 지역에서 계속 확장해 나가고 있다는 것을 알 수 있다.

❸ 따라서 정답은 (C) It is expected to grow.(성장할 것이라고 예상된다.)이다. 나머지 보기들은 지문에 언급되지 않은 정보이므로 정답이 될 수 없다.

03 가드너 씨가 현재 일하는 곳은?
 (A) 블루에서　(B) 화이트에서　(C) 레드에서　(D) 퍼플에서

❶ 문제의 키워드 Ms. Gardner가 두 번째 지문에 나온다.

❷ 어느 회사에서 일하고 있는지 알려 주지는 않지만 Washington으로부터의 전근이 잘 되었으면 좋겠다며 키워드의 변화가 있다. 키워드의 변화가 있으면 대조 문제이다. 이 때 첫 번째 지문에서 바뀐 키워드를 찾는다.

❸ 지문(03)에서 정답을 확인할 수 있다. Washington에 있는 회사는 Blue Celltrion이라는 것을 알 수 있다. 따라서 정답은 (A)이다.

04 파월 씨는 어느 부서에서 일하는가?
 (A) 제조 부서　(B) 제품 개발 부서　(C) 관리 부서　(D) 마케팅 부서

❶ 문제의 키워드 Mr. Powell이 두 번째 지문에 나온다.

❷ 지문(04)에서 정답을 확인할 수 있다. we will be discussing the marketing plans for our new line of products.

❸ Marketing에 관련된 회의를 하자고 했으므로 정답은 (D)이다.

05 가드너 씨에게 요청된 것은?
 (A) 회의에 참가하라고　　　　(B) 새로운 제품을 개발하라고
 (C) 새로운 시설로 이사하라고　(D) 회의를 위해서 유럽으로 가라고

❶ 요청 사항을 묻는 문제들은 주로 지문의 후반부에 정답이 있다. Please, Could you, Would you, I would like you to ~와 같은 부탁의 표현들에서 정답을 찾는다.

❷ 지문(05)에서 정답을 확인할 수 있다. We would like you to attend the meeting ~과 Please let me know whether you can participate, and I will send you the agenda ~

❸ 회의에 참석했으면 좋겠다고 하면서 회의 참석 여부를 알려달라는 내용으로 미루어 보아 정답은 (A) Participate in a meeting이다.

PRACTICE TEST

Questions **01-02** refer to the following e-mail.

To: Employees of KTBM, England
From: Lance Tunnels, England Division Manager
Date: February 19
Re: Director of Human Resources

Dear All Employees,

I would like to inform you that Janet Clarence has been summoned to our Chelsea branch as the director of human resources. Before her transfer to England, Ms. Clarence has been the acting assistant director of human resources in KTBM's Athens branch for two years. She has given promising performance there where she developed and implemented more efficient recruitment procedures which are currently used in all KTBM branches. Also, she managed to create a employee-development program that enabled to simplify the job-training process for new employees. Before joining KTBM, she started her career as a human resources trainer in Baldwin Tech., Prague branch. As a graduate of Ducard School of Business in Copenhagen, I am certain that our branch will further grow under the guidance of Ms. Clarence. To give her a warm welcome, I would like everyone to join the employee dinner party next Friday at 7:30 p.m.

Lance Tunnels

★★☆

01 What is the purpose of the e-mail?

(A) To describe a job opening
(B) To request assistance with recruiting
(C) To introduce an employee-development program
(D) To announce the arrival of a new team member

★★☆

02 According to the e-mail, where did Ms. Clarence most recently work?

(A) In England
(B) In Athens
(C) In Copenhagen
(D) In Prague

Questions **03-05** refer to the following article.

MONROE (June 14) - On June 12th, the CEO of Saddlebrook United, Gary Scofield announced the company's plan to open its third outlet store. Originated from North Carolina, Saddlebrook United purchased a large commercial building in the heart of Chicago. The building renovation is scheduled to start later this month and is expected to be completed a few weeks before Christmas. Mr. Scofield also stated that Saddlebrook United is planning to expand its stores into six other major cities in the west coast in a matter of three years.

Although Saddlebrook United started its business four years ago, it was able to quickly build its reputation by offering a variety of attracting discounts to customers. For the last two years, it had shown better sales record than that of Davenports and experts expect that the gap will further widen by the end of this year.

03 What is the article mainly about?

(A) The increasing popularity of department stores
(B) Job opportunities at Davenports
(C) Saddlebrook United's sales record for last year
(D) An outlet store's expansion plans

04 How many stores does Saddlebrook United's currently operate?

(A) None
(B) Two
(C) Three
(D) Four

05 What is implied about Davenports?

(A) It will merge with Saddlebrook United.
(B) It is a competitor of Saddlebrook United.
(C) It plans to hire a new marketing firm.
(D) It will focus its market on the western regions.

Questions **06-10** refer to the following e-mails.

To: Edward Myers <edmyers@qwayne.com>
From: Janet Charles <jcharles@qwayne.com>
Date: Draft Schedule
Subject: February 17

Hi Edward,

I have just completed making a draft of our schedule for March and April. I am including it below, and I will put it in the event section on our Web site.

Please let me know if you have any questions or need to make any changes in the schedule.

Best regards,
Janet

Q-Wayne Enterprise Association March~April Events
All events will be held in Park Resort Hotel.

March 14: 11:00 a.m. - 3:00 p.m.
Event: Business Strategies Course
Location: Main Hall 1F
Cost: $ 50 at the door
Notes: Advanced registration available ($ 40)

March 20: 9:00 a.m. - 3:00 p.m.
Event: International Job Fair
Location: Jordan Hall
Cost: $ 30
Notes: Advanced registration only

April 16: 11:30 a.m. - 12:45 p.m.
Event: Networking Lunch (Buffet)
Location: Seafood Gardens
Cost: $ 20 in advance or $ 30 at the door
Notes: Limited to 200 participants Advanced registration is recommended

April 28: 5:00 p.m. - 7:30 p.m.
Event: Product Marketing Seminar
Location: Main Hall 1F
Cost: $ 40
Notes: Advanced registration not available

To: Janet Charles <jcharles@qwayne.com>
From: Edward Myers <edmyers@qwayne.com>
Subject: Meeting updates
Date: March 3

Janet,

As you are already aware, we hold a committee meeting on the first day of every month. Our most recent meeting took place two days ago from 11:00 a.m. to 12:00 p.m.

Let me fill you up with some updates. Carmen Sanders said that she wouldn't be available to lead the investment seminar on April. Could you contact Donald Dickson and find out whether he could replace her? I already mentioned this to him earlier, and I'm almost certain that he will most likely say yes. If he can't do it, just let me know right away.

Also, we decided to extend the networking lunch, so it will now end at 1:00 p.m. The start time will remain the same. These changes are final, so please make the necessary changes on our Web site. By the way, if it's all right with you, would you mind working at the registration desk for the March 16 event? Thanks.

Edward

06 What event requires advanced registration?
(A) The real estate investment seminar
(B) The networking lunch
(C) The international job fair
(D) The marketing strategies course

07 When will the networking event take place?
(A) From 11:30 a.m. to 12:45 p.m.
(B) From 11:30 a.m. to 1:00 p.m.
(C) From 11:45 a.m. to 12:45 p.m.
(D) From 11:45 a.m. to 1:00 p.m.

08 When will the next committee meeting most likely be held?
(A) On March 1
(B) On March 3
(C) On April 1
(D) On April 16

09 According to the e-mail, who will probably teach a seminar on investments?
(A) Janet Charles
(B) Donald Dickson
(C) Carmen Sanders
(D) Edward Myers

10 What has Mr. Myers NOT asked Ms. Charles to do?
(A) Work at the networking lunch
(B) Contact a potential speaker
(C) Update a website
(D) Change the date of a seminar

Actual
TEST

Reading TEST

In the Reading test, you will read a variety of text and answer several different types of reading comprehension questions. The entire Reading test will last 75 minutes. There are three parts, and directions are given for each part. You are encouraged to answer as many questions as possible within the time allowed.

You must mark your answer on the separate answer sheet. Do not write your answers in the test book.

PART 5

Directions: A word or phrase is missing in each of the sentences below. Four answer choices are given below each sentence. Select the best answer to complete the sentence. Then mark the letter (A), (B), (C), or (D) on your answer sheet.

---

101 Mr. Jackson advises new employees to enable them to perform _____ duties efficiently at all times.

(A) they
(B) them
(C) their
(D) theirs

102 AD Motor's revenue grew by $2 million this year, which represents an _____ of 10 percent compared to last year.

(A) increase
(B) increased
(C) increases
(D) increasingly

103 Information brochures will be sent to all registrants a week before the seminar _____.

(A) began
(B) begins
(C) beginning
(D) begin

104 Ahn's Laboratory is expected to open its first international branch in _____ Boston or Seattle.

(A) either
(B) both
(C) neither
(D) still

105 All the children's sections at the Square Library will be painted _____ the weekend.
(A) above
(B) between
(C) during
(D) among

106 Asian Pacific Airlines requests that, as a ticket passenger, _____ present proof of identification when boarding the plane.
(A) yours
(B) your
(C) yourself
(D) you

107 If the dessert tray is _____, managerial staff should refilled it with refreshment from the refrigerator.
(A) stuck
(B) empty
(C) single
(D) final

108 Many parents with young children are willing to pay a little more for food that is produced _____.
(A) locality
(B) locals
(C) local
(D) locally

109 _____ the photographs were submitted past the due date, they will be included in the next issue of the company magazine.
(A) Since
(B) As if
(C) Even
(D) Nearly

110 Sales of the smart phones have boosted Apple Telecommunication's profits by _____ 10 percent.
(A) nearly
(B) closely
(C) carefully
(D) equally

111 Candidates who were interviewed at the executive meeting _____ by the recruiter early next week.
(A) will contact
(B) will be contacted
(C) would contact
(D) have been contacted

112 Seimos Steel Inc. tries to keep the cost down, _____ the increasing price of raw materials.
(A) because
(B) despite
(C) although
(D) whether

113 When in the Sansonic Laboratory, please make sure your _____ is visible at all times.
(A) decision
(B) reservation
(C) identification
(D) interruption

114 Due to unexpected _____ constraints, we have been forced to delay our grand opening of the project.
(A) budgeted
(B) to budget
(C) budgetary
(D) budgets

115 To avoid further delays in manufacturing goods, the engineers will need to work even more _____ to fix the mechanical problem.
(A) swiftest
(B) swiftness
(C) swiftly
(D) swift

116 Any files needed to be typed should be placed in the tray to be easily _____ by the clerk.
(A) access
(B) accessible
(C) accessibility
(D) accessing

117 Our staff will _____ to all inquiries concerning the new software.
(A) invite
(B) respond
(C) confirm
(D) review

118 We have received your order and will notify you _____ the item has shipped.
(A) but
(B) so
(C) than
(D) once

119 If you have _____ submitted payment for newsletter subscriptions, please ignore this notice.
(A) more
(B) already
(C) closely
(D) very

120 Although LoGos Associates is best known for legal company advice, it also _____ in criminal law.
(A) specializes
(B) specialization
(C) specialty
(D) specializing

121 Applicants should have _____ from more than one institution.

(A) recommends
(B) recommending
(C) recommended
(D) recommendations

122 Wisdom Wind Systems guarantee that customers _____ satisfied with the cooling system they developed.

(A) will be completely
(B) completed
(C) have completed
(D) completely

123 While it is faster to travel by highway, it is better to take the coastal route since it is more _____.

(A) powerful
(B) avoidable
(C) accelerated
(D) scenic

124 The Ruby gallery is sponsoring a new artist, James Bundle, _____ paintings will be on display in December.

(A) which
(B) their
(C) whose
(D) that

125 Guests _____ to present a valid identification when entering the facility.

(A) requests
(B) requesting
(C) to request
(D) are requested

126 All participants should write a _____ report on the simulated test.

(A) best
(B) previous
(C) multiple
(D) brief

127 Unlike other managers, Ms. Unosiki likes to organize all the appointments _____.

(A) hers
(B) her
(C) herself
(D) her own

128 Design for the new city hall in downtown was _____ regarded by all members of the community.

(A) high
(B) highly
(C) highest
(D) higher

129 _____ holding a big national-wide sale every summer, King Mall also runs several special sales throughout the year.

(A) Instead of
(B) Whether
(C) As if
(D) In addition to

130 _____ about any defective products should be made in the customer office beside the entrance.

(A) Connections
(B) Features
(C) Inquiries
(D) Properties

131 Jackie's Kitchen employees _____ wish to interview for manager position must visit the office today.

(A) which
(B) when
(C) what
(D) who

132 Before you operate any of our electrical appliances for the first time, please _____ yourself with the instruction manual.

(A) familiarity
(B) familiarize
(C) familiarizing
(D) familiarly

133 Dreamworks is considering _____ the company headquarters to Chicago.

(A) to relocate
(B) relocation
(C) has relocated
(D) relocating

134 Dr. Smith and Nutrition Energy will collaborate on the _____ of a series of nutritional supplement for infants.

(A) development
(B) instrument
(C) recruitment
(D) tournament

135 _____ the high competition from other brands, YAMATO's XP-1 still remains the best-selling motor bike on the market.

(A) Although
(B) Despite
(C) Neither
(D) As

136 There are a number of quality _____ that Kaywell's Safety Company must pass before they can provide any service to the customers.

(A) checkable
(B) checks
(C) checked
(D) checking

137 The presentation that will be shown on Wednesday _____ this year's remarkable achievement of the company.

(A) highlighting
(B) highlights
(C) to highlight
(D) were highlighting

138 Absolute Cleaners provides its customer _____ excellent service at competitive prices.

(A) with
(B) over
(C) for
(D) onto

139 Candidates for the position of oversea branch must have the _____ to work during the weekends.

(A) flexibility
(B) commission
(C) destination
(D) relativity

140 Please be reminded that we require at least 24 hour notice to _____ parties with more than 15 guests for business lunch.

(A) accommodate
(B) celebrate
(C) conform
(D) originate

PART 6

Directions: A word or phrase is missing in each of the sentences below. Four answer choices are given below each sentence. Select the best answer to complete the sentence. Then mark the letter (A), (B), (C), or (D) on your answer sheet.

Questions 141-143 refer to the following announcement.

Next week, the Genova Museum will open a special exhibition highlighting the Renaissance Era. Starting _____ Monday, come and explore many pictures and

141 (A) until
(B) soon
(C) on
(D) last

sculptures, which features technology from the late fourteen century to the early sixteenth century. Interactive activities _____ for adults and children (five years and

142 (A) include
(B) included
(C) will include
(D) will be included

up) that involves on sight painting experience.

The Genova Museum is located at 243 pine street in the heart of historic downtown. Don't miss out. These remarkable _____ can be seen only through Aug 31.

143 (A) factories
(B) decades
(C) displays
(D) performance

For more information, call 405-987-2536.

Questions 144-146 refer to the following advertisement.

Perfect Fitness Club makes your exercise easy! _____ you make it to the gym every

144 (A) Neither
(B) Not only
(C) Because
(D) Whether

day or only occasionally, we can develop an exercise plan that is perfect for your life style.

Visit any of our locations today for a complimentary fitness _____. A personal trainer

145 (A) activity
(B) consultation
(C) instructor
(D) machine

will meet you to help you decide your exercise plan. You can tour the facility and try out any equipment you like. Throughout March, all new members _____ a 20 percent discount on a one-year membership. Call us at 404-222-1040

146 (A) will receive
(B) will be received
(C) received
(D) are being received

for details on the special offer which is only available until the end of this month.

Questions 147-149 refer to the following article.

June 12 – Bristol, one of the world's largest _____ of power tools, will launch its

147 (A) adviser
(B) instructors
(C) operators
(D) manufacturers

redesigned website tomorrow. Most remarkable _____ is that the site will allow

148 (A) change
(B) changed
(C) has changed
(D) changes

noncommercial users to make purchases directly from Bristol. Hughan Savolski, the company's CEO said, "Because there has been increased demand in the online market, it makes perfect sense to offer our award-winning power tools and accessories directly _____ the Internet." He also noted that the first

149 (A) by
(B) through
(C) until
(D) at

100 registered visitors to the site will receive a 10 percent discount off their purchase.

Questions 150-152 refer to the following article.

May 12 - Hallaway Properties Ltd. announced on Thursday that it has purchased the abandoned elementary School in downtown Melbourne. This distinctive building _____ to undergo some significant changes. Mr. Hallaway, the CEO, plans to

150 (A) had expected
(B) will be expecting
(C) is expected
(D) was expecting

renovate the neglected building into a place that could help the community.

Spokesperson Henry Patrick reported that "The basic _____ itself is quite strong and

151 (A) decision
(B) structure
(C) element
(D) issue

still aesthetically pleasing. _____, our company only needs to focus on redesigning

152 (A) Thus
(B) When
(C) Likewise
(D) Moreover

the interior, which will include culture hall for children and daycare center for working parents." Henry also stated that the reason for this project is simply giving back the support that the company had received from the local community.

PART 7

Directions: In this part, you will read a selection of texts, such as magazine and newspaper articles, letters, and advertisements. Each text is followed by several questions. Select the best answer for each question and mark the letter (A), (B), (C), or (D) on your answer sheet.

Questions 153-154 refer to the following phone log.

Telephone Message

For: Natasha Insler
Recorded by: Miyuki Ishii

Today's Date: Monday, July 8

Time of call	Caller	Company	Message
9:15 A.M.	James Fiddler	Apartment #410	Available at 10:00 A.M. July 15, to sign new lease for apartment
9:30 A.M.	Carmen Helmsworth	Saint Maria Hospital	Follow-up on proposal to organize wellness fair for all patients. Contact by dialing 734-657-1126
10:10 A.M.	Janine Reed	JJ&Kims Advertising	Completed printing 300 brochures. Will send them to your office by July 18
12:45 P.M.	Dorothy Summers	Grant County Housing Inspector	Wishes to reschedule dates for inspection of units 22C and 45D

153

What will probably happen on July 15?

(A) An apartment will be featured in a television advertisement.
(B) The inspector will visit the property.
(C) The hospital will hold a wellness fair.
(D) Mr. Fiddler will sign a document.

154

Who is scheduled to make a delivery to Ms. Insler?

(A) Miyuki Ishii
(B) Carmen Helmsworth
(C) Janine Reed
(D) Dorothy Summers

Questions 155-157 refer to the following invitation.

Caring for Tomorrow

The 20th Annual Denholm Medical Seminar
April 15~16
Cotton Tree Hall
Denholm Medical Center

You are invited to a three-day seminar which will focus on how nurses could enhance the quality of patient care in all hospitals.

At this seminar, you will:
- participate in small-group discussions on the ways to improve patient care.
- be informed of the latest information about doing research in regards to patient care.
- learn the uses of new technological equipment in particular care.

Our guest lecturer and professor of nursing at St. Paul College, Tina Jameson, will share her findings from her recent studies on the benefits of applying staff-development programs in hospitals for improved patient care.

For more information and registration materials,
please e-mail Vincent Moore at vmoore@denholmmed.com.
Last day of Application: April 3

155
For whom is the invitation most likely intended?

(A) A specialist in information technology
(B) A participant in a research study
(C) A nurse working in a hospital
(D) A patient at a medical center

156
What is a stated feature of the event?

(A) A tour of Denholm Medical Center
(B) An opportunity to take part in a group discussion
(C) A lecture about recently developed medicines
(D) An information session on how to conduct research

157
What is mentioned about Ms. Jameson?

(A) She has studied training programs for hospital staff members.
(B) She is the organizer of Denholm Medical Center's annual conference.
(C) She recently wrote a research paper with Vincent Morre.
(D) She is teaching a course that will begin on April 3.

Questions 158-159 refer to the following notice.

Prime Napkins

Specializing in napkins for
fast food restaurants and hotel dining

Dear Ms. Shields,

Your annual agreement with Prime Napkins for weekly napkin delivery to your hotel will expire on November 2. If you wish to renew your agreement, please complete this form and return it to us by October 3. You can give it to our delivery man when you receive your next delivery, or you could simply mail it to the address provided below.

Your current order is as followed;
30 boxes of 1000 napkins weekly,
half white and half pink papers preferred.

Please choose one of the followings:
(   ) Renew, no changes   (   ) Do not renew
(X) Renew, with the following changes to agreement (please specify):
half white and half yellow napkins preferred

Thank you very much.

Prime Napkins, Inc.
4670 Vermont Ave.
New Hope City RI, 06503

158
Who most likely is Ms. Shields?

(A) A flower stop owner
(B) A delivery person
(C) A hotel employee
(D) A hotel guest

159
What does Ms. Shields request?

(A) Napkins of different colors
(B) A new payment arrangement
(C) A selection of larger bouquets
(D) Deliveries to a different location

Questions 160-162 refer to the following advertisement.

The All-new Retro City Local Times now available

The Retro City Local Times has provided Retro City residents with daily news coverage of local events, politics, business, sports, entertainment, and more. With its now redesigned features, *The Retro City Local Times* will give you access to job openings and real estate listings in a special edition that will be published on Mondays.

Along with a subscription to *The Retro City Local Times*, you will receive the weekly magazine, *Going Retro*. *Going Retro* will include reviews about local performances in regards to art, music, and dance. It will also share information about fashion trends and tips, and a separate column to find out the upcoming events scheduled to be held in Retro City.

For subscription, contact a *Retro City Local Times* representative through (734) 999-5537.

160

What is being advertised?

(A) A city awareness campaign
(B) An upcoming cultural event
(C) A local newspaper
(D) A book publisher

161

What are interested individuals encouraged to do?

(A) Call to purchase a subscription
(B) Buy tickets to a sporting event
(C) Submit articles to a magazine
(D) Contract local business leaders

162

What kind of information is NOT likely to be available in the *Going Retro*?

(A) Art reviews
(B) Fashion trends
(C) Concert listings
(D) Job postings

Questions 163-164 refer to the following notice.

CONSTRUCTION NOTICE

The installation of a new revolving door system is scheduled to begin on the main entrance on Fine Street, Tuesday, April 13. The work is expected to last for three days. Until the installation takes place, all employees and visitors must use the service entrance on Partners Road to enter the building. Since the service entrance is not equipped with a scanner for employees' identification cards, the security guard posted they will personally check all cards for all employees; no one will be allowed to enter the premise without presenting a card or a visitor's pass. Visitors must check in with the security guard and obtain a visitor's pass and they must return it upon exiting the building. If you have any question, please contact the director of security, Barbara Turner at extension 409. We appreciate for your cooperation.

163

Why was the notice written?

(A) To give information about a temporary procedure
(B) To advertise a new security guard position
(C) To ask for help in finding a lost card
(D) To note a building will be closed for renovation

164

What is mentioned about all visitors who arrive on April 13?

(A) They should contact the director of security.
(B) They will be issued a card that must be scanned.
(C) They will be given a pass that is valid for three days.
(D) They should use the Partners Road entrance.

Questions 165-167 refer to the following memo.

Pete Thump Publishing

To: The Employees of Pete Thump Publishing, East Division, Norman City Office
From: Philip Jones, Managing Editor
Date: Wednesday, October 6
Subject: Training Weekend at Daytona Beach

We have set up a date for the upcoming company training weekend in Daytona Beach. As mentioned previously, we will be spending Saturday on examining the company's objectives for the coming year. On Sunday, we will discuss how the recently installed desktop publishing software on our computers could be used to meet our objectives. All participants are expected to review the materials distributed during last week's meeting to prepare for the event. Please note that there will be additional details on the weekend of the company training.

Bus will leave our office in Norman City at 10 a.m. on Friday, October 8. On Friday night, President Samuel Green will host a dinner at the Quasar Restaurant in Daytona Beach to welcome everybody to the training weekend. We look forward to having a meaningful time with all of you. The bus will leave back to the office on Sunday evening. If you have any questions, please contact my assistant, Becky Howard at (221) 554-9900.

165

What is the purpose of the memo?

(A) To report on the installation of new software
(B) To announce the menu for a dinner
(C) To confirm plans for a company meeting
(D) To explain the annual goals of Pete Thump Publishing

166

What does Mr. Jones ask employees to do in the memo?

(A) Arrange transportation to Daytona Beach
(B) Read information from a previous meeting
(C) Evaluate some new software
(D) Call Becky Howard to confirm attendance

167

When will the bus leave Daytona Beach for Norman City?

(A) On Wednesday
(B) On Friday
(C) On Saturday
(D) On Sunday

Questions 168-171 refer to the following instructions.

How to Keep Your Elegant Works Clean

It is always advised to get rid of the stains as quickly as possible as they normally become tough to remove after they dry.

Oil-based stains (includes oil paint and salad dressing)
1. Bring paper towels and place them on the stain to absorb as much spill as possible. If the spill contains any forms of solids (ex: meat chunks), use a vacuum cleaner to collect the loose spillage. While removing the stains, it is better to try not to spread them.
2. To dry the fabric, use a cotton cloth and blot the stained area. Remember not to apply too much pressure as it may create discolored patches.
3. Dab the affected area with Sir Clean's cleaning fluid. Do not use generic upholstery cleaners. Make sure you do not pour the solution directly on the fabric because this could create spotted mark behind.
4. If necessary, repeat steps 2 and 3 until the stain disappears.

Liquid-based stains (includes coffee and juice)
1. Follow the steps above, but instead of using upholstery cleaners, dab the area with warm water.
2. Once the stain is COMPLETELY removed, use a blow dryer to dry the wet area. Any leftover stains might become permanent once dried up.

To get rid of dirt
Vacuuming your sofa once or twice every week helps it look new. As for the covers, it is also advised to wash them once a year. To do so, please follow the simple steps below:
1. Unzip the cushion covers and carefully pull them off the cushions.
2. Wash them with a washing machine. Mild detergent and warm water recommended.
3. Place the covers in the dryer on the lowest heat setting. Leave the covers exposed to the sun to completely dry them before placing them back on the cushions. Wet fabric is main cause of mold growth. Should wrinkles occur, do not worry as they will smooth out once the covers are back on the cushions.

168

What does the Elegant Works company sell?

(A) Clothing
(B) Appliance
(C) Food
(D) Furniture

169

What should customers avoid when removing oil-based stains from Elegant Works products?

(A) Soaking up liquids with a paper
(B) Removing the cover from the product
(C) Pressing down hard with a cloth
(D) Using Sir Clean brand cleaning fluid

170

According to the instructions, why should a customer use warm water?

(A) To treat a coffee stain
(B) To remove mold from Elegant Works products
(C) To perform a weekly cleaning
(D) To remove spilled solid

171

How often should customers use a washing machine to clean the covers?

(A) Once a week
(B) Twice a week
(C) Once a year
(D) Twice a year

Questions 172-175 refer to the following letter.

Infotech & Team
22 Rochester Steet • Manchester TIF 50LB

March 29

Ross Pinker
Urban City Accounting
5 Greenfield Drive
Manchester WN2 3QD

Dear Mr. Pinker,

I would like to give our thanks for choosing Infotech & Team for your business needs.

As you are aware, our main priority is to provide all of our clients with the very best service we could offer and yes, we are always finding new ways to push our boundaries. Thus, we have recently added a new service to our offerings. In addition to small-business accounting, bookkeeping, and payroll service, we are now offering a system called Omni-Manager. The Omni-Manager database could manage your company's entire information in one system based on profiles related to your business. Some of easy and common tasks Omni-Manager can handle for your company include inventory analysis, automatic ordering, and maintenance of mailing lists.

To promote launching of our revolutionary product, we are holding a business seminar on April 18, Friday at 5:00 p.m. Omni-Manager will be demonstrated at this seminar, and clients are encouraged to try the system for themselves and ask questions. We guarantee that once you experience this ultimate system, you'll imagine how fast your business will be run after the system is implemented to your computer networks. If you would like to attend this event, please call us at (050) 5588-3030. We look forward to seeing you!

Sincerely,

Donald Nolley

Donald Nolley
Marketing Manager

172

Why did Mr. Nolley write the letter?

(A) To invite Mr. Pinker to speak at a seminar
(B) To describe a newly available service
(C) To request payment for a product
(D) To offer Mr. Pinker a discount

173

What is indicated about Mr. Nolley's company?

(A) It helps clients maintain records.
(B) It holds frequent seminars.
(C) It recruits personnel for small businesses.
(D) It manages a large Inventory.

174

What is Mr. Pinker asked to do?

(A) Demonstrate new software
(B) Schedule a meeting with a client
(C) Learn more about a product
(D) Update mailing information

175

The word "run" in paragraph 3, line 5, is closest in meaning to

(A) stepped quickly
(B) operated
(C) customized
(D) passed over

Questions 176-180 refer to the following article.

December 9 - The Adams City Transit Authority(ACTA) announced at 5:30 p.m. that Green Line's newest station, the Lumina Street Station, is scheduled to be operational starting January 18. This date is three weeks earlier than its originally announced date. The Lumina Station is the second of two new stations to be added along the Green Line in the past 12 months. The Lumina Station is the last station at the northern end of the newly extended line. The length of this new addition of the track is 4 Kilometers, and it connects the Benson Street Station located in downtown Jamestown with the Lumina Street Station. This station is at the intersection of Sonar and Orten Streets, next to the Clouds Seven Building.

Last week, the track extension reaching The Lumina Station was completed and the station itself is undergoing the last major stage of the construction, the street-level entrance to the underground station. Once all construction is finished, works done by regional artists will put up along the long and wide passageways. David Somerset is confident about how these artworks and other features will please the users. "As opposed to other ACTA's current stations, the Lumina Station has been built with climate control system, and its ticketing service will be entirely automated."

In addition, this track extension is expected to lessen transportation problems in the Adams City area. ACTA spokesperson Dana Florence stated, "The addition of the Lumina Station on our Green Line will allow people to travel easier and quicker in Adams City and we assume that Green Line will be capable of transporting more than 5,000 people hourly during rush hours." A recently study executed by the ACTA showed that though the ridership on Green Line will be increased, the traffic congestion on the T30 Highway will be noticeably reduced.

176

Where is the newest station on the Green Line located?

(A) On the underground level of Clouds Seven Building.
(B) In Jamestown city center
(C) On a street that intersects the T30 Highway.
(D) At the northern end of a new section of track

177

The word "stage" in paragraph 2, line 2, is closest meaning to

(A) date
(B) phase
(C) distance
(D) foundation

178

What is NOT true about the newest station?

(A) It is larger than the older stations on Green Line.
(B) It will include displays of work by local artists.
(C) It has been designed to offer self-service ticketing.
(D) It will be finished ahead of schedule.

179

Who is Dana Florence?

(A) A station manager
(B) A representative of ACTA
(C) A local artist
(D) A construction supervisor

180

What is mentioned about the T30 Highway?

(A) It is used by at least 5,000 vehicles an hour.
(B) It will be under construction for the month of January.
(C) It was referred to in a study about traffic problems.
(D) It is being widened to accommodate more vehicles.

Questions 181-185 refer to the following schedule and e-mail.

Welcome to Palisadium Community Center

Palisadium Community Center
We celebrate our 20 years of providing fitness service to all!
Summer Night Schedule (June - August)*

Fitness Programs

Yoga — Beginner Level (double sections)
Monday, 7:00-8:00 and Thursday, 7:00-8:00
Instructor : Raquel Welch

Yoga — Intermediate Level (double sections)
Monday, 8:00-9:00 and Friday, 7:30-8:30
Instructor : Raquel Welch

Yoga — Expert Level (Maximum: 5 people)
Wednesday, 7:30-8:30
Instructor : Rachel Welch

Gym Ball Training — Beginner Level
(Maximum: 15 people)
Monday, 7:30-8:30
Instructor : Scott Thomas

Weight Training — Expert Level
Tuesday, 8:00-9:30
Instructor : Arnold Zellwegger

Tae Bo — Intermediate Level
Thursday, 7:00-8:00
Instructor : Billy Buffalo

Tae Bo — Expert Level
Friday, 8:30-9:15
Instructor : Billy Buffalo

Squash — Beginner Level
Wednesday, 7:30-8:30
Instructor : Sandy Dawson

Squash — Intermediate Level
Thursday, 7:30-8:30
Instructor : Ayaka Honda

Swimming — Intermediate Level
Friday, 7:00-8:15
Instructor : Phillip Puzzo

* From Monday (June 1) to Saturday (August 31), all beginning level, intermediate level, and expert level classes are limited to 30 participants, 20 participants, and 10 participants respectively with few exceptions indicated above. It is $40 per class, and last day of payment is May 25. For registering, please CLICK HERE.

Posted May 3

To:	All Members
From:	Palisadium Community Center
Date:	May 11
Subject:	Weekday summer night fitness classes

Dear all members of Palisadium Community Center,

We look forward to seeing you for another great summer season which will start in June. We would like to notify of the changes in our night class schedule due to some unexpected facilities work and instructors' schedules, so please be aware of the following changes. Weekend classes are not subject to these changes and will be running on a normal schedule.

- Weight Training — Expert Level will start on Thursdays from 8:30-10:00.
- Squash — Beginning Level will be held outdoors. There won't be any changes in time. (7:30 - 8:30).
- Squash — Intermediate Level will meet 30 minutes early every Thursday from 7:00-8:00 on hard courts indoors.
- Tae Bo — Expert Level; Karen Banks will replace Billy Buffalo as new instructor.

Let's all spend an exciting summer filled with energy and fun!

Tina Rowland, Director
Palisadium Community Center

181

What is indicated about the community center?

(A) It has been in operation for more than ten years.
(B) It began offering squash lessons this year.
(C) It provides free classes to local residents.
(D) It holds classes only in the mornings.

182

On what day is Ms. Welch NOT scheduled to teach?

(A) Monday
(B) Tuesday
(C) Wednesday
(D) Thursday

183

When is the last day to pay for classes?

(A) May 3
(B) May 25
(C) August 31
(D) June 1

184

Who will teach the class that has been moved to an earlier time?

(A) Mr. Zellwegger
(B) Ms. Dawson
(C) Ms. Honda
(D) Mr. Welch

185

How many people can participate in Ms. Bank's class?

(A) Five
(B) Ten
(C) Fifteen
(D) Twenty

Questions 186-190 refer to the following Web page and e-mail.

www.topsrecording.com

The Luis Tops Recording Studio

547 Ritz Drive, Queens City

Home	About us	Services	Equipment list	Contact us

The Luis Tops Recording Studio is one of the best facilities which offers a wide range of recording services. Our engineers, mixers, and producers are familiar with the latest audio technology; for all profiles of our staffs, please click HERE. To view the list of our advanced voice recording and editing equipment, please click HERE.

E-mail us at luistops@topsrecording.com, to set up an appointment and Mr. Tops will take you around the studio and answer any questions you may have.

Some of our common services include;

• **Voice Recording, Mixing, and Producing**
Click HERE to take a look at our flawless recording studio and mastering devices. Our staffs also include experts who specialize in audio retouching, editing, and mastering your audio works. We charge $400 per hour for studio use. If you use our facility for more than six hours, we charge you $350 per hour. (you could save up to $300.)

• **On-site Recording**
We can record live performances from solos to classic orchestras in any surroundings. Send us an e-mail for a free consultation. $450 per hour for professionals, $225 per hour for amateurs and students.

Feel free to contact us if you need more information about our services.

To:	Luis Tops <luistops@topsrecording.com>
From:	Julie Oswalt <joswalt@viscountyouthorchetstra.com>
Date:	October 27
Subject:	Concert recording

Dear Mr. Tops,

I heard from one of my friends from Holly School of Music and Arts that your studio guarantees top audio quality for studio performances. I wanted to know whether you could record Viscount Youth Group Orchestra's third annual performance which will be held at The Maestro Hall on January 7. The concert is scheduled to last two hours from 7:00 p.m. to 9:00 p.m. If you need information about this concert, please refer to our homepage.

If you are available on January 7, please let us know and give us a price estimate. We are a student orchestra, and it seems that your rates are more practical compared to other studios which we requested price quotes before. If you have any questions about our orchestra or stage, please contact me via my e-mail address, joswalt@viscountyouthorchetstra.com. If you wish to speak to our conductor, Mr. Christian Robben, please call him at (511) 337-8546.

Thank you.

Julie Oswalt

186

What is indicated about Mr. Tops?

(A) He owns a radio station.
(B) He gives tours of his business.
(C) He teaches music classes.
(D) He writes songs.

187

What is NOT mentioned as being available on the studio's Web site?

(A) Recommendations from previous clients
(B) An inventory of studio equipment
(C) Photographs of the recording space
(D) Information about studio employees

188

What is the purpose of the e-mail?

(A) To complain about a price
(B) To request an additional discount
(C) To inquire about a service
(D) To promote a recent recording

189

How much would the studio probably charge to record the performance on January 7?

(A) $ 225
(B) $ 350
(C) $ 400
(D) $ 450

190

What is suggested about the Viscount Youth Group Orchestra?

(A) It has two concerts a year.
(B) It has music available for download on its Web site.
(C) It has previously performed at the The Maestro Hall.
(D) It has contacted other recording services.

Questions 191-195 refer to the following information from a manual and letter.

Edgar Fashion Outlet Management Guide

Section 11: Inventory and Merchandise Planning

All Edgar Fashion Outlet managers are responsible for submitting an inventory report to the head of the management by August 1. The management team will use the information from your reports to plan out ordering requirement for next year. For this, you must a thorough study of your outlet's inventory in the last quarter of the fiscal year. By analyzing and comparing data of your individual reports and shipping records, we could develop new plans for each of our outlets. Thus, an accurate display of inventory reports from all managers is necessary for creating good merchandise plans.

After evaluation of the reports, all outlet managers will receive written feedback about the accuracy and quality of their inventory reports from the head of their regional management. These feedbacks will be sent in a week after the reports are received. The overall quality of the reports will be rated on a scale of 1 to 4:

1: Your report provides little to no correlation with the necessary information to develop a merchandise planning. An hour meeting will be arranged with your regional manager.
2: Your report provides insufficient information needed for merchandise planning. Additional training of two days will be ordered from your regional manager.
3: Your report provides relevant information for a good merchandise planning. You will be receiving a year-end bonus of 7 percent of your yearly salary.
4: Your report is considered very useful and important for developing a good merchandise planning. You will be earning a year-end bonus of 15 percent of your yearly salary.

Edgar Fashion Outlet

August 7
Margaret Young
Edgar Fashion Outlet
882 Plains Court
Dover DE, 19901

Dear Ms. Young,

The regional management team have evaluated your inventory report on Outlet No.15. We were very satisfied with your complete work and dedication to writing a detailed and precise review of the outlet under your supervision.

In return to your efforts, we decided to grant you a 15% bonus on your yearly salary. You may refer to section 11 on the outlet management guide if you wish to find out more information on inventory reports and bonus distributions. Your bonus will be included in your August salary. A Certificate of Exemplary Management is also included in this letter to honor your accomplishment.

We appreciate your great dedication. We will continue to look forward to your great management in the future.

Sincerely,

Mark Saxton

Mark Saxton
Enclosure

191

What is a purpose of the information from the manual?

(A) To explain how managers can be promoted
(B) To explain how reports will be evaluated
(C) To describe how merchandise should be displayed
(D) To describe how training sessions will be scheduled

192

What is mentioned as being a part of merchandise planning?

(A) Comparing information from reports with shipping records
(B) Determining which store location sold the most items
(C) Tracking the number of sales made by individual employees
(D) Calculation discounts that can be offered on some items

193

Who most likely is Mr. Saxton?

(A) A store manager
(B) The owner of Edgar Fashion Outlet
(C) The leader of a regional management
(D) A member of Ms. Young's sales staff

194

What rating did Ms. Young's report receive?

(A) A score of 1
(B) A score of 2
(C) A score of 3
(D) A score of 4

195

What did Mr. Saxton send with the letter?

(A) New materials for the store manager's manual
(B) Official documentation of an award
(C) A copy of Outlet NO. 15's sales records
(D) A paycheck for Ms. Young

Questions 196-200 refer to the following information and e-mail.

Maurice Books		**Online Order Confirmation**
\multicolumn{3}{c}{Please print this receipt for your records. Thank you for your using our online store. Below is the information of your orders.}		

Order Number: 532844	Order Date/Time: Friday, November 7, 20:37 EST
Ship to: Howard Hunter	Bill to : Fort Garreth Savings Company
Address : 4577 Saratoga Road Oregon City OR, 97045	Address : 590 Downing Road Portland, OR, 97086
Telephone : 503-667-1983	Telephone : 503-112-1129
E-mail : howardhunter@lightmail.com	
Fax : None	

Qty	Item	Price		
1	Success to Financial Savings Management	$25.00		
1	Best Business Savings for Small Businesses	$12.00		
1	100 Tips of Company Expansion	$10.00		
1	Current Trends in Savings Management	$15.00		
		Shipping Cost:	$00.00	
		Sub Total:	$52.00	
		Member Discount:	$7.00 (-)	
		State Tax (5%):	$2.25 (+)	
		Grand Total:	$47.25	

All orders will be shipped within 24 hours after payment is confirmed. Should there be a delay in delivery of your orders, we will send an e-mail and indicate new date of arrival. Please note that online orders received from 4:00 p.m. on Fridays to 11:55 p.m. on Sundays will be processed on Mondays and shipped on Tuesdays. If you wish track your delivery and find out the estimated delivery dates, type in your order number on our Web site (www.mauriceonlinebooks.com/delivery).

If the product received is considered defective, contact one of our customer service representatives center at 503-889-8895 or by e-mail at customerservice@mauriceonlinebooks.com. An authorization number must given by our customer service representatives prior to returning your merchandise.

From: howardhunter@lightmail.com
To: customerservice@mauriceonlinebooks.com
Subject: Regarding my order
Date: November 14

Dear Customer Service,

I have placed an order on November 7 and my order number is 532844. I have received the package earlier today, but it seems that I got mixed up with one of my orders. What I originally intended to buy was *Overall Trends in Savings Management*, but I guess I mistakenly clicked on *Current Trends in Savings Management* since both books share the same price and publication in your online product list. I would like to return the wrong order and receive the book that I previously had in mind. I request a return merchandise authorization number and any other information required to follow the return process. Thank you.

Sincerely,

Howard Hunter

196

What is most likely true about Mr. Hunter?

(A) He is a frequent customer of Maurice Books.
(B) He paid for his books with his own money.
(C) He works for a savings institution.
(D) He prefers to be contacted by fax.

197

What is stated about the order number?

(A) It has to be included with return merchandise.
(B) It can be used to determine the product delivery date.
(C) It is provided after payment has been processed.
(D) It is initially sent to customers in an e-mail.

198

When was Mr. Hunter's order most likely shipped?

(A) On Saturday
(B) On Sunday
(C) On Monday
(D) On Tuesday

199

Why did Mr. Hunter send an e-mail to Maurice Books?

(A) To request a copy of a catalog
(B) To determine the name of a book series
(C) To request an exchange of merchandise
(D) To find out why his order was delayed

200

How much does *Overall Trends in Savings Management* cost?

(A) $ 15.00
(B) $ 12.00
(C) $ 10.00
(D) $ 25.00

정답&해설

PRACTICE TEST
ANSWER & COMPREHENSION

명사 p.26-27	01 (D) 02 (C) 03 (D) 04 (C) 05 (C)
	06 (C) 07 (A) 08 (D) 09 (D) 10 (B)

01
Ms. Morris's _____ 주어 / was 동사 / clear 보어 / when she was finally promoted to a higher position 수식어(= 부사절).

(A) enthuse 동사
(B) enthusiastically 부사
(C) enthusiastic 형용사
(D) enthusiasm 명사

> '소유격+명사' 공식으로, 빈칸이 명사 자리임을 알 수 있으며 문장에서 주어가 필요한 자리이기도 하다. 보기에 명사가 하나뿐이라 정답을 알기 쉬운 기본 문제이다.

해석 모리스 씨의 열정은 그녀가 마침내 더 높은 자리로 승진되었을 때 분명해졌다. 어휘 **enthusiasm** 열정, 열의 **enthuse** 열광하게 만들다 **enthusiastic** 열광적인 **clear** 분명한, 명백한 **finally** 마침내, 최종적으로 **higher** 더 높은

02
The new smart phone 주어 / by Quests 수식어 / was designed 동사 / with _____ 수식어 / beyond those of other competitors 수식어.

(A) capable 형용사
(B) capacious 형용사
(C) capabilities 명사
(D) capably 부사

> 전치사 뒤에는 명사가 와서 전치사구를 만든다. 따라서 빈칸은 전치사의 목적어 자리이다. 보기에 명사가 하나뿐인 기본 문제이다.

해석 퀘스트의 새로운 스마트폰은 다른 경쟁 업체보다 뛰어난 기능을 가지도록 디자인되어 있다. 어휘 **capable** ~을 할 수 있는 **capacious** 큼직한 **capably** 유능하게, 훌륭하게 **capabilities** 기능, 역량 **be designed** 디자인되다 **beyond** ~이상, ~을 능가하는 **those** 그것들, 그 사람들 **other** 다른 ~ **competitors** 경쟁 업체

03
When writing resumes 수식어, be sure 동사 / to write solid examples 목적어 / of your work-related _____ 수식어.

(A) accomplishing 동명사
(B) accomplishes 동사
(C) accomplished 과거 동사
(D) accomplishments 명사

> '소유격+형용사+명사' 공식으로, 소유격 뒤에는 반드시 명사로 끝나야 한다. 앞에 형용사가 있어 명사가 들어가는 자리라는 것을 확실히 알 수 있다. 또는 전치사 of의 목적어가 필요한 자리라고 볼 수도 있다. 이때는 명사나 동명사가 답이 되는데, 동명사가 답이 되려면 'accomplishing+명사' 형태가 되어야 할 뿐 아니라, 동명사는 형용사가 앞에서 수식해 주지 못하므로 동명사는 답이 될 수 없다.

해석 이력서를 쓸 때 당신의 일과 관련된 업적에 대한 확실한 예를 반드시 명시하세요. 어휘 **accomplish** 성취하다, 완수하다 **accomplishment** 업적, 기량 **resume** 이력서 **be sure to** ~꼭 해야 한다, ~을 확실히 해라 **solid** 견고한, 확실한 **example** 예시, 예문 **work-related** 일과 관련된

261

04
According to the _____ released by city councils 수식어, the old city hall 주어 / will be renovated 동사 / starting in June 수식어.

(A) state 동사
(B) states 동사 단수
(C) statement 명사
(D) stating 동명사

> '관사+명사' 공식으로, 빈칸은 명사가 올 자리임을 쉽게 알 수 있다. 또는 전치사 according to의 목적어가 필요한 자리라고 할 수도 있다. 이때는 명사나 동명사가 답이 되는데, 동명사가 답이 되려면 'stating+명사' 형태로 와야 한다. 빈칸 뒤에 있는 분사 released가 앞에 있는 명사를 수식해 주고 있다.

해석 시 위원회의 성명서에 따르면 6월부터 낡은 시청이 개조될 것이다. 어휘 state 진술하다, 명시하다 statement 진술, 성명 according to ~에 따르면 released 발표된 city council 시 위원회 be renovated 개조되다, 수리되다

05
A new _____ 주어 / for the Cararea Automobiles Expo 수식어 / should be hired 동사 / by next week 수식어.

(A) facilitate 동사
(B) facilitates 동사 단수
(C) facilitator 명사
(D) facility 명사

> '관사+형용사+명사' 공식으로, 빈칸은 명사가 올 자리라는 것을 쉽게 알 수 있다. 또는 주어가 필요한 자리라고 할 수 있다. 보기에서 명사는 두 개인데, 하나는 사람, 하나는 사물을 나타낸다. -er, -or로 끝나는 명사는 주로 사람을 나타낸다. 빈칸이 주어일 때는 동사에서 단서를 찾아야 하는데, '고용되어야 한다'는 의미이므로 사람이 적절하다.

해석 카라래 자동차 엑스포를 위한 새로운 조력자가 다음 주까지 고용되어야 한다. 어휘 facilitate 가능하게 하다 facility 시설, 기관 facilitator 조력자, 협력자 be hired 고용되다, 채용되다

06
_____ 주어 / for the 10th anniversary 수식어 / at Green Pasta 수식어 / must be confirmed 동사 / no later than Friday, May 2nd 수식어.

(A) Reserve 동사
(B) Reserved 과거 동사
(C) Reservations 명사
(D) Reservable 형용사

> 문장의 주어가 필요한 자리이다. 따라서 명사가 와야 한다. 보기에 명사가 하나뿐인 기본 문제이다.

해석 그린 파스타에 10주년을 위한 예약을 늦어도 5월 2일 금요일까지는 반드시 확인해야 합니다. 어휘 reserve 예약하다. (권한 등을) 갖다 reservable 남겨둘 수 있는 reservations 예약 anniversary 기념일 be confirmed 확인되다, 확정되다 no later than 늦어도 ~까지는

07
Although 접속사 / our new _____ 주어 / was developed 동사 / in Mexico last month 수식어, it 주어 / will take 동사 / some time 목적어 / to put into effect 수식어.

(A) technology 명사
(B) technologies 명사
(C) technological 형용사
(D) technologists 명사

> '형용사+명사' 공식으로, 빈칸은 명사가 올 자리임을 쉽게 파악할 수 있다. although로 시작하는 종속절의 주어가 필요한 자리이다. 보기에서 명사가 여러 개 있지만, 동사 was가 단수이므로 단수 명사가 정답임을 알 수 있다.

해석 우리의 새로운 기술이 멕시코에서 지난 달에 개발되었지만 시행되려면 시간이 걸릴 것이다. 어휘 although ~에도 불구하고 technological 기술적인 technologists 기술 전문가 technology 기술 be developed 개발되다 take some time 시간이 다소 걸리다 put into effect 실행하다

08
The guest speaker 주어 / at the Brown's Graduation 수식어 / stressed 동사 / the _____ 목적어 / of self-development 수식어.

(A) important 형용사
(B) most important 형용사
(C) importantly 부사
(D) importance 명사

> '관사+명사+전치사' 공식으로, 빈칸은 명사 자리임을 쉽게 파악할 수 있다. 또한 동사 stressed의 목적어가 필요한 자리라고 할 수 있다. 보기에서 명사는 하나뿐이므로 기본 문제이다. 최상급 표현이 답이 되려면 'the most important+명사' 형태로 뒤에 반드시 명사가 있어야 한다.

해석 브라운의 졸업식에서 초청 강사는 자기개발의 중요성을 강조했다. 어휘 importance 중요성 guest speaker 초청 강사 stress 강조하다 self-development 자기개발

09
The careful _____ 주어 / of the survey analysis 수식어 / indicates 동사 / that the new product needs some modifications on durability 목적어(= 명사절).

(A) evaluate 동사
(B) evaluated 과거 동사
(C) evaluating 동명사
(D) evaluation 명사

> '형용사+명사' 공식으로, 빈칸은 명사가 올 자리임을 쉽게 파악할 수 있다. 또는 주어가 필요한 자리라고 할 수 있다. 보기에 명사가 하나뿐인 기본 문제이다. 동명사가 답이 되려면 'evaluating+명사'로 빈칸 뒤에 명사가 있어야 할 뿐 아니라, 동명사는 앞에 형용사가 오지 않는 것이 특징이다.

해석 설문조사의 세심한 평가는 신제품이 내구성에 대한 개선이 필요하다는 것을 나타낸다. 어휘 evaluate 평가하다 evaluation 평가 careful 조심하는, 세심한 survey analysis 설문 분석 indicate 가리키다, 나타내다 modifications (개선을 위한) 수정 durability 내구성

10
In order to improve overall manufacturing process 수식어, engineers 주어 / at Houton 수식어 / have been working 동사 / on _____ a convoy belt 수식어.

(A) development 명사
(B) developing 동명사
(C) develop 동사
(D) developed 과거 동사

> '전치사+동명사+관사+명사' 공식으로, 빈칸은 동명사가 올 자리임을 쉽게 파악할 수 있다. 또는 뒤에 또 다른 명사를 취할 수 있는 것은 동명사밖에 없으므로 동명사가 정답이라고 할 수 있다. 기본적으로 명사는 두 개를 한꺼번에 쓸 수 없다. '동명사+명사'처럼 뒤에 명사는 한 번 오는 것으로 끝나야 한다는 것을 잊지 말자.

해석 전체적인 제조 과정을 개선하기 위해서, 후튼의 엔지니어들은 수송 벨트를 개발하는 작업을 하고 있다. 어휘 development 개발, 성장 develop 개발하다, 발달하다 overall 전체적인 manufacturing process 제조 과정 convoy belt 수송 벨트

대명사
p.44-45

01 (C) **02** (C) **03** (D) **04** (B) **05** (B)
06 (C) **07** (A) **08** (B) **09** (C) **10** (D)

---

01 While some presentations were brief 수식어(= 부사절), _____ 주어 / was planned 동사 / carefully to include every detail 수식어.

(A) me 목적격
(B) my 소유격
(C) mine 소유대명사
(D) myself 재귀대명사

> 문장의 주어가 필요한 자리이다. 보기에서 주어가 될 수 있는 것은 소유대명사뿐이다. 소유대명사는 주어, 목적어, 보어가 될 수 있고 재귀대명사는 목적어 또는 부사어로 쓰인다. 소유격은 'my+명사'로 나와야 한다.

해석 몇몇 발표는 간단했던 반면에, 나의 발표는 모든 세부사항들을 포함하도록 세심하게 계획되었다. 어휘 **brief** 간단한, 잠시 동안의 **include** 포함하다 **detail** 세부 사항

---

02 James Cruz 주어 / will be 동사 / eligible 보어 / for transfer 수식어 / after _____ completes the training programs 수식어(= 부사절).

(A) him 목적격
(B) his 소유격/소유대명사
(C) he 주격
(D) himself 재귀대명사

> 종속절의 주어가 필요한 자리이다. his를 소유대명사로 보면 주어가 될 수 있지만 '그의 것'이라는 의미이기 때문에 사물만을 뜻할 수 있다. 동사가 '완료한다'는 의미이기 때문에 주어는 사람이 되어야 한다.

해석 제임스 크루즈는 훈련 프로그램을 수료한 후에 이전할 수 있는 자격이 생길 것이다. 어휘 **be eligible for** ~할 자격이 있다 **transfer** 이전, 이직, 환승

---

03 Please send 동사 / questions 목적어 / about _____ products 수식어 / to our customer service department 수식어.

(A) yours 소유대명사
(B) yourself 재귀대명사
(C) you 주격/목적격
(D) your 소유격

> '전치사+소유격+명사' 공식으로, 빈칸은 소유격이 들어갈 자리임을 파악할 수 있다. 또한 뒤에 있는 명사를 수식해 줄 수 있는 인칭대명사가 필요한 자리이다. 명사를 수식할 수 있는 인칭대명사는 소유격으로 항상 '소유격+명사'로 쓰이는 것을 잊지 말자.

해석 귀하의 제품에 대한 질문들을 고객 서비스로 보내 주세요. 어휘 **questions** 질문, 의문 **customer service department** 고객 서비스 부서

264

04 Applicants 주어 / at Silla Eyewear 수식어 / can meet with 동사 / Mr. Silla 목적어 / to ask for the position with _____ 수식어.

(A) he 주격
(B) him 목적격
(C) himself 재귀대명사
(D) his 소유격/소유대명사

> '전치사+목적격' 공식으로, 빈칸은 목적격이 들어가는 자리이며, 전치사의 목적어라는 것을 알 수 있다. 기본적으로 목적어가 될 수 있는 him과 himself에서 선택을 하는데 with himself는 '스스로'라는 의미이며 with him은 '그와 함께'라는 의미이다. 의미상 지원자들은 Mr. Silla에게 질문하는 것이므로 목적격이 정답이다.

해석 실리아 아이웨어에 지원자들은 그에게 그 직책에 대해서 질문하기 위해서 실리아 씨와 만날 수 있다. 어휘 **meet with** ~와 만나다 **ask for** ~에 대해 질문하다 **position** 자리, 위치

---

05 This year's participants 주어 / are instructed 동사 / to pick up _____ name tags today 수식어.

(A) theirs 소유대명사
(B) their 소유격
(C) them 목적격
(D) they 주격

> '동사+소유격+명사' 공식으로, 빈칸은 소유격이 필요하며, 뒤에 명사를 수식해 주는 자리이다. 소유격만이 뒤에 있는 명사를 수식해 줄 수 있다. participants를 받아 주는 자리이므로 their가 적절하다.

해석 올해의 참가자들은 그들의 이름표를 오늘 가져가도록 지시되었다. 어휘 **participants** 참가자들 **be instructed** 지시되다 **pick up** 가져가다, 데리러 가다 **name tag** 이름표

---

06 When the package is ready to be delivered 수식어(= 부사절), send 동사 / the mailman 목적어 / to pick _____ up 수식어.

(A) them 목적격
(B) hers 소유대명사
(C) it 주격/목적격
(D) one 부정대명사

> '동사+목적격' 공식으로, 빈칸은 목적격이 필요한 자리이다. 보기가 전부 대명사이므로 앞에서 받아 주고자 하는 명사를 찾아야 한다. 문맥상 the package를 받아 주고 있으므로 'the+명사'를 나타내는 it이 정답이다. 하나의 대명사가 답이 되기 위해서는 반드시 문장 중에서 앞에 같은 것을 지칭하는 명사가 한 번 언급되어야 한다.

해석 소포가 배달될 수 있도록 준비되면 그것을 가져가도록 우체부를 보내세요. 어휘 **be delivered** 배달되다 **mailman** 우체부, 우편 집배원 **pick up** 가져가다, 데리러 가다

---

07 Employees 주어 / of Sales department 수식어 / can choose 동사 / among _____ 수식어 / who will lead the presentation 목적어(= 명사절).

(A) themselves 재귀대명사
(B) they 주격
(C) itself 재귀대명사
(D) yourself 재귀대명사

> 'among+복수 명사' 공식으로, 빈칸은 복수 명사가 와야 한다. 전치사의 목적어가 되고 복수를 나타내는 themselves가 정답이다. yourself가 답이 되려면 yourselves로 복수 형태가 되어야 한다.

themselves는 앞에 있는 employees를 받아 주고 있다.

해석 영업부에 있는 직원들은 누가 발표를 이끌어 갈지를 스스로 선택할 수 있다. 어휘 choose 선택하다 among ~중에 lead 이끌다, 안내하다, 지휘하다

08
If you let _____ know when you will arrive 수식어(= 부사절), I 주어 / will wait 동사 / at the airport 수식어.

(A) my 소유격
(B) me 목적격
(C) I 주격
(D) myself 재귀대명사

> '동사+목적격' 공식으로, 빈칸은 목적어 자리임을 쉽게 파악할 수 있다. 재귀대명사 myself도 목적어가 될 수 있지만 답이 되기 위해서는 주어와 목적어가 일치해야 한다. yourself였으면 답이 될 수도 있다.

해석 당신이 언제 도착할지 저에게 말해 주시면, 제가 공항에서 기다리겠습니다. 어휘 let 허락하다, ~하게 하다 arrive 도착하다 wait 기다리다

09
Mr. Lee 주어 / hopes 동사 / to complete 목적어 / the final report 목적어(= complete의) by _____ next week 수식어.

(A) he 주격
(B) him 목적격
(C) himself 재귀대명사
(D) his own 소유격

> '전치사+목적격' 공식으로, 빈칸은 목적어 자리임을 확인할 수 있다. by him은 '그로 인해서', by himself는 '혼자서, 스스로'라는 의미 차이가 있다. 문맥상 Mr. Lee가 혼자서 끝내겠다는 의미가 되어야 하므로 by himself가 답이다. 이때, by himself = himself = on his own은 같은 의미라는 것을 잊지 말자.

해석 리 씨는 최종 보고서를 다음 주까지 혼자서 끝낼 수 있기를 희망하고 있다. 어휘 hope 희망하다 final report 최종 보고서

10
Because the rest of team was out of office 수식어(= 부사절), the secretary 주어 / had to answer 동사 / the phone 목적어 / on _____ 수식어.

(A) her 소유격
(B) hers 소유대명사
(C) herself 재귀대명사
(D) her own 소유격

> herself = by herself = on her own라는 관용 표현을 알고 있어야 한다. 해석해 봐도 비서가 직접 전화를 받아야 했다는 의미로 '스스로, 혼자서'라는 의미가 되어야 한다.

해석 나머지 팀원들이 외부에 있었기 때문에 비서는 혼자서 전화를 받아야 했다. 어휘 the rest 나머지 인원 또는 물건 out of 바깥에, ~중에 secretary 비서 answer 답하다, 대응하다

동사
p.76-77

01 (C) 02 (A) 03 (B) 04 (A) 05 (C)
06 (D) 07 (D) 08 (C) 09 (C) 10 (A)

---

01 All staff 주어 / at Tiger World 수식어 / should _____ 동사 / customers 목적어 / with a smile at all times 수식어.

(A) to acknowledge to부정사
(B) acknowledging 동명사
(C) acknowledge 동사
(D) acknowledged 과거 동사/과거분사

> '조동사+동사원형' 공식으로, 빈칸은 동사가 들어갈 자리임을 쉽게 파악할 수 있다. 보기에 동사가 하나뿐인 기본 문제이다. 조동사가 수동형으로 쓰이려면 '조동사+be+p.p.' 형태여야 한다.

해석 타이거 월드의 모든 직원들은 항상 고객을 웃음으로 맞이해야 한다. 어휘 staff 직원 acknowledge 맞이하다, 감사를 표하다, 인정하다 at all times(= always) 항상

---

02 Employees 주어 / at JIG Insurance 수식어 / _____ 동사 / on rotating shifts 수식어 / to provide 24-hour emergency call service 수식어.

(A) work 동사 복수
(B) workers 명사
(C) working 동사
(D) works 동사 단수

> 빈칸은 문장의 동사가 필요한 자리이다. 전치사구인 at JIG Insurance는 주어가 될 수 없다. 주어인 employees와 수가 일치하는 work가 정답이다. '단수 주어+단수 동사'이므로 employee works가 되고, '복수 주어+복수 동사'이므로 employees work가 되어야 한다.

해석 JIG 보험사의 직원들은 24시 긴급 전화 서비스를 제공하기 위해서 교대 근무로 일한다. 어휘 rotating 순환하는, 회전하는 shift 교대 근무, 변화 emergency call service 긴급 전화 서비스

---

03 Before you use any of our workout equipment for the first time 수식어(= 부사절), please _____ 동사 / yourself 목적어 / with the safety instructions 수식어.

(A) familiarity 명사
(B) familiarize 동사
(C) familiarizing 동명사
(D) familiarly 부사

> 'please+동사원형' 공식으로, please 뒤에는 동사원형이 시 작하는 명령문, 제안문, 권유문을 만든다. 보기에 동사는 하나뿐인 기본 문제이다.

해석 어떠한 운동 기구를 처음 사용하기 전에는 안전 수칙을 숙지하세요. 어휘 workout 운동 equipment 장비, 용품 for the first time 처음으로 familiarize oneself with ~를 숙지하다, ~에 정통하다

---

04 YMCY Design 주어 / _____ 동사 / employee satisfaction 목적어 / to be a top priority 보어 / since the beginning 수식어.

(A) has considered 동사 단수/능동/현재완료
(B) considering 동명사
(C) will consider 동사 능동/미래
(D) is considered 동사 단수/수동/현재

267

> 빈칸은 주어 뒤에 동사가 필요한 자리이다. 보기의 동사 중에 수 일치로는 제외할 수 없고, 태 일치를 적용하면 수동태는 제외된다. 수동태는 뒤에 목적어가 나오지 않는다. 문장 끝에 '~한 이래로'라는 의미의 부사가 있기 때문에 정답은 완료시제인 has considered이다. 기간을 나타내는 부사는 완료시제와 어울린다는 것을 잊지 말자.

해석 YMCY 디자인은 사업을 시작 이래로 직원 만족을 최우선으로 여겨왔다. 어휘 **have considered** 고려해왔다, 여겨왔다 **employee satisfaction** 고객 만족 **top priority** 최우선

05

Although Mr. Simpson had enough qualifications 수식어(= 부사절), the position 주어 / _____ 동사 / to a more experienced candidate, Clara Lewis 수식어.

(A) gives 동사 단수/능동/현재
(B) is giving 동사 단수/능동/현재진행
(C) was given 동사 단수/수동/과거
(D) will give 동사 능동/미래

> 빈칸은 주어 뒤에 동사가 필요한 자리이다. 수, 태, 시제에서 수 일치로는 제외할 수 있는 것이 없으며, 뒤에 목적어가 없기 때문에 수동태가 와야 한다. 보기에서 수동태는 하나뿐이다. 일반적으로 수동태 'be+p.p.' 형태 뒤에는 목적어(명사)가 올 수 없다.

해석 심슨 씨는 충분한 자격 요건을 가지고 있었음에도 불구하고, 그 자리는 더 경험이 많은 후보자인 클라라 루이스에게 주어졌다. 어휘 **enough** 충분한 **qualifications** 자격 요건 **experienced** 경험이 있는, 경험이 풍부한, 숙련된 **candidate** 후보자, 지원자

06

A portion 주어 / of the R&D department's budget 수식어 / _____ 동사 / for unexpected problems 수식어.

(A) reserves 동사 단수/능동/현재
(B) was reserving 동사 단수/능동/과거진행
(C) to be reserved to부정사
(D) has been reserved 동사 단수/수동/현재완료

> 빈칸은 주어 뒤에 동사가 필요한 자리이다. 수, 태, 시제 중에 수 일치로는 제외할 수 없다. 뒤에 목적어가 없으므로 수동태가 정답이 된다. '전치사+명사' 형태인 전치사구는 주어나 목적어가 될 수 없고, 수동태 뒤에는 목적어가 오지 않는다는 것을 알아두자.

해석 R&D 부서의 예산의 일부는 예기치 못한 문제들을 위해서 남겨져 있다. 어휘 **portion** 부분, (더 큰 것의) 일부 **R&D department** 연구 개발 부서 **budget** 예산 **unexpected** 예기치 않은, 뜻밖의

07

Before its main rival company announced its expansion plan 수식어(= 부사절), World Wing Company 주어 / _____ 동사 / expanding 목적어 / its business overseas 목적어(= expanding의).

(A) does not consider 동사 단수/능동/현재
(B) were not considered of 동사 복수/수동/과거
(C) will not consider 동사 능동/미래
(D) had not considered 동사 능동/과거완료

> 빈칸은 주어 뒤에 동사가 필요한 자리이다. 수, 태, 시제 중에 수 일치로 단수 주어에 맞추어 (B)를 제외할 수 있고 남은 보기는 전부 능동태이므로 시제 문제이다. 종속절의 시제가 과거인데 접속사 before가 있으므로 과거보다 더 과거인 대과거가 정답이다. 부사가 없을 때는 주절과 종속절의 시제 일치 문제이다.

해석 주요 경쟁 업체가 확장 계획을 발표하기 전까지 월드 윙 컴퍼니는 사업을 해외로 확장하는 것을 고려하지 않았다.
어휘 **expansion** 확장, 확대 **consider** 고려하다, 간주하다 **expand** 확장하다, 확대하다 **overseas** 해외에, 외국에

08

International Incheon Airport 주어 / has 동사 / a subway system 목적어 / that _____ 동사 / the airport 목적어 / to nearby cities 수식어(= 형용사절).

(A) connection 명사
(B) connecting 동명사
(C) connects 동사 단수/능동/현재
(D) connect 동사 복수/능동/현재

> 주격 관계대명사 that 뒤에 동사를 선택하는 문제이다. 수식하고자 하는 선행사인 a subway system에 동사를 일치해야 하므로 단수 동사가 정답이다. '명사+who/that/which+동사'의 형태에서 동사의 수는 앞에 있는 명사에 일치시켜야 한다.

해석 인천 국제공항은 공항과 인근 도시를 이어주는 지하철이 있다. 어휘 subway system 지하철 시스템 connect 연결하다, 접속하다 nearby 인근의, 가까운 곳의

09

Representatives 주어 / from KT Telecom 수식어 / _____ 동사 / a press conference 목적어 / when a decision is reached regarding its new oversea policy 수식어(= 부사절).

(A) are held 동사 복수/수동/현재
(B) hold 동사 복수/능동/현재
(C) will hold 동사 능동/미래
(D) has been held 동사 단수/수동/현재완료

> 빈칸은 주어 뒤에 동사가 필요한 자리이다. 수, 태, 시제 중에 수 일치로 복수 주어에 맞추어 (D)는 제거, 태 일치로 목적어가 있으므로 수동형인 (A)는 제거한다. 이제 시제 문제로 볼 수 있다. 종속절이 시간의 부사절로 현재시제이다. 시간과 조건의 부사절의 시제가 현재이면 주절의 시제가 미래가 되는 기본 공식으로 정답은 미래시제이다. '주절 = 미래, 시간/조건의 부사절 = 현재' 공식을 잊지 말자.

해석 KT 텔레콤의 대표자는 새로운 해외 정책에 관해서 결정이 이루어 지고 나면 기자 회견을 주최할 것이다.
어휘 representatives 대표자, 대리인 press conference 기자 회견 regarding ~에 관하여 policy 정책, 규정

10

The summer schedules 주어 / for commuter buses run by Gothem County 수식어 / _____ 동사 / on Jun 14 수식어.

(A) will be published 동사 수동/미래
(B) publishes 동사 단수/능동/현재
(C) will publish 동사 능동/미래
(D) are publishing 동사 복수/능동/현재진행

> 빈칸은 주어 뒤에 동사가 필요한 자리이다. 수, 태, 시제 중에 수 일치로 복수 주어에 맞추어 (B)는 제거, 뒤에 목적어가 없으므로 능동태 (C)와 (D)를 제거하고 남은 수동태가 정답이다. 타동사 뒤에 목적어가 없으면 수동태를 써야 한다. 주어가 사물 schedules이기에 수동태를 오답으로 의심할 수 있음에 주의해야 한다.

해석 고뎀 카운티에서 운영하는 통근 버스에 대한 여름 시간표는 6월 14일에 발행될 것이다. 어휘 commuter 통근자 run (과거분사) 운영되는, 운행되는 publish 발행하다, 출판하다, 발표하다

형용사
p.98-99

01 (B) 02 (A) 03 (C) 04 (A) 05 (C)
06 (C) 07 (A) 08 (B) 09 (B) 10 (C)

---

01 Holly 주어 / could not buy 동사 / the tickets 목적어 / since 접속사 / they 주어 / were 동사 / too _____ 보어.

(A) expense 명사
(B) expensive 형용사
(C) expensively 부사
(D) expensiveness 명사

> 'be동사+형용사' 공식으로, 2형식 동사 뒤에 보어가 필요한 자리임을 알 수 있다. 보기에 형용사가 하나뿐인 기본 문제이다. 'be+-ing'로 진행시제나, 'be+p.p.'로 수동태도 만들 수 있지만 보기에 해당 사항이 없으므로 형용사 보어가 정답이다.

해석 홀리는 표가 너무 비싸서 살 수 없었다. 어휘 since ~이래로, 때문에 expensive 비싼 expense 비용, 경비 expensiveness 값비쌈

---

02 Before becoming an financial analyst 수식어, Jack Anderson 주어 / was 동사 / _____ 보어 / for taking photographs 수식어.

(A) famous 형용사
(B) more famously 부사
(C) fame 명사
(D) famously 부사

> 'be동사+형용사' 공식으로, 2형식 동사 뒤에 보어가 필요한 자리임을 알 수 있다. 보기에 형용사가 하나뿐인 기본 문제이다. 참고로, 2음절 이상의 형용사/부사의 비교급을 만들 때 more 다음에는 형용사나 부사 둘 다 와서 'more+형용사' 또는 'more+부사'가 될 수 있고 각각의 품사로 취급된다.

해석 금융 분석가가 되기 전에, 잭 앤더슨은 사진 찍는 것으로 유명했다. 어휘 analyst 분석가 take photographs 사진을 찍다

---

03 Mechanics 주어 / at Bally Autos 수식어 / are 동사 / _____ 보어 / of fixing all kinds of car-related problems 수식어.

(A) capability 명사
(B) capableness 명사
(C) capable 형용사
(D) capably 부사

> 'be+형용사+of'로, be와 of 사이에는 형용사가 꼭 들어간다. 따라서 빈칸은 보어 자리임을 알 수 있다. 보기에서 형용사는 하나뿐인 기본 문제이다.

해석 발리 오토스의 정비공들은 모든 종류의 자동차 관련 문제들을 해결할 수 있다. 어휘 mechanic 정비공 be capable of ~할 수 있다, 가능하다 fix 고치다, 수리하다

04 After _____ reviews of all 8 candidates 수식어, the committee 주어 / selected 동사 / Peter Jackson 목적어 / to be the next director of public relations 수식어.

(A) careful 형용사
(B) cares 동사
(C) cared 과거 동사
(D) carefully 부사

> '전치사+형용사+명사'로, 뒤에 있는 명사를 수식해 주는 형용사가 필요한 자리이다. 보기에서 형용사는 하나뿐이다. after는 접속사로 'after+주어+동사' 형태로 나올 수 있지만 동사부터 나올 수는 없다.

해석 8명의 후보자들의 세심한 검토 후에 위원회는 피터 잭슨을 다음 홍보 부장으로 선택했다. 어휘 **review** 검토, 보고서 **candidates** 후보자 **committee** 위원회 **public relations** 홍보

---

05 Two rival companies 주어 / established 동사 / an alliance 목적어 / in a _____ effort 수식어 / to solve current housing crisis 수식어.

(A) collaborate 동사
(B) collaborates 동사 단수
(C) collaborative 형용사
(D) collaboratively 부사

> '관사+형용사+명사'로, 빈칸은 뒤에 있는 명사를 수식해 줄 형용사가 필요한 자리이다. 보기에 형용사는 하나뿐이다.

해석 두 경쟁 회사는 현재 주택 공급 위기를 해결하기 위한 협력적인 목적으로 제휴를 맺었다. 어휘 **establish an alliance** 제휴를 맺다 **collaborative** 공동의, 협력적인 **solve** 해결하다 **housing** 주택 공급 **crisis** 위기

---

06 The company policy 주어 / states 동사 / that branch managers must review all complaints in a _____ manner 목적어(= 명사절).

(A) time 명사
(B) timing 동명사
(C) timely 형용사
(D) timer 명사

> '관사+형용사+명사'로, 빈칸은 뒤에 있는 명사를 수식해 줄 형용사가 필요한 자리이다. 보기에서 형용사는 하나뿐인 기본 문제이다. 명사에 -ly가 붙으면 형용사가 되고, 형용사에 -ly가 붙으면 부사가 된다. 'time(명사)+ly'의 형태인 timely는 형용사이다.

해석 회사 정책은 지점장들이 반드시 모든 불만 사항들을 너무 늦지 않게 검토해야 한다고 명시하고 있다. 어휘 **state** 진술하다, 명시하다 **review** 검토하다 **complaints** 불만 사항들 **a timely manner** 적절한 시기

---

07 Mr. Davis 주어 / thanked 동사 / the emergency committee 목적어 / for organizing an _____ meeting 수식어 / in such a short notice 수식어.

(A) informative 형용사
(B) informing 분사
(C) informed 형용사
(D) informally 부사

> '관사+형용사+명사'로, 빈칸은 뒤에 있는 명사를 수식해 줄 형용사가 필요한 자리이다. 보기에 형용사와 분사가 함께 있을 때는 형용사가 답이다. informed는 형용사로 '잘 알고 있는', '박식한'이란 뜻으로 의미가 맞지 않기 때문에 informative가 정답이다.

해석 데이비스 씨는 짧은 시간에 유익한 회의를 준비한 것에 대해 긴급 위원회에 감사를 표시했다. 어휘 **emergency committee** 긴급 위원회 **informative** 유익한, 정보를 주는 **such a short notice** 짧은 시간에

08

The mayor 주어 / **of Springfield** 수식어 / **considered** 동사 / **it** 가목적어 / _____ 보어 / **to increase bus routes** 진목적어 / **until new road is paved** 수식어(= 부사절).

(A) necessity 명사
(B) necessary 형용사
(C) necessitate 동사
(D) necessarily 부사

> 'consider+명사+형용사'로, 빈칸은 5형식 동사인 consider의 목적격 보어가 필요한 자리이다. consider는 주로 형용사를 목적격 보어로 취한다는 것을 잊지 말자. 여기서 it은 가목적어이고 진목적어는 to increase the bus routes이다.

해석 스프링필드 시장은 새로운 도로가 포장될 때까지 버스 노선을 증가시키는 것이 필수라고 생각했다. 어휘 **consider** 고려하다, 간주하다 **pave** (길, 도로 등을) 포장하다 **necessary** 필요한, 불가피한

09

The IT department 주어 / **recommends** 동사 / **that all employees back up their important files** 목적어(= 명사절) / **on a** _____ **basis** 수식어.

(A) regularly 부사
(B) regular 형용사
(C) regularity 명사
(D) regulation 명사

> '관사+형용사+명사'로, 빈칸은 뒤에 있는 명사를 수식해 줄 형용사가 필요한 자리이다. 보기에 형용사가 하나뿐인 기본 문제이다.

해석 IT 부서는 모든 직원들이 그들의 중요한 파일을 주기적으로 백업할 것을 권장한다. 어휘 **recommend** 추천하다, 권유하다 **back up** (파일, 자료 등을) 백업하다 **on a regular basis** 정기적으로, 주기적으로

10

People 주어 / **depend on** 동사 / **the national weather forecast** 목적어 / **for** _____ **prediction** 수식어 / **throughout the year** 수식어.

(A) rely 동사
(B) reliance 명사
(C) reliable 형용사
(D) reliably 부사

> '전치사+형용사+명사'로, 빈칸은 뒤에 있는 명사를 수식해 줄 형용사가 필요한 자리이다. 보기에 형용사가 하나뿐인 기본 문제이다. 단어의 뜻을 모르더라도 -able, -ive, -al 등으로 끝나면 형용사라는 것을 알 수 있다.

해석 사람들은 일 년 동안 신뢰할 수 있는 예측을 위해 전국 일기예보에 의지한다. 어휘 **depend on** ~의지하다, 의존하다 **whether forecast** 일기예보 **reliance** 의존, 의지 **reliable** 신뢰할 수 있는, 믿을 수 있는 **throughout** ~동안, ~내내

부사

p.112-113

01 (D) 02 (D) 03 (D) 04 (A) 05 (B)
06 (B) 07 (B) 08 (C) 09 (A) 10 (B)

01
New managers 주어 / are _____ determined 동사 / by their qualifications and experience 수식어.

(A) large 형용사
(B) largest 형용사
(C) larger 형용사
(D) largely 부사

> 'be+부사+p.p.'로, 수동태 사이에 들어갈 수 있는 품사는 부사뿐이다. 기본적인 부사의 위치를 외우고 있다면 쉽게 선택할 수 있는 문제이다.

해석 새로운 매니저들은 그들의 자격 요건과 경험으로 결정된다. 어휘 **be determined** 측정되다, 결정되다 **qualifications** 자격 요건 **experience** 경험

02
In order to commission a _____ designed logo 수식어, you 주어 / should consult with 동사 / our representatives 목적어.

(A) professional 명사
(B) professionals 명사
(C) professionalism 명사
(D) professionally 부사

> '관사+부사+형용사'로, 뒤에 있는 분사를 수식해 주는 기본적인 부사 자리이다. 분사의 품사는 형용사로 뒤에 있는 명사를 수식해 준다. 따라서 분사도 형용사이기 때문에 부사가 수식해 준다.

해석 전문적으로 디자인된 로고를 의뢰하기 위해서 당신은 우리의 대리인들과 상담해야 한다. 어휘 **in order to** ~하기 위해서 **commission** 의뢰하다, 주문하다 **consult with** ~와 상담하다

03
Renowned professors 주어 / at Berkley 수식어 / _____ engage 동사 / themselves 목적어 / in researching new topics 수식어.

(A) active 형용사
(B) activate 동사
(C) activity 명사
(D) actively 부사

> '주어+부사+동사'로, 주어와 동사 사이는 동사를 수식하는 부사가 필요한 자리이다. 기본적인 부사 위치 문제이다. 앞에 있는 전치사구는 주어가 아니므로 주의해야 하며, 뒤에 동사가 있기 때문에 쉽게 부사 자리를 알아볼 수 있다.

해석 버클리의 저명한 교수들은 새로운 주제를 연구하는 데 적극적으로 참여한다. 어휘 **renowned** 저명한, 유명한 **engage oneself in** ~에 관여한다, 참여한다 **topic** 화제, 주제

04
Most of the customers 주어 / **have reacted** _____ **to** 동사 / **the Citi Bank's automated transfer system** 목적어.

(A) favorably 부사
(B) favorable 형용사
(C) favoring 동명사/현재분사
(D) favorite 형용사

> '자동사+부사+전치사'로, '자동사+전치사' 사이에는 부사만 들어갈 수 있다. 기본적인 1형식 동사는 뒤에 전치사가 따라온다는 것을 알고 있어야 하며 토익에서 쓰이는 빈출 '자동사+전치사' 표현은 꼭 외워야 한다.

해석 대부분의 고객들은 시티 뱅크의 자동 이체 시스템에 호의적으로 반응했다. 어휘 **react to** ~에 반응하다 **automated** 자동화된 **transfer** 이체, 이적

05
As the assistant director 수식어, **you** 주어 / **are** 동사 / _____ **responsible** 보어 / **for preparing all the necessary materials** 수식어 / **for the board meeting** 수식어.

(A) person 명사
(B) personally 부사
(C) personal 형용사
(D) personality 명사

> '동사+부사+형용사'로, 보어인 형용사를 수식하는 부사 자리이다. 기본적인 부사의 위치 유형이다.

해석 과장으로서 당신은 임원 회의에 필요한 모든 자료들을 준비하는 일을 직접 담당해야 합니다. 어휘 **personally** 개인적으로, 직접 **prepare** 준비하다 **necessary** 필요한 **materials** 자료, 재료

06
Mr. Kim's final draft 주어 / **was revised** 동사 / **and** 접속사 / _____ **implemented** 동사 / **in a new safety policy** 수식어.

(A) eventual 형용사
(B) eventually 부사
(C) eventuality 명사
(D) eventualities 명사

> '부사+동사'로 뒤에 implemented가 앞의 동사 was revised와 and로 연결되어 있다는 것을 파악해야 하는 문제이다.

해석 킴 씨의 최종안이 수정되었고 마침내 새로운 안전 정책에서 시행되었다. 어휘 **draft** 원고, 초안 **revise** 변경하다, 수정하다 **implement** 시행하다 **eventually** 결국 **eventuality** 만일의 사태

07
Some advisors 주어 / **are** 동사 / **confident** 보어 / **that the scandal of the CEO will not** _____ **affect its stock price** 수식어(= 부사절).

(A) adversarial 형용사
(B) adversely 부사
(C) adversary 명사
(D) adversity 명사

> '조동사+부사+동사'로, 조동사와 동사 사이에 부사가 들어갈 자리를 파악하는 문제이다. not은 문장을 부정형으로 만들 뿐 구조에는 영향을 주지 않기 때문에 '조동사+동사'로 판단해도 괜찮다.

해석 몇몇 고문은 CEO의 스캔들이 주가에 부정적으로 영향을 미치지 않을 것이라고 확신하고 있다. 어휘 **confident** 자신감 있는, 확신하는 **adversely** 불리하게, 반대로 **adversary** 상대방, 적수 **affect** 영향을 미치다

08 All letters of recommendation 주어 / **must be sent** 동사 / _____ 수식어 / to David Mills 수식어, an assistant manager 수식어(= 동격), by March 1st 수식어.

(A) directive 형용사
(B) directing 동명사/현재분사
(C) directly 부사
(D) direction 명사

> '완전한 절+부사'로, 완전한 절 뒤에는 주로 부사가 와서 앞에 있는 절을 수식한다. 완전한 절에는 '주어+동사+목적어/보어'가 전부 있어야 하는데 타동사가 수동태 'be+p.p.'로 쓰였을 때는 뒤에 목적어가 필요 없기 때문에 완전한 절이 된다.

해석 모든 추천서를 바로 대리인 데이비드 밀러에게 3월 1일까지 보내야 합니다. 어휘 **recommendation** 추천 **directly** 곧장, 바로

09 The Scottish Gems Company 주어 / _____ arranges 동사 / to have a showcase 목적어 / to promote its newest jewelry 수식어.

(A) occasionally 부사
(B) occasional 형용사
(C) occasions 명사
(D) occasion 명사

> '주어+부사+동사'로 주어와 동사 사이에 부사가 오는 기본적인 부사 위치 문제이다. 문장의 구조를 빠르게 파악하면서 동사를 주의 깊게 확인하는 것이 중요하다.

해석 스코티시 보석 컴퍼니는 종종 새로운 보석을 홍보하기 위해서 공개 행사를 주선한다. 어휘 **occasionally** 가끔 **arrange** 준비하다, 주선하다 **promote** 촉진하다 홍보하다

10 City officials 주어 / hope 동사 / to see the number 목적어 / of job openings 수식어 / to rise _____ over the next two years 수식어.

(A) steady 형용사
(B) steadily 부사
(C) steadiness 명사
(D) steadied 과거분사

> '자동사+부사'로 1형식 완전 자동사 뒤는 부사 자리이다. 토익에 나오는 빈출 1형식 완전 자동사들은 정해져 있기 때문에 반드시 외우는 것이 중요하다.

해석 시 공무원들은 일자리의 수가 향후 2년 동안 꾸준히 늘기를 희망한다. 어휘 **official** 공무원 **job opening** 일자리 **steadily** 끊임없이, 착실하게

준동사
p.136-137

| 01 (A) | 02 (B) | 03 (A) | 04 (B) | 05 (A) |
| 06 (A) | 07 (C) | 08 (C) | 09 (B) | 10 (D) |

01
Over 250 applicants 주어 / around the world 수식어 / have gathered 동사 / _____ the competition 수식어.

(A) to attend to부정사
(B) attend 동사
(C) attended 과거분사
(D) are attending 동사 복수/현재진행

> '완전한 절+to부정사'로, 완전한 절 뒤에 to부정사가 와서 '~하기 위해서'라는 의미로 절을 수식한다. 완전한 절 뒤에는 또 다른 동사는 올 수 없고, 과거분사는 올 수 있지만 여기서는 의미상으로나 뒤에 목적어가 있어 문법상으로 적절하지 않다

해석 전 세계적으로 250명이 넘은 지원자들은 대회를 참가하기 위해서 모였다. 어휘 **gather** 모이다, 수집하다 **competition** 대회, 시합

02
In order to _____ receiving these notices 수식어, please press 동사 / 8 목적어 / now 수식어.

(A) refusing 동명사/현재분사
(B) refuse 동사
(C) refusal 명사
(D) refuses 동사 단수

> 'in order to부정사'로, to는 to부정사로 뒤에 동사원형만 올 수 있다. 뒤에 receiving은 동명사로 refuse의 목적어이다. 빈칸 앞에 있는 to가 전치사인지 to부정사인지 구분하려면 빈출 표현을 암기하고 있어야 한다.

해석 이런 안내문들은 받는 것을 거절하시려면 8번을 누르세요. 어휘 **in order to** ~하기 위해서 **receive** 받다, 수취하다 **notice** 안내문, 알림, 통지

03
If 접속사 / the passengers 주어 / prepare 동사 / _____ proper identifications 목적어, it 주어 / will expedite 동사 / the entry procedures 목적어.

(A) to show to부정사
(B) showing 동명사/현재분사
(C) show 동사
(D) showed 과거분사

> 'prepare+to부정사'로, prepare는 to부정사를 목적어로 취하는 타동사이다. to부정사와 동명사를 목적어로 취하는 동사들이 많이 나오기 때문에 꼭 외우고 있어야 쉽게 해결할 수 있다.

해석 승객이 적합한 신분증을 준비하면 입국 절차를 신속하게 진행할 수 있다. 어휘 **prepare** 준비하다 **proper** 적합한, 올바른 **expedite** 촉진하다, 신속히 처리하다

04
The effective way 주어 / _____ new products 수식어 / to the customers 수식어 / requires 동사 / some money and time 목적어.

(A) launching 동명사/현재분사
(B) to launch to부정사/능동
(C) launch 동사
(D) to be launched to부정사/수동

276

> 'way+to부정사'로, way, plan, ability 등은 to부정사가 수식해 주는 명사이다. to부정사 형태는 (B)와 (D) 중에서 고르면 된다. 능동의 의미이면 'to+동사원형' 다음에 명사가 오고, 수동의 의미이면 뒤에 명사가 없어야 한다. 빈칸 뒤에 목적어인 명사가 있으므로 능동의 의미가 정답이다.

해석 고객들에게 새로운 제품을 효과적으로 출시하는 방법은 돈과 시간을 필요로 한다. 어휘 **effective** 효과적인 **launch** (제품, 서비스 등을) 출시하다 **require** 필요로 하다, 요구하다

05

When 접속사 / you 주어 / have 동사 / trouble 목적어 / _____ the new software 수식어, Chris Nollan 주어 / can teach 동사 / you 목적어 / thoroughly 부사.

(A) **using** 동명사/현재분사
(B) **to use** to부정사
(C) **used** 과거분사
(D) **users** 명사

> have trouble -ing로, trouble/problem 뒤에 -ing를 취하는 관용표현이다. 행위나 행동의 의미를 가지고 있는 표현으로 '~을 하는 데 문제가 있다'라고 해석한다. 뒤에 the new software는 using의 목적어가 된다.

해석 당신이 새로운 소프트웨어를 사용하는 데 문제가 있다면 크리스 놀란이 자세히 가르쳐 줄 수 있습니다. 어휘 **have trouble -ing** ~하는 데 어려움이 있다 **thoroughly** 자세히, 철저히

06

Mr. Kim 주어 / has been 동사 / in charge of the accounting software 보어 / since _____ the company last year 수식어.

(A) **joining** 동명사/현재분사
(B) **joined** 과거분사
(C) **join** 동사
(D) **has joined** 동사 현재완료

> '전치사+명사/동명사'로, 빈칸이 전치사 뒤에 있으므로 명사나 동명사가 와야 한다. since는 접속사와 전치사 둘 다로 쓰인다. 접속사로 쓰이면 뒤에 '주어+동사'의 절이 와야 한다. the company는 동명사의 목적어이다. 동명사가 타동사일 때는 반드시 목적어를 취해 '동명사+명사'로 쓰인다는 것을 잊지 말자.

해석 킴 씨는 작년에 회사를 합류한 이래로 회계 프로그램을 맡아왔다. 어휘 **in charge of** ~를 담당해서, 맡아서 **join** 합류하다, 함께 하다

07

The _____ pamphlet 주어 / details 동사 / the services 목적어 / that our company offers daily 수식어(= 형용사절).

(A) **enclosure** 명사
(B) **enclosing** 동명사/현재분사
(C) **enclosed** 과거분사
(D) **enclose** 동사

> '관사+p.p.+명사'로, 빈칸은 뒤에 있는 명사를 수식하는 형용사 자리이다. 형용사로 쓰일 수 있는 분사 중에 정답을 고르면 되는데, 앞뒤로 명사가 하나이면 과거분사인 p.p.가 정답이다. enclosing이 정답이 되려면 '명사+-ing+명사' 형태로 나와야 한다. 소책자는 동봉되는 것이므로 수동형인 과거분사가 올바르다.

해석 동봉된 책자는 우리 회사가 매일 제공하는 서비스들을 설명하는 것입니다. 어휘 **enclosed** 동봉된 **detail** 설명하다, 일거하다

08 Some merchandise 주어 / _____ 수식어 / on the website 수식어 / may not be 동사 / available 보어 / anymore 수식어.

(A) display 동사/명사
(B) displays 동사 단수
(C) displayed 과거분사
(D) displaying 동명사/현재분사

> '명사+p.p.+전치사'로, 문장 중에 이미 동사(may not be)가 있기 때문에 빈칸은 앞에 있는 명사를 수식하는 형용사 자리이다. 기본적으로 앞에 명사, 뒤에 전치사가 있으면 p.p.가 정답이다. 뒤에서 앞에 있는 명사를 수식하며 수동의 의미를 가진다. website에 전시된 상품으로 해석된다. 현재분사는 '명사+-ing+명사' 형태로 나온다.

해석 웹사이트에 보여진 몇몇 상품은 더 이상 제공되지 않을 수도 있습니다. 어휘 **merchandise** 상품 **be available** 구할 수 있다 **anymore** 더 이상

09 Ms. Simons 주어 / will be leaving 동사 / the company 목적어 / to find _____ career in fashion 수식어.

(A) excite 동사
(B) exciting 동명사/현재분사
(C) excited 과거분사
(D) excitably 부사

> '사람+p.p.', '사물+-ing'로, 빈칸은 뒤에 있는 명사를 수식하는 형용사 자리이다. excite는 감정유발동사로 사람을 수식할 때는 p.p., 사물을 수식할 때는 -ing가 온다는 공식이 있다. career는 사물이므로 현재분사인 -ing가 정답이다.

해석 심슨 씨는 패션계에서 흥미진진한 직업을 찾기 위해 회사를 떠날 것이다. 어휘 **career** 직업, 경력

10 Express Now Delivery 주어, now _____ throughout Europe 수식어, started 동사 / as a small packaging company 10 years ago 수식어.

(A) may have operated 동사
(B) operate 동사
(C) has been operating 동사
(D) operating 동명사/현재분사

> 완전한 절 사이에 삽입된 분사구문을 파악하는 문제이다. 이미 문장에 주어와 동사가 있고 콤마와 콤마로 끊어져 있기 때문에, 빈칸에는 동사가 올 수 없다. 보기에서 동사와 동사가 아닌 요소가 동시에 있을 때에는 반드시 동사가 들어갈 자리인지 아닌지를 파악해야 한다. 여기서 operating은 분사구문으로 부사처럼 절을 수식하고 있다.

해석 이제 유럽 도처에 운영하고 있는 익스프레스 나우 딜리버리는 10년 전에 작은 포장 회사로 시작했다. 어휘 **throughout** 도처에, 곳곳에 **as** ~로서, ~처럼

접속사
p.156-157

01 (B) 02 (B) 03 (B) 04 (B) 05 (D)
06 (D) 07 (B) 08 (B) 09 (C) 10 (B)

01
It 가주어 / will be 동사 / easier 보어 / to visit some Asian countries 진주어 / _____ 접속사 / EURASIA Airlines 주어 / begins 동사 / to offer nonstop flights 목적어 / next year 수식어.

(A) instead of 전치사
(B) after 접속사
(C) during 전치사
(D) beyond 전치사

> 빈칸을 기준으로 앞에도 '주어+동사'로 절이 있고, 뒤에도 '주어+동사'로 절이 있기 때문에 빈칸은 접속사가 필요한 자리이다. 보기에서 접속사로 쓰일 수 있는 after가 정답이다. after는 전치사와 접속사로 둘 다 쓰일 수 있는 품사이다. before, as, since 등 접속사와 전치사로 쓰일 수 있는 단어들을 알고 있어야 한다.

해석 유라시아 항공사가 직항기 서비스를 내년에 제공하면 아시아 국가를 방문하는 것이 더 용이해질 것이다. 어휘 **visit** 방문하다 **nonstop flight** 직항기

02
Sandra Wikis 주어 / was selected 동사 / as the new design director 수식어 / _____ 접속사 / she 주어 / was 동사 / the most qualified person 보어 / among applicants 수식어.

(A) until 접속사
(B) because 접속사
(C) although 접속사
(D) so that 접속사

> 빈칸을 기준으로 앞에도 '주어+동사'의 절이 있고, 뒤에도 절이 있기 때문에 빈칸은 접속사가 필요한 자리이다. 보기가 모두 부사접속사로 구성되어 있으므로, 해석을 통해 정답을 골라야 한다. '가장 자격이 있는 사람이었기 때문에 선택되었다'는 의미가 적절하므로 (B)가 정답이다.

해석 산드라 위기스는 지원자들 중에 가장 자격이 있는 사람이었기 때문에 새로운 디자인 이사로 선택되었다. 어휘 **until** ~까지 **so that** ~하기 위해서 **be selected** 선택되다 **qualified** 자격이 있는 **applicant** 지원자

03
_____ 접속사 / aggressive advertising campaigns 주어 / may increase 동사 / brand awareness 목적어, they 주어 / do not always increase 동사 / purchasing power 목적어.

(A) Despite 전치사
(B) Although 접속사
(C) Only if 접속사
(D) In case 접속사

> 빈칸 뒤에 '주어+동사'로 절이 두 개 있기 때문에 빈칸은 접속사가 필요한 자리이다. 해석을 통해 정답을 골라야 하는 부사 접속사이다. '브랜드 인지도를 증가시킬 수 있음에도 불구하고 항상 그런 것은 아니다'라는 해석이 가장 어울린다.

해석 공격적인 광고 캠페인은 브랜드 인지도를 올릴 수는 있음에도 불구하고 항상 구매력을 증가시키는 것은 아니다. 어휘 **only if** ~하지 않는 한 **in case** ~한 경우에 **aggressive** 공격적인 **awareness** 인지도, 의식

04 Joes Weden 주어 / was offered 동사 / an important position 목적어 / on Monday 수식어 / _____ 접속사 / has not yet responded 동사.

(A) although 부사 접속사
(B) but 등위접속사
(C) unless 부사 접속사
(D) nor 등위접속사

> 빈칸 뒤가 동사로 시작되기 때문에 부사 접속사는 정답에서 제거한다. 부사 접속사의 경우 '부사 접속사+주어+동사'의 형태로 쓰거나 '주어+동사'가 함께 생략되어 부사 접속사 뒤에 분사 형태가 주로 나온다. 해석상 '아직 하지 않은' 것임을 알 수 있으므로 정답은 but이다.

해석 조 웨든은 월요일에 중요한 자리가 제안되었지만 아직 답하지 않았다. 어휘 unless ~하지 않는 한 nor ~도 그렇다 respond 대답하다, 답장하다

05 Federal Law 주어 / states 동사 / that customer's private information 주어 / cannot be revealed 동사 / _____ 접속사 / permission 주어 / is given 동사.

(A) despite 전치사
(B) without 전치사
(C) against 전치사
(D) unless 접속사

> 빈칸을 기준으로 앞에도 '주어+동사'의 절이 있고, 뒤에도 절이 있기 때문에 빈칸은 접속사가 필요한 자리이다. 보기에 접속사는 하나뿐이므로 해석을 하지 않고도 풀 수 있는 문제이다. 보기의 품사를 파악하는 것이 매우 중요하다.

해석 연방법은 고객의 개인 정보는 허락 없이 공개될 수 없다고 말하고 있다. 어휘 against ~에 반대하여 private 개인의 reveal 드러내다, 밝히다 permission 허락, 허가, 승인

06 Working Moms 주어 / at Thunder Bay 수식어 / can choose 동사 / _____ to work 목적어 / in the offices or from home 수식어.

(A) which 명사 접속사
(B) what 명사 접속사
(C) while 부사 접속사
(D) whether 명사 접속사

> 타동사 choose 뒤에 목적어가 될 수 있는 명사절을 이끄는 명사 접속사를 선택하는 문제이다. while은 부사 접속사만 되기 때문에 제거한다. 남은 명사 접속사의 특징을 알고 있어야 한다. 'which+명사+to부정사', 'what+to부정사+목적어(목적어가 없는 불완전한 형태)', 'whether+to부정사+목적어(목적어가 있는 완전한 형태)'로 정답이 된다. work는 자동사여서 목적어가 이미 필요 없는 완전한 형태이므로 정답은 whether가 된다. 뒤에 or가 있으면 whether가 정답이 아닌지 의심할 수 있다.

해석 썬더 베이에 있는 워킹맘들은 사무실이나 집에서 일하는 것을 선택할 수 있다. 어휘 working mom 아이가 있는 직장인 여성 choose 선택하다

07 Ms. Park 주어 / must decide 동사 / _____ she 주어 / must buy 동사 / for foreign clients 수식어 / who are coming next week 수식어(= 형용사절).

(A) because 부사 접속사
(B) what 명사 접속사
(C) that 명사 접속사
(D) unless 부사 접속사

> 빈칸은 타동사 뒤로, 명사절을 이끄는 명사 접속사가 필요한 자리이다. 명사 접속사인 what과 that의 차이는 각각 'what+불완전한 절', 'that+완전한 절'로 구성된다는 점이다. 빈칸 뒤에 must buy라는 타동사 뒤에 목적어가 없기 때문에 불완전한 절이므로 정답은 what이 된다. for foreign clients와 같은 전치사구는 주어나 목적어가 될 수 없다는 것을 기억하자.

해석 박 씨는 다음 주에 오는 외국 고객을 위해서 무엇을 사야 할지 꼭 결정해야 한다. 어휘 **decide** 결정하다 **foreign** 외국의 **client** 고객, 의뢰인

08

_____ 접속사 / Lola Drink's net profit 주어 / has fallen 동사 / over the last quarter 수식어, its subsidiaries 주어 / in some states 수식어 / has experienced 동사 / increased profits 목적어.

(A) Due to 전치사
(B) While 접속사
(C) Once 접속사
(D) Except for 전치사

> 빈칸 뒤에 '주어+동사'가 있고, 콤마 뒤에도 '주어+동사'가 있어 빈칸은 접속사가 필요한 자리임을 알 수 있다. 수식어인 전치사를 제거하여 문장 구조를 파악한 후, 해석을 통해 부사 접속사를 선택해야 하는 문제이다. 'Lola Drinks의 수익이 떨어졌지만 다른 자회사들은 증가했다'는 의미로, 상반된 의미의 절을 연결하는 while이 정답이다.

해석 롤라 드링크스의 순이익이 지난 분기에 떨어진 반면에, 몇몇 주에 있는 자회사들은 수익이 증가했다. 어휘 **net profit** 순이익 **quarter** 분기 **subsidiaries** 자회사 **increased** 증가한

09

_____ 전치사 / the conference 수식어 / on increasing greenhouse gas 수식어, the keynote speaker 주어 / discussed 동사 / the merits 목적어 / of implementing a new set of initiatives 수식어.

(A) Although 접속사
(B) When 접속사
(C) During 전치사
(D) While 접속사

> 빈칸 뒤에는 명사만 있기 때문에, 빈칸은 전치사가 필요한 자리이다. 보기에서 전치사는 하나뿐이므로 간단한 문제이다. 접속사와 전치사 구분 문제는 빈칸을 기준으로 절인지 명사만 있는지 빠르게 판단할 수 있다면 쉽게 풀 수 있는 경우가 많다. 여기서는 콤마로 명사구와 완전한 절이 분리되어 있다는 것을 알 수 있다. 문장의 구조를 파악하는 연습을 해야 한다는 것을 잊지 말자.

해석 증가하는 온실가스에 대한 컨퍼런스가 열리는 동안에, 연설자는 새로운 계획을 실행하는 이점들을 논의했다. 어휘 **merit** 요소, 장점 **implement** 시행하다 **initiatives** 계획, 결단력, 자주성

10

The long durability 주어 / is 동사 / _____ makes the Energy Batteries so popular 보어.

(A) which 명사 접속사
(B) what 명사 접속사
(C) whose 명사 접속사
(D) who 명사 접속사

> 빈칸은 be동사 뒤에 보어가 될 수 있는 명사절을 이끄는 명사 접속사가 필요한 자리이다. 각 명사 접속사의 특징을 기억해야 한다. 'which+(불)완전한 절', 'what+(불)완전한 절', 'whose+완전한 절', 'who+불완전한 절'로 각각 구성된다. 답이 될 수 있는 which, what, who 중에 해석상 사물 주어(durability)와 동격이 되어야 하므로 사람을 의미하는 who는 답이 될 수 없으며, which는 선택 상황에서 '어느, 어떤' 것을 의미하므로 답이 될 수 없다. 그러므로 정답은 what이 된다.

해석 오랜 내구성은 에너지 배터리를 유명하게 만드는 것이다. 어휘 **durability** 내구성

전치사

p.180-181

01 (C) 02 (C) 03 (B) 04 (C) 05 (D)
06 (D) 07 (A) 08 (C) 09 (D) 10 (D)

01

_____ your convenience 수식어, Village Maintenance 주어 / will operate 동사 / 24 hour hot-line system 목적어.

(A) About
(B) By
(C) For
(D) Of

> 보기가 전부 전치사인 전치사 선택 문제이다. 뒤에 있는 명사와 전체적인 의미 흐름을 생각해야 하는데 your convenience(너의 편의)라는 표현이 있으므로 해석상 '편의를 위해서'라는 의미가 가장 자연스럽다. 따라서 for가 정답이다. for는 기본적으로 '(~을 돕기) 위해서'라는 의미로 잘 쓰이며 for you(너를 위해서), for confirmation(확인을 위해서)라는 표현들이 완성된다.

해석 당신의 편의를 위해서, 빌리지 관리사는 24시간 핫라인 시스템을 운영할 것입니다.   어휘 **convenience** 편의   **operate** 운영하다   **hot-line** 긴급 전화

02

All reimbursement forms 주어 / must be signed 동사 / and returned 동사 / to the office 수식어 / _____ ten business days 수식어.

(A) by
(B) until
(C) within
(D) of

> 보기가 전부 전치사인 전치사 선택 문제이다. 앞뒤 내용을 봐야 하는데 뒤에 기간을 나타내는 명사가 있다. 'by+시점', 'until+시점', 'within+기간'으로 쓰인다. of는 시간을 나타낼 때는 first of May(5월 1일)과 같은 형태로 쓰인다. 따라서 정답은 쉽게 within이라는 것을 알 수 있고 해석도 올바르다. within은 '~내에'라는 의미로 기간, 범위, 한계를 주로 나타낸다.

해석 모든 변재 서식은 꼭 서명해서 영업일 10일 이내에 가져와야 합니다.   어휘 **reimbursement** 변재, 상환   **business days** 영업일

03

Banquet 주어 / will be held 동사 / _____ the main lobby 수식어 / after 접속사 / all of the events 주어 / are finished 동사.

(A) as
(B) in
(C) out
(D) on

> 보기가 전부 전치사인 전치사 선택 문제이다. 앞뒤 내용을 봐야 하는데 뒤에 장소를 나태는 명사가 있다. 장소와 쓰일 수 있는 전치사는 대표적으로 at, on, in이다. 보기에는 있는 in과 on 중에 on은 무엇인가의 위에 올려져 있는 것을 나타내는 개념으로 on the street, on the bridge와 같이 쓰이고 in은 큰 장소를 나타내거나, 안에 들어가거나 에워싸여 있는 개념으로 in the city, in the living room, in bed로 쓰인다. lobby(로비) 안에 들어가 있다는 의미이기 때문에 in이 정답이다.

해석 연회는 모든 행사가 끝난 후에 메인 로비에서 주최될 것이다.   어휘 **banquet** 연회   **be held** 열리다, 주최되다

04
Mr. Ahn 주어 / is concerned 동사 / _____ the increase 수식어 / in oil price 수식어 / like many other truck drivers 수식어.

(A) along
(B) through
(C) about
(D) in

> be concerned about은 토익에 자주 나오는 빈출 숙어이다. '~에 관심을 가지다, ~을 걱정하다'라는 의미로 쓰인다. be concerned in이라는 숙어도 있는데 이때는 '~에 관여하고 있다'라는 의미이다. 출제되고 있는 기본 숙어들은 외워두면 쉽게 문제에 접근할 수 있다.

해석 안 씨는 다른 많은 트럭 운전수들처럼 유가의 상승을 걱정하고 있다. 어휘 **be concerned about** ~을 걱정하다 **be concerned in** ~에 관여하다

05
All safety gear 주어 / must comply _____ 동사 / TAP company's safety guidelines 목적어.

(A) for
(B) at
(C) by
(D) with

> comply with는 토익에서 자주 나오는 빈출 숙어이다. '~을 지키다, 준수하다, 따르다'라는 의미로 출제된다. 여기서는 동사가 쓰이고 있지만, compliant with, compliance with처럼 comply의 형태가 다른 품사로 바뀌어도 기본적으로 전치사는 변함이 없다는 것을 알아두자.

해석 모든 안전 장비는 TAP 회사의 안전 지침을 반드시 준수해야 한다. 어휘 **guideline** 지침

06
Guests 주어 / can find 동사 / many affordable restaurants 목적어 / _____ the Seattle city limits 수식어.

(A) of
(B) into
(C) for
(D) within

> 보기가 전부 전치사인 전치사 선택 문제이다. 앞뒤 내용을 봐야 하는데 뒤에 범위를 나타내는 표현이 있다. 범위를 나타내는 기본적인 전치사 within이 정답이다. into는 '~안으로'라는 의미를 가지기 때문에 come into, put into, throw into처럼 주로 행동을 나타내는 동작동사와 함께 쓰인다.

해석 방문객들은 많은 저렴한 레스토랑을 시애틀 시 범위 안에서 발견할 수 있다. 어휘 **affordable** 저렴한 **limit** 범위, 경계

07
The documents 주어 / that mailman should deliver 수식어(= 형용사절) / are placed 동사 / _____ the manager's office 수식어.

(A) at
(B) among
(C) of
(D) through

> 보기가 전부 전치사인 전치사 선택 문제이다. 앞뒤 내용을 봐야 하는데 뒤에 장소를 나타내는 명사가 있다. 장소를 나타낼 수 있는 대표적인 전치사는 at이다. at은 정확한 장소를 나타내는 데 쓰이기 때문에, at home, at school, at LG CNS, at 23rd willow street 등 작은 개념의 장소나, 지점, 주소 앞에 쓰인다. 뒤에 office는 비교적 작은 장소로 at과 잘 쓰인다.

해석 우체부가 배달해야 하는 서류들은 매니저의 사무실에 놓여 있다. 어휘 **document** 문서, 서류 **be place** 놓여 있다, 나누다

08
Janet Casey 주어 / will be 동사 / out of the office 보어 / _____ Friday of the next week 수식어.

(A) about
(B) between
(C) until
(D) since

> 보기가 전부 전치사인 전치사 선택 문제이다. 앞뒤 내용을 봐야 하는데 뒤에 시점을 나타내는 명사가 있다. between은 between A and B 형태로 흔히 쓰이고, since는 'since+명사'로 '~이래로'라는 의미를 가질 때는 주절의 시제가 현재완료여야 한다. 다음 주 금요일까지 사무실에 없을 것이라는 의미이므로 '~까지'라는 의미의 until이 정답이다.

해석 자넷 케이시는 다음 주 금요일까지 사무실에 없을 것이다.　어휘 **be out of office** 사무실을 비우다, 출장 가다

09
_____ all the cars that Stella Cop sells 수식어, the SC-800 series 주어 / are 동사 / the most popular 보어 / with customers 수식어.

(A) By
(B) In
(C) From
(D) Of

> 보기가 전부 전치사인 전치사 선택 문제이다. 앞뒤 내용을 봐야 하는데 뒤에 제품을 나타내는 cars가 있다. 전체적인 의미 흐름을 봤을 때, '모든 자동차 중에'라는 표현이 되어야 하므로 of(~중에)가 정답이다. of는 기본적으로 '~의'라는 의미로 많이 쓰이며 out of와 of가 '~중에'라는 같은 의미로 쓰이기도 한다.

해석 스텔라 콥이 판매하는 모든 자동차들 중에, SC-800 시리즈가 고객들에게 가장 인기 있다.　어휘 **be popular with** ~에 인기가 있다, 평이 좋다

10
When 접속사 / the representatives 주어 / arrive 동사 / _____ Spring town 수식어, they 주어 / will be staying 동사 / at our finest hotel in Ozwell 수식어.

(A) on
(B) with
(C) by
(D) from

> 보기가 전부 전치사인 전치사 선택 문제이다. 앞뒤 내용을 봐야 하는데 뒤에 장소를 나타내는 명사가 있다. town과 같은 큰 장소를 나타내는 명사와 쓰일 수 있는 대표적인 전치사는 in인데 보기에서는 in을 대신할 수 있는 전치사를 찾아야 한다. from은 '~로부터'라는 의미로 장소와 쓰일 수 있다. from Boston, from out of town 등 '그곳으로부터 왔다'는 의미로 쓰일 수 있기 때문에 적절하다.

해석 대표단이 스프링 타운으로부터 도착하면, 그들은 오즈웰에 있는 가장 좋은 호텔에서 머무를 것이다.　어휘 **representatives** 대표, 대리인　**fine** 괜찮은, 질 좋은, 만족할 만한

파트 6
p.192-193

01 (C) **02** (B) **03** (A)
04 (C) **05** (D) **06** (B)

01 > 'way+to부정사'로, way는 to부정사가 뒤에서 수식해 주는 명사이다. ability, plan, chance 등의 명사는 to부정사가 수식해 주며 '~하는'이라는 의미로 해석된다. 필리핀으로 여행하는 가장 저렴한 방법으로 해석된다. to부정사가 형용사로 수식하는 특정 명사들을 외우고 있으면 쉽게 문제를 풀 수 있다.

02 > '소유격+명사'로, 뒤에 명사가 있을 때는 명사를 수식해 주는 소유격 인칭 대명사가 필요한 자리이다. 기본 문제로 인칭 대명사는 어떤 격이 필요한지를 묻는 질문이 주로 나오기 때문에 필요한 역할을 할 수 있는 형태를 고를 수 있도록 구조를 빠르게 따져야 한다.

03 > 동사원형으로 시작하는 명령문, 제안문, 권유문의 형태로 빈칸 뒤에 접속사인 and까지 동사가 없다는 것을 판단해야 한다. 보기에서 동사와 동사가 아닌 품사가 있을 때는 가장 먼저 동사가 들어갈 자리인지부터 판단할 수 있어야 한다. 파트 6는 동사원형으로 시작되는 명령, 제안, 권유문의 형태가 종종 출제된다는 것을 알고 있어야 한다.
해석 즐기세요. 이번이 마지막 기회입니다!
시간과 돈을 아끼세요! 우리의 사이트가 아닙니다. www.goairways.com에 오셔서 필리핀으로 가는 가장 저렴한 방법에 대해서 알아 보세요. 고우어웨이즈는 필리핀으로 가는 특별 패키지를 이번 주말 특별한 할인으로 해주고 있습니다.
이 여행은 항공, 호텔, 렌트카 그 이상을 포함하고 있습니다. 해변에서 맛있는 음식과 술로 잊을 수 없는 밤들을 보낼 것입니다. 매월 발송되는 이메일을 받도록 선택하신다면 자동적으로 원래 금액에서 5퍼센트의 추가 할인을 받을 수 있습니다.
마지막 기회를 놓치지 마세요. 이 광고를 윌슨 센터에 있는 사무실로 가져오시면 웹사이트와 같은 금액의 패키지를 받을 수 있습니다.
어휘 **economical way** 저렴한 방법 **unforgettable** 잊을 수 없는 **priced** 값이 붙은, 값이 책정된

04 > 동사 문제이므로 수, 태, 시제를 따져봐야 한다. (D) be hosted는 동사가 아니므로 정답에서 제거한다. 남은 보기에서 수 일치나 태 일치로 제거할 수 없는 시제 문제이다. 시제 문제는 앞뒤 내용을 파악해 봐야 하는데 뒤에 이 이벤트의 목적은 인정하기 위함이었다는 의미로 과거시제가 나왔기 때문에 이미 연례 회의를 주최한 것이므로 과거시제인 (C) hosted가 정답이다.

05 > 'many+복수 명사'로, many는 뒤에 복수 명사가 필요한 형용사이다. highlight는 동사와 명사가 둘 다 될 수 있는 품사이지만 여기서는 명사로 복수 명사인 (D) highlights가 정답이다. many 뒤에는 동명사가 올 수 없다. 수량 형용사와 어울리는 명사를 기억하면 쉽게 선택할 수 있는 문제이다.

06 > 'during+명사'로, 빈칸 뒤에 명사만 있기 때문에 전치사가 필요한 자리이다. 접속사인 while 뒤에는 '주어+동사' 형태가 나와야 하며 때로는 주어, 동사가 생략된 'while+-ing' 형태로 나오게 된다. 부사인 however와 thus는 혼자만 쓰여야 하며 뒤에 명사를 동반할 수 없다.
해석 그랜드 멀티미디어 그룹은 11월 19일 캐나다에 있는 나이아가라 호텔에서 연례 행사를 개최했다. 이 행사의 목적은 한해 동안 뛰어난 공적을 낸 몇몇 직원들을 인정하기 위함이었다. 많은 흥미로운 진행 중에, 회장인 스티브 홉킨스가 댄 브라운에게 특별한 상을 수여했다. 브라운 씨는 지난 12년 동안 고문으로서 회사에 봉사했다. 행사 중에, 홉킨스는 또한 다음 연례 행사는 회사의 50주년 기념 행사가 될 것이라고 언급했다.
어휘 **host** 주최하다 **recognize** (공로 등을) 인정하다 **accomplishments** 업적, 공적 **mention** 언급하다

PART 7
p.222-225

01 (D) 02 (B) 03 (D) 04 (B) 05 (B)
06 (C) 07 (B) 08 (C) 09 (B) 10 (D)

수신: 영국, KTBM 사의 직원들
발신: 랜스 터널스, 영국 지사 부서장
날짜: 2월 19일
회답: 인사 부장

전 직원에게

(01) 자넷 클라렌스가 저희 첼시 지점에 인사 부장으로 오게 된 것을 여러분께 알려드립니다. (02) 영국 지사로 전근 오기 전에, 클라렌스 씨는 2년 동안 KTBM의 아테네 지사에서 인사부 차장으로 근무했습니다. 그녀는 그곳에서 KTBM 사의 전 지점에서 현재 사용하고 있는 보다 효율적인 채용 절차를 개발하고 실행하여, 유망한 업무를 수행했습니다. 또한, 그녀는 신입사원의 실무 교육 과정을 간소화하는 직원 능력 개발 프로그램을 만드는 데 애를 썼습니다. KTBM 사에 입사하기 전에, 그녀는 볼드윈 테크 사의 프라하 지점에서 인사 부서 교육 담당자로 일을 시작했습니다. 코펜하겐에서 듀카드 대학 경영학부 졸업자로서, 저는 클라렌스 씨의 지도하에 저희 지점이 더 성장할 것이라고 확신합니다. 그녀를 반갑게 맞이하기 위해, 다음주 금요일 저녁 7시 30분 직원 만찬에 여러분 모두가 참석해 주시길 바랍니다.

랜스 터널스

어휘 **employee** 직원 **would like to** ~하고 싶다 **inform A that** ~에게 ~이하를 알리다 **summon** 소집하다, 불러 일으키다 **branch** 지사 **human resources** 인사부 **transfer** 전근가다 **assistant** 조수, 보조자 **promising** 전도 유망한, 기대할 수 있는 **performance** 업무 성과 **develop** 개발하다 **implement** 실행하다 **efficient** 효율적인 **recruitment** 모집, 보충 **procedure** 절차, 진행 **currently** 현재의 **manage** 관리하다, 경영하다 **create** ~을 창조하다, 만들어내다 **employee-development program** 직원 능력 개발 프로그램 **enable** ~을 가능하게 하다 **job-training process** 직원 실무 교육 과정 **career** 경력 **further** 더욱 더 **under the guidance of** ~의 지도하에

---

01 **(D)** To announce the arrival of a new team member

> 이메일을 보낸 목적을 묻는 질문이다. 글의 목적은 주로 지문의 상단부에 정답의 근거가 제시된다. 이메일의 첫 번째 문장 I would like to inform you that Janet Clarence has been summoned to our Chelsea branch as the director of human resources.을 통해서 새로운 인사 부장으로 Janet Clarence가 오게 된다는 것을 알려주고 있으므로 정답은 (D)이다.

해석 이메일의 목적은 무엇인가?
(A) 채용 공고를 설명하기 위해
(B) 채용에 필요한 도움을 요청하기 위해
(C) 직원 능력 개발 프로그램을 소개하기 위해
(D) 새로운 팀원을 소개하기 위해

어휘 **purpose** 목적 **describe** 설명하다 **job opening** 채용 공고 **request** 요청하다 **recruiting** 채용 활동 **introduce** 소개하다 **announce** 알리다 **arrival** 도착

02 **(B)** In Athens

> 클라렌스 씨(Ms. Clarence)가 가장 최근에 일을 했던 장소를 묻는 문제로, 세부사항에 대한 문제이다. 지문에서 질문의 키워드 Ms. Clarence와 함께 장소와 관련된 언급이 나오는 부분에서 정답의 근거가 제시된다. 지문의 두 번째 줄에서, Before her transfer to England, Ms. Clarence has been the acting assistant director of human resources in KTBM's Athens branch for two years.을 통해 2년 동안 Athens 지점에서 근무했다고 했으므로 정답은 (B)이다.

해석 이메일에 의하면, 클라렌스 씨가 가장 최근 일했던 곳은 어디인가?
(A) 영국
(B) 아테네
(C) 코펜하겐
(D) 프라하

먼로 (6월 14일) – 6월 12일, (03) 새들브룩 유나이티드 사의 대표이사인 그레이 스코필드 씨는 (04) 세 번째 할인점을 개장할 것이라는 회사의 계획을 발표했다. 노스 캐롤라이나에 본사를 둔 새들브룩 유나이티드 사는 시카고 중심부에 대규모 상가를 사들였다. 건물 리모델링은 이 달 말에 착수해서 크리스마스 몇 주 전에 완료될 예정이다. 스코필드 씨는 또한 새들브룩 유나이티드가 3년 이내에 서해안의 6개 주요 도시로 매장을 확장할 계획이라고 말했다.

새들브룩 유나이티드 사는 불과 4년 전에 사업을 시작했을 뿐이지만, 고객을 끌 수 있는 다양한 할인을 제공하면서 빠르게 이름을 알릴 수 있었다. (05) 지난 2년 동안, 이 회사의 판매 기록은 더본포츠 사보다 더 높은 것으로 나타났으며, 전문가들은 올해 말에는 차이가 더 벌어질 것으로 예상하고 있다.

어휘 **announce** 알리다, 발표하다 **outlet** 할인점, 아울렛 **purchase** 구매하다 **commercial** 상업의 **in the heart of** ~의 중심부에 **renovation** 수리, 혁신 **be scheduled to** ~할 예정이다 **be expected to** ~할 예정이다 **complete** 완성하다 **plan to** ~할 계획이다 **expand** 확대하다 **major** 주요한 **in the matter of** 불과 ~만에 **be able to** ~할 수 있다 **reputation** 평판, 명성 **a variety of** 다양한 **attract** 끌어당기다, 매료시키다 **discount** 할인 **show** 보여주다, 나타내다 **sales record** 판매 기록 **expert** 전문가 **expect** 예상하다 **further** 더 멀리 **widen** 넓어지다

03 (D) An outlet store's expansion plans

> 기사의 주제가 지문 전반부에 등장하는 전형적인 형태를 보여주는 지문이다. 기사문의 첫 번째 문장 the CEO of Saddlebrook United, Gary Scofield announced the company's plan to open its third outlet store.에서 세 번째 상설 할인 매장을 개장할 계획이라고 하였으므로 (D)가 정답이다. 세 번째로 개장한다는 것을 expansion '확장'이라고 표현한 것을 주의하자.

해석 기사는 주로 무엇에 관한 내용인가?
(A) 백화점들의 늘어나는 인기
(B) 데번포츠 사의 취업 기회
(C) 새들브룩 유나이티드 사의 지난 해 판매 기록
(D) 할인점 확장 계획

어휘 **article** 기사 **mainly** 주로, 대부분 **increasing** 증가하는 **popularity** 인기 **department store** 백화점 **job opportunity** 취업 기회 **expansion** 확장

04 (B) Two

> Saddlerbrook United는 이번에 세 번째 매장을 개장한다는 계획을 발표했다. 따라서 현재 이 회사가 운영하고 있는 상점은 두 곳이라는 것을 알 수 있다.

해석 새들브룩 유나이티드 사는 현재 몇 개의 상점을 운영하고 있는가?
(A) 없음
(B) 2개
(C) 3개
(D) 4개

어휘 **currently** 현재, 최근에 **operate** 운영하다

05 (B) It is a competitor of Saddlebrook United.

> Davenports는 해당 기사의 대상 업체가 아니라 제3자로 볼 수 있다. 따라서 고유명사 Davenports를 키워드로 잡아 지문에서 찾아 보면 두 번째 단락의 마지막 문장 For the last two years, it had shown better sales record than that of Davenports and experts expect that the gap will further widen by the end of this year.에서 Saddkebrook United는 지난 2년간 Davenports보다 실적이 좋았으며 전문가들이 차이가 더 커질 것이라고 예상한다고 했으므로 현재 Saddlebrook United와 경쟁 관계에 있는 기업임을 알 수 있다.

해석 데본포츠에 대해 무엇을 유추할 수 있는가?
(A) 새들브룩 유나이티드 사와 합병할 것이다.
(B) 새들브룩 유나이티드 사의 경쟁사이다.
(C) 새로운 광고 회사를 고용할 계획이다.
(D) 서부 지역에 주력하다

어휘 **imply** 암시하다, 의미하다 **merge** 합병하다 **competitor** 경쟁자 **hire** 고용하다 **marketing firm** 광고 회사 **focus on** ~에 중점을 두다, 집중하다

수신: 에드워드 마이어스 <edmyers@qwayne.com>
발신: 자넷 찰스 <jcharles@qwayne.com>
날짜: 일정표 초안
제목: 2월 17일

안녕하세요, 에드워드 씨

3월과 4월의 일정표 초안을 완성했습니다. 아래 일정표가 제시되어 있으며, 저희 웹사이트 행사란에도 일정표를 올렸습니다.

질문이 있으시거나 일정을 바꾸고 싶으시면 저에게 연락해 주시기 바랍니다.

감사합니다.
자넷

큐 웨인 엔터프라이즈 협회 3월~4월 행사
모든 행사는 파크 리조트 호텔에서 열립니다.

3월 14일: 오전 11:00 – 오후 3:00
행사: 사업 전략 과정
장소: 대회장 1층
가격: 현장 등록은 50달러
참고: 사전 등록 가능 (40달러)

3월 20일: 오전 9:00 – 오후 3:00
행사: (06) 국제 직업 박람회
장소: 조단 연회장
가격: 30달러
참고: (06) 사전 등록만 가능

4월 16일: 오전 11:30 – 오후 12:45
행사: 인맥 형성 오찬 (뷔페)
장소: 시푸드 가든스
가격: 사전 등록 20달러 또는 현장 등록 30달러
참고: 참석 가능 인원 200명
사전 등록 권장

4월 28일: 오후 5:00–7:30
행사: 제품 마케팅 세미나
장소: 대회장 1층
가격: 40달러
참고: 사전 등록 불가능

수신: 자넷 찰스 <jcharles@qwayne.com>
발신: 에드워드 마이어스 <edmyers@qwayne.com>
제목: 회의 관련 추가 정보
날짜: (08) 3월 3일

자넷,

이미 알고 계시듯이, (08) 우리는 매달 첫째 날에 위원회 회의를 개회합니다. 가장 최근 회의는 이틀 전에 오전 11시부터 12시까지 열렸었습니다.

몇 가지 추가된 정보들을 알려드리도록 하겠습니다. (09) 카르멘 샌더스는 4월에 있는 투자 세미나를 진행할 수 없을 것 같다고 했습니다. (09, 10-B) 도널드 딕슨에게 연락을 해주셔서 그가 대신 진행을 해줄 수 있는지 물어보시겠습니까? 제가 이미 그에게 말을 해놓았는데 아마도 승낙할 것으로 보입니다. 만약 그가 할 수 없다고 한다면, 저에게 바로 알려주시길 바랍니다.

(07) 또한, 저희는 인맥을 쌓을 수 있는 오찬 시간을 연장하기로 결정했습니다. 그래서 1시에 행사가 끝날 것입니다. 시작 시간은 동일합니다. 이것이 최종 변경 사항입니다. (10-C) 그러므로 반드시 변경해야 하는 사항들이 있다면 웹사이트에서 해 주시길 바랍니다. (10-A) 그런데, 혹시 괜찮으시다면, 3월 16일 접수처에서 업무를 좀 봐 주실 수 있으시겠습니까? 감사합니다.

에드워드

어휘 **complete** 완성하다 **draft** 초안 **include** 포함하다 **be held** 열리다 **in advance** 사전에, 미리 **registration** 등록 **hold** 개최하다 **committee** 위원회 **recent** 최근의 **take place** 개최하다 **investment** 투자 **lead** 이끌다 **replace** 대신하다 **extend** 연장하다

06 (C) The international trade fair

> 사전 등록을 해야 하는 행사가 무엇인지를 묻는 문제이다. 첫 번째 지문에서 3월 20일의 행사를 보면 참고(Notes)에 사전 등록만 가능하다고 했으므로 정답은 (C)가 된다.

해석 어떤 행사에 사전 등록을 해야 하는가?
(A) 부동산 투자 세미나
(B) 인맥 형성 오찬
(C) 국제 직업 박람회
(D) 마케팅 전략 과정

어휘 **advanced registration** 사전 등록 **real estate** 부동산 **international** 국제적인 **trade fair** 무역 박람회 **marketing strategy** 마케팅 전략 **course** 강좌, 과정

07 (B) From 11:30 a.m. to 1:00 p.m.

> 인맥 형성 행사에 관해 묻는 문제이므로 4월 16일의 행사 부분을 보면 된다. 4월 16일 오전 11시 30분부터 12시 45분까지 행사가 진행된다고 하였으나 두 번째 지문의 마지막 단락의 첫 번째 문장을 보면(Also, we decided to extend the networking lunch, so it will now end at 1:00 p.m.) 인맥 형성 행사의 시간을 연장하여 오후 1시에 끝난다고 하였으며 이어서 (The start time will remain the same.) 시작 시간은 동일하게 유지된다고 하였으니 11시 30분부터 1시라고 한 (B)가 정답이다.

해석 인맥 형성 행사는 언제 열릴 것인가?
(A) 오전 11시 30분부터 오후 12시 45분까지
(B) 오전 11시 30분부터 오후 1시까지
(C) 오전 11시 45분부터 오후 12시 45분까지
(D) 오전 11시 45분부터 오후 1시까지

어휘 **take place** 열리다, 개최하다

08 (C) On April 1

> 위원회 회의에 대한 세부사항을 묻는 문제로, 키워드는 committee meeting이다. 두 번째 지문의 첫 번째 문장에서(we hold a committee meeting on the first day of every month.) 매달 첫 번째 날에 위원회 회의가 있고, 이메일을 보낸 날짜가 3월 3일로 되어 있으므로 다음 위원회 회의는 4월 1일임을 알 수 있다. 정답은 (C)이다.

해석 다음 위원회 회의는 언제 열릴 것인가?
(A) 3월 1일
(B) 3월 3일
(C) 4월 1일
(D) 4월 16일

어휘 **committee** 위원회 **be held** 열리다

---

09 (B) Donald Dickson

> 누가 투자 세미나에서 강연을 할 것인지를 묻는 문제이다. 키워드는 a seminar on investments(투자 세미나)이다. 두 번째 지문의 두 번째 단락에서 Carmen Sanders가 강연을 하기로 되어 있었는데 할 수 없을 것 같아 Donald Dickson에게 부탁을 해놓았다고 했으므로 정답은 (B)이다.

해석 이메일에 의하면, 누가 투자 세미나에서 강연을 할 것인가?
(A) 자넷 찰스
(B) 도널드 딕슨
(C) 카르멘 샌더스
(D) 에드워드 마이어스

어휘 **according to** ~의하면, 따르면

---

10 (D) Change the date of a seminar

> 요구 사항을 묻는 질문의 경우, 주로 지문의 하단부에 정답이 제시된다. 또한 NOT question의 문제이므로 보기와 지문의 내용을 대조하여 오답을 제거한다. 두 번째 지문의 하단부 so please make the necessary changes on our Web site.에서 (C)를 확인할 수 있고 By the way, if it's all right with you, would you mind working at the registration desk for the March 16 event?에서 (A)를 확인할 수 있는데, 3월 16일의 행사를 확인해 보면 Networking Lunch가 맞으므로 (A)도 오답이 된다. Could you contact Donald Dickson and find out whether he could replace her?에서 (B)를 확인할 수 있으므로 오답이다. 그러므로 정답은 지문에 언급되지 않은 내용인 (D)이다.

해석 마이어스 씨가 찰스 씨에게 요구하지 않은 것은 무엇인가?
(A) 인맥 형성을 할 수 있는 오찬에서 일하기
(B) 대신 연설을 해줄 연설자에게 연락하기
(C) 웹사이트 업데이트 하기
(D) 세미나 날짜 변경하기

어휘 **potential** 잠재적인

PRACTICE TEST
ANSWER & COMPREHENSION

PART 5
p.228-233

101 (C)	102 (A)	103 (B)	104 (A)	105 (C)
106 (D)	107 (B)	108 (D)	109 (A)	110 (A)
111 (B)	112 (B)	113 (C)	114 (C)	115 (C)
116 (B)	117 (B)	118 (D)	119 (B)	120 (A)
121 (D)	122 (A)	123 (D)	124 (C)	125 (D)
126 (D)	127 (C)	128 (B)	129 (D)	130 (C)
131 (D)	132 (B)	133 (D)	134 (A)	135 (B)
136 (B)	137 (B)	138 (A)	139 (A)	140 (A)

101 Mr. Jackson 주어 / advises 동사 / new employees 목적어 / to enable them 보어 / to perform _____ duties efficiently 수식어 / at all times 수식어.

(A) they 주격
(B) them 목적격
(C) their 소유격
(D) theirs 소유대명사

> '소유격+명사'로, 뒤에 있는 명사를 수식해 줄 수 있는 인칭대명사는 소유격만 올 수 있다. 소유격 뒤에는 꼭 명사가 와서 주어, 목적어, 보어의 역할을 할 수 있다.

해석 잭슨 씨는 새로운 직원들에게 항상 그들의 업무들을 효율적으로 수행할 수 있게 하라고 조언했다. 어휘 **advise** 조언하다 **enable A to 동사원형** A가 ~하도록 가능하게 하다 **perform** 수행하다

102 AD Motor's revenue 주어 / grew 동사 / by $2 million this year 수식어, which 주어 / represents 동사 / an _____ 목적어 / of 10 percent compared to last year 수식어.

(A) increase 단수 명사
(B) increased 과거 동사
(C) increases 복수 명사
(D) increasingly 부사

> 'an+단수 명사'로, 관사 뒤에는 꼭 명사가 필요한 자리이다. increase는 명사와 동사가 둘 다 될 수 있지만 여기서는 명사로 쓰이고 있고 an이 있어 단수 명사를 선택하는 기본 문제이다.

해석 AD 모터스의 매출은 올해 200만 달러만큼 성장했는데, 이는 지난해와 비교했을 때 10%의 인상을 나타낸다. 어휘 **revenue** 매출 **represent** 나타내다, 대표하다

103 Information brochures 주어 / will be sent 동사 / to all registrants a week 수식어 / before the seminar _____ 수식어(= 부사절).

(A) began 과거시제
(B) begins 현재시제/단수
(C) beginning 동명사
(D) begin 현재시제/복수

> '접속사+주어+동사'로, before가 접속사로 쓰인 것을 알아 보고 동사를 선택해야 하는 문제이다. 수 일치로 (D)는 제거, 의미상 아직 시작하기 전이기 때문에 현재시제인 (B)가 정답이 된다. before는 시간과 조건의 나타내는 부사절로 시제가 미래여도 현재시제로 쓰이고 있는 것이다.

해석 세미나가 시작하기 일주일 전에 정보책자는 모든 등록자에게 보내질 것이다. 어휘 **brochure** 소책자 **registrants** 등록자

104 Ahn's Laboratory 주어 / is expected 동사 / to open its first international branch 보어 / in _____ Boston or Seattle 수식어.

(A) either (A or B)
(B) both (복수 명사)
(C) neither (A nor B)
(D) still 부사

> either A or B로 상관접속사의 일부를 선택하는 문제이다. 거의 매달 한 문제씩 출제되고 있으며 보기에 상관접속사가 하나라도 있을 때는 같이 쓰이는 표현을 찾아보는 것이 중요하다.

해석 안스 실험실은 첫 번째 국제 지점을 보스턴이나 시애틀에서 개업할 것으로 예측되고 있다. 어휘 **be expected** 예상되다

105 All the children's sections 주어 / at the Square Library 수식어 / will be painted 동사 / _____ the weekend 수식어.

(A) above 전치사
(B) between 전치사
(C) during 전치사
(D) among 전치사

> 'during+기간 명사'로 전치사 문제는 숙어가 아닌 이상 앞뒤 내용을 파악해 해석상 올바른 것을 선택해야 한다. 주말 동안에 페인트가 칠해 질 것이라는 의미이므로 '~동안에'라는 의미를 나타내는 during이 정답이다.

해석 스퀘어 도서관의 모든 어린이 구역은 주말 동안에 페인트칠이 될 것이다. 어휘 **section** 부분, 구역

106 Asian Pacific Airlines 주어 / requests 동사 / that, as a ticket passenger 수식어, _____ 주어 / present 동사 / proof of identification 목적어 / when boarding the plane 수식어.

(A) yours 소유대명사
(B) your 소유격
(C) yourself 재귀대명사
(D) you 주격/목적격

> '주어+동사'로 빈칸이 주어가 필요한 자리라는 것을 알아 봐야 한다. that절 뒤에 콤마 사이에 있는 표현은 수식어로 문장 구조에 있어 중요하지 않고, 종속절의 동사인 present 앞에 주어가 될 수 있는 you가 정답이다.

해석 아시안 퍼시픽 항공사는 당신이 티켓을 가진 승객으로서 비행기에 탑승할 때 신분증을 확인할 수 있는 증거를 보여줄 것을 요청한다. 어휘 **request** 요청하다 **proof** 증명, 증거 **board** 탑승하다

107 If 접속사 / the dessert tray 주어 / is 동사 / _____ 보어, managerial staff 주어 / should refill 동사 / it 목적어 / with refreshment from the refrigerator 수식어.

(A) stuck (틈 등에) 끼어 있다, 막혀 있다
(B) empty 비워 있다
(C) single 단 하나의, 홀로
(D) final 마지막, 최종

> 문맥상 적절한 형용사를 선택하는 형용사 어휘 문제이다. 트레이가 비어 있다면 채워 준다는 의미가 적당하므로 정답은 empty이다.

해석 만약에 디저트 트레이가 비어있다면, 관리 직원은 냉장고로부터 다과들로 채워야 한다. 어휘 **managerial staff** 관리 직원 **refreshment** 다과, 가벼운 음식 **refrigerator** 냉장고

108 Many parents 주어 / with young children 수식어 / are willing to pay 동사 / a little more 목적어 / for food 수식어 / that is produced _____ 수식어(= 형용사절).

(A) locality 명사
(B) locals 명사
(C) local 형용사
(D) locally 부사

> '완전한 절+부사'로 빈칸은 절을 수식해 줄 수 있는 부사가 필요한 자리이다. 보기의 품사가 다를 때는 문장의 구조를 빨리 판단해서 필요한 역할을 하는 품사를 고르는 기본 문제로, 이런 문제는 모두 맞출 수 있어야 한다.

해석 어린 애들을 키우고 있는 많은 부모들은 고장에서 키운 음식들을 위해서 약간의 돈을 더 지불하는 것을 꺼리지 않는다. 어휘 **be willing to 동사원형** ~할 의지가 있다, ~하길 꺼리지 않는다 **a little** 약간 **produce** 생산하다

---

109 _____ 접속사 / the photographs 주어 / were submitted 동사 / past the due date 수식어, they 주어 / will be included 동사 / in the next issue of the company magazine 수식어.

(A) Since 접속사
(B) As if 접속사
(C) Even 부사
(D) Nearly 부사

> '접속사+주어+동사'로, 빈칸 뒤에 절이 있으므로 빈칸은 접속사가 필요한 자리이다. 부사 접속사 중에 해석상 '때문에'라는 의미를 가지고 있는 since가 정답이다.

해석 마감일 이후에 사진들이 제출되었기 때문에, 그것들은 다음달 회사 잡지에 포함될 것이다. 어휘 **as if** ~인 것처럼 **be submitted** 제출되다 **due date** 마감일 **issue** (신문, 서적 등의) 발행물

---

110 Sales 주어 / of the smart phones 수식어 / have boosted 동사 / Apple Telecommunication's profits 목적어 / by _____ 10 percent 수식어.

(A) nearly 거의
(B) closely 면밀히, 엄밀히
(C) carefully 주의 깊게, 신중히
(D) equally 평등하게, 동등하게

> 의미상 적절한 부사를 선택하는 부사 어휘 문제이다. 빈칸 뒤에 나오는 수치를 수식하는 부사로 의미가 올바른 nearly가 정답이다.

해석 스마트폰의 판매는 애플 텔레커뮤니케이션의 수익을 거의 10%만큼 끌어올렸다. 어휘 **boost** 밀어 올리다, 끌어 올리다 **profits** 수익

---

111 Candidates 주어 / who were interviewed at the executive meeting 수식어(= 형용사절) _____ 동사 / by the recruiter early next week 수식어.

(A) will contact 능동/미래
(B) will be contacted 수동/미래
(C) would contact 능동/과거
(D) have been contacted 수동/현재완료

> 빈칸은 동사가 필요한 자리로 수, 태, 시제를 검토해야 한다. 뒤에 목적어가 없으므로 수동태를 써야 하며, next week가 있기 때문에 미래시제가 정답이다.

해석 이사회의에서 인터뷰한 후보자들은 다음주 초에 리쿠르터에게 연락을 받을 것이다. 어휘 **candidates** 후보자 **recruiter** 리쿠르터

112 Seimos Steel Inc. 주어 / tries 동사 / to keep the cost down 목적어, _____ the increasing price of raw materials 수식어.

(A) because 접속사
(B) despite 전치사
(C) although 접속사
(D) whether 접속사

> '전치사+명사'로 접속사 뒤에는 '주어+동사', 전치사 뒤에는 명사가 와야 하는 것을 알아 보는 문제이다. 전치사와 접속사의 의미는 같아도 구조상 전치사인 despite이 정답이 되는 기본 문제이다.

해석 세이모스 스틸 사는 원자재의 증가하는 가격에도 불구하고 비용을 줄이려고 노력한다. 어휘 **keep the cost down** 비용을 낮추다 **raw materials** 원자재

113 When in the Sansonic Laboratory 수식어, please make sure 동사 / your _____ is visible 목적어(명사절) / at all times 수식어.

(A) decision 결정
(B) reservation 예약
(C) identification 신분증
(D) interruption 방해, 중단

> 의미상 적절한 명사를 선택하는 어휘 문제이다. 신분증이 항상 보이도록 해야 하는 것이므로 정답은 identification이다.

해석 샌소닉 실험실에 있을 때, 당신의 신분증이 항상 보이도록 해주세요. 어휘 **make sure** 확실히 하다 **visible** (눈에) 보이는 **at all times** 항상

114 Due to unexpected _____ constraints 수식어, we 주어 / have been forced 동사 / to delay our grand opening 수식어 / of the project 수식어.

(A) budgeted 과거동사/과거분사
(B) to budget to부정사
(C) budgetary 형용사
(D) budgets 명사

> '형용사+명사'로, 빈칸 뒤에 명사를 수식해 줄 수 있는 품사는 형용사이다. 보기에서 형용사와 분사가 함께 있는데, 의미가 기본적으로 같다면 항상 형용사가 답이 된다는 것을 기억해야 한다.

해석 예측하지 못한 예산적인 제한 때문에 우리는 프로젝트의 오프닝을 연기해야 했다. 어휘 **unexpected** 예기치 않은, 뜻밖의 **constraints** 제한 **delay** 연기하다, 지연하다

115 To avoid further delays in manufacturing goods 수식어, the engineers 주어 / will need to work 동사 / even more _____ 수식어 / to fix the mechanical problem 수식어.

(A) swiftest 최상급/형용사
(B) swiftness 명사
(C) swiftly 부사
(D) swift 형용사

> '완전한 절+부사'로, 이 문장에서 more가 중요한 것이 아니라 빈칸에 어떤 역할이 필요한가가 중요하다. 앞에 to work로 끝나고 work는 1형식 완전 자동사이므로 더 이상 필요한 문장 구성 요소 없이 완전한 절이 되었기 때문에 빈칸은 수식어가 될 수 있는 부사가 필요한 자리이다. 보기의 품사가 각기 다른 문제는 문장에서의 기본 역할을 묻는 문제이다.

해석 상품을 제조하는 데 있어 추가적인 지연을 피하기 위해서, 엔지니어들은 기계적인 문제를 고치기 위해서 조금 더 빠르게 일할 필요가 있다. 어휘 **avoid** 피하다 **swiftly** 빠르게, 신속하게 **fix** 고치다

116 Any files 주어 / needed to be typed 수식어 / should be placed 동사 / in the tray 수식어 / to be easily _____ 수식어 / by the clerk 수식어.

(A) access 명사
(B) accessible 형용사
(C) accessibility 명사
(D) accessing 동명사

> '2형식 동사+형용사'로 2형식 동사 뒤에는 보어가 될 수 있는 형용사가 필요한 자리이다. 앞에 있는 부사는 보어가 되는 형용사를 수식하는 수식어의 역할이며 중요한 것은 be동사 뒤에는 보어가 와야 한다는 것이다.

해석 사무원이 쉽게 가져갈 수 있도록 입력이 되어야 하는 모든 파일들은 트레이에 있어야 한다.   어휘 place 놔두다, 놓다   access 입수하다, 접근하다, 이용하다   accessible 이용할 수 있는, 접근할 수 있는   clerk 사무직 직원

117 Our staff 주어 / will _____ 동사 / to all inquiries 수식어 / concerning the new software 수식어.

(A) invite 초대하다, 권유하다
(B) respond 응답하다, 대답하다
(C) confirm 확인하다
(D) review 검토하다

> 의미상 적절한 동사를 선택하는 동사 어휘 문제이다. 뒤에 전치사가 있으므로 자동사 중에 의미가 올바른 단어를 선택해야 한다. 모든 질문들에 응답을 해주는 것이므로 respond가 정답이다.

해석 우리의 직원들은 새로운 소프트웨어에 관련된 모든 질문들에 응답할 것입니다.   어휘 respond to ~에 응답하다   inquiries 질문들   concerning ~와 관련된

118 We 주어 / have received 동사 / your order 목적어 / and 접속사 / will notify 동사 / you 목적어 / _____ the item has shipped 수식어(= 부사절).

(A) but 접속사
(B) so 접속사
(C) than 접속사
(D) once 접속사

> '접속사+주어+동사'로 빈칸 뒤에 주어, 동사가 있기 때문에 접속사가 필요하고 해석상 선택해야 하는 문제이다. 제품이 배송되고 나면 당신에게 알려줄 것이라는 의미가 완성되므로 정답은 once이다.

해석 우리는 귀하의 주문을 받았고 제품이 배송되고 나면 알려드릴 것입니다.   어휘 order 주문   notify 알리다, 말해 주다   ship 배송하다, 운송하다

119 If you 주어 / have _____ submitted 동사 / payment 목적어 / for newsletter subscriptions 수식어, please ignore 동사 / this notice 목적어.

(A) more 더 많은
(B) already 이미, 벌써
(C) closely 면밀히, 엄밀히
(D) very 매우

> 의미상 적절한 부사를 선택해야 하는 부사 어휘 문제이다. 이미 지불을 했다면 통지를 무시해도 괜찮다는 의미이므로 already가 정답이다.

해석 만약에 신문 구독에 대한 납입을 이미 했다면 이 통지를 무시하세요.   어휘 submit payment 지불하다, 납입하다   subscription 구독   ignore 무시하다

120 Although 접속사 / LoGos Associates 주어 / is best known 동사 / for legal company advice 수식어, it 주어 / also _____ in 동사 / criminal law 목적어.

(A) specializes 동사
(B) specialization 명사
(C) specialty 명사
(D) specializing 동명사

> '주어+동사'로 빈칸은 동사가 필요한 자리이다. 보기가 다소 어려워 보인다 하더라도 품사가 다르면 구조를 파악하는 것으로 쉽게 문제를 풀어갈 수 있다. 보기에서 동사가 하나이므로 쉬운 문제이다.

해석 로고스 협회는 기업 법률 자문으로 가장 잘 알려져 있음에도 불구하고, 회사는 또한 형사법도 전문으로 하고 있다.   어휘 legal advice 법률 자문 criminal law 형사법

121 Applicants 주어 / should have 동사 / _____ 목적어 / from more than one institution 수식어.

(A) recommends 동사
(B) recommending 동명사
(C) recommended 과거동사
(D) recommendations 명사

> 'have+명사'로 have가 타동사로 쓰여 뒤에 목적어가 필요한 자리이다. 'have+p.p.'로 현재완료를 만들 수도 있지만 현재완료는 능동형이므로 뒤에 목적어가 필요한데, 여기서는 목적어가 없기 때문에 답이 될 수 없다.

해석 지원자들은 하나 이상의 기관으로부터 받은 추천서가 있어야 한다. 어휘 institution 기관, 협회

122 Wisdom Wind Systems 주어 / guarantee 동사 / that customers _____ satisfied with the cooling system 목적어(= 명사절) / they developed 수식어(= 형용사절).

(A) will be completely 동사
(B) completed 과거분사
(C) have completed 현재완료
(D) completely 부사

> 동사의 일부를 찾는 문제이다. 이미 빈칸 뒤에 p.p.가 있으므로 수동형을 만들어야 한다는 것을 알 수 있다. 따라서 수동형을 만들 수 있는 will be satisfied가 되어야 한다. 부사는 수식어로 구조에 영향을 주지 않기 때문에 구조를 파악할 때는 중요한 요소가 아니다.

해석 위즈덤 윈드 시스템즈는 고객들이 그들이 개발한 냉각 시스템에 완전히 만족할 것이라는 것을 보장한다.   어휘 guarantee 보증하다 will be satisfied 만족할 것이다

123 While 접속사 / it 가주어 / is 동사 / faster 보어 / to travel by highway 진주어, it 가주어 / is 동사 / better 보어 / to take the coastal route 진주어 / since it is more _____ 수식어(= 부사절).

(A) powerful 강력하다
(B) avoidable 피할 수 있다
(C) accelerated 가속화되다
(D) scenic 경치가 좋다

> 의미상 적절한 형용사를 선택해야 하는 형용사 어휘 문제이다. 고속도로가 빠르지만 해안 도로가 풍경이 좋다는 것이므로 정답은 scenic이다.

해석 고속도로 여행하는 것이 빠른 반면에, 그곳이 더 풍경이 좋기 때문에 해안도로를 타는 것이 더 좋다.   어휘 highway 고속도로 coastal route 해안 도로

124 The Ruby gallery 주어 / is sponsoring 동사 / a new artist 목적어, James Bundle 동격, _____ paintings 주어 / will be 동사 / on display 보어 / in December 수식어.

(A) which 접속사+불완전한 절
(B) their 소유격
(C) whose 접속사+완전한 절
(D) that 접속사 (콤마 뒤에는 안 쓰임)

> '접속사+주어+동사'로 접속사가 필요한 자리이다. 접속사가 아닌 (B)는 제거, 콤마 뒤에 that은 올 수 없기 때문에 (D)도 제거, (A)와 (C)가 남는데, 뒤에 완전한 절이면 whose, 불완전한 절이면 which 가 정답이다. 빈칸 뒤에 주어, 동사, 보어가 전부 있는 완전한 절이므로 whose가 정답이다.

해석 루비 갤러리는 12월에 그림이 전시되는 새로운 예술가인 제임스 번들을 후원하고 있다. 어휘 **sponsor** 후원하다, 지원하다

---

125 Guests 주어 / _____ 동사 / to present a valid identification 수식어 / when entering the facility 수식어.

(A) requests 동사/단수/능동
(B) requesting 동명사
(C) to request to부정사
(D) are requested 동사/단수/수동

> '동사의 수, 태, 시제'를 차례로 따져 봐야 하는 동사 문제로, 빈칸은 동사가 들어갈 자리이다. 동사 가 아닌 (B), (C)는 제거, 수 일치로 (A)는 제거하고 남은 수동형인 (D)가 정답이다. 해석상 보더라도 방문객이 요구하는 것이 아니고 요구되고 있는 것이므로 (D)가 올바르다는 것을 알 수 있다.

해석 방문객들은 시설에 입장할 때 유효한 신분증을 제시하도록 요구된다. 어휘 **present** 제시하다, 제출하다 **valid** 유효한 **facility** 시설

---

126 All participants 주어 / should write 동사 / a _____ report 목적어 / on the simulated test 수식어.

(A) best 최고의
(B) previous 이전의
(C) multiple 다수의, 다양한
(D) brief 간단한

> 의미상 적절한 형용사를 선택해야 하는 형용사 어휘 문제이다. 모의 실험에 대한 간단한 보고서를 써야 한다는 내용이므로 정답은 brief이다. 'multiple+복수 명사'로 쓰여야 하며, best는 최상급으로 the best로 나와야 한다.

해석 모든 참가자들은 모의 실험에 대한 간단한 보고서를 써야 한다. 어휘 **simulated test** 모의 실험

---

127 Unlike other managers 수식어, Ms. Unosiki 주어 / likes 동사 / to organize all the appointments 목적어 / _____ 수식어.

(A) hers 소유대명사
(B) her 소유격
(C) herself 재귀대명사(강조용법)
(D) her own 소유격

> '완전한 절+herself'로 완전한 절 뒤의 빈칸은 강조 용법의 재귀대명사가 오는 자리이다. 이때, herself, by herself, on her own은 같은 의미이기 때문에 이 중 하나만 답이 될 수 있다는 것을 잊지 말자.

해석 다른 매니저들과는 다르게, 유노시키 씨는 모든 예약을 스스로 준비하는 것을 좋아한다. 어휘 **unlike** ~와는 다르게 **organize** 준비하다, 구성하다 **appointment** 예약, 약속

128 Design 주어 / for the new city hall in downtown 수식어 / was _____ regarded 동사 / by all members of the community 수식어.

(A) high 형용사/부사
(B) highly 부사
(C) highest 최상급/형용사
(D) higher 비교급/형용사

> 'be+부사+p.p.'로 빈칸은 기본적인 부사 위치이다. 이때, high(높이)도 부사이지만 의미가 다르기 때문에 정답이 아니다. highly recommended처럼 highly는 '매우, 높이 추천되다'라는 의미로 쓰이는 부사이고 high는 jump high처럼 '높게 뛰다'라는 의미를 나타내는 부사이다.

해석 시내에 있는 새로운 시청에 대한 디자인은 지역 구성원들로부터 매우 적극적으로 추천을 받았다.   어휘 **be regarded** 여겨지다 **community** 공동체, 지역 사회

---

129 _____ holding a big national-wide sale every summer 수식어, King Mall 주어 / also runs 동사 / several special sales 목적어 / throughout the year 수식어.

(A) Instead of 전치사
(B) Whether 접속사
(C) As if 접속사
(D) In addition to 전치사

> '전치사+명사'로, 빈칸 뒤에 명사가 있으므로 전치사가 필요한 자리이다. 접속사인 (B)와 (C)는 제거하고 남은 전치사 중에는 해석상 선택해야 한다. 해석상 '대신에'보다는 '추가로'라는 의미가 어울리기 때문에 정답은 in addition to이다.

해석 매년 여름 전국적인 세일은 여는 것 말고도 킹 몰은 또한 일 년 내내 여러 특별 할인을 운영한다.   어휘 **national-wide** 전국적인 **run** 운영하다 **throughout** ~내내

---

130 _____ 주어 / about any defective products 수식어 / should be made 동사 / in the customer office 수식어 / beside the entrance 수식어.

(A) Connections 연결, 접속
(B) Features 특징
(C) Inquiries 질문
(D) Properties 재산, 자산

> 의미상 적절한 명사를 선택해야 하는 명사 어휘 문제이다. 결함 있는 제품에 대한 질문들은 고객 사무실로 해야 한다는 것이므로 '질문'이라는 의미를 가진 inquiries가 정답이다.

해석 결함 있는 제품에 대한 질문들은 입구 옆에 있는 고객 사무실에 해야 한다.   어휘 **defective** 결함이 있는, 불완전한

---

131 Jackie's Kitchen employees 주어 / _____ wish to interview for manager position 수식어(= 형용사절) / must visit 동사 / the office 목적어 / today 수식어.

(A) which 사물+which
(B) when + 완전한 절
(C) what 명사 뒤에는 X
(D) who 사람+who

> '사람+who+동사'로, 선행사가 사람이고 뒤에 동사가 있으므로 주격 관계대명사인 who가 정답이다. what은 명사 뒤에 쓰일 수 없으며, which는 '사물+which+동사'로 쓰인다. 접속사 문제는 간단한 해석과 특징만 파악해도 쉽게 풀어낼 수 있다는 것을 잊지 말자.

해석 매니저 자리를 위해서 인터뷰를 하고 싶어하는 재키스 주방 직원들은 오늘 사무실을 방문해야 한다.   어휘 **wish to 동사원형** ~하기를 희망하다

132 Before 접속사 / you 주어 / operate 동사 / any of our electrical appliances 목적어 / for the first time 수식어, please _____ 동사 / yourself 목적어 / with the instruction manual 수식어.

(A) familiarity 명사
(B) familiarize 동사
(C) familiarizing 동명사
(D) familiarly 부사

> 'please+동사원형'으로, please 뒤에 동사원형으로 시작하는 명령문, 제안문을 만들기도 한다. 이런 특징들을 알고 있으면 문제를 비교적 쉽게 접근할 수 있다.

해석 우리의 전자제품을 처음으로 사용하기 전에 사용 설명서에 정통하세요. 어휘 operate 사용하다, 운영하다 for the first time 처음으로 instruction manual 사용 설명서

133 Dreamworks 주어 / is considering 동사 / _____ the company headquarters 목적어 / to Chicago 수식어.

(A) to relocate to부정사
(B) relocation 명사
(C) has relocated 동사
(D) relocating 동명사

> 'consider+-ing'로, 동명사를 목적어로 취하는 동사를 알아야 한다. is considering은 진행시제지만 타동사이므로 목적어를 취해야 하며 consider는 동명사를 목적어로 취하므로 (D)가 정답이다. recommend, postpone, deny 등 동명사를 목적어로 취하는 동사들은 꼭 암기해야 한다.

해석 드림웍스는 시카고로 본사를 옮기는 것을 고려하고 있는 중이다. 어휘 consider 고려하다 relocate 위치를 옮기다, 이전하다

134 Dr. Smith and Nutrition Energy 주어 / will collaborate 동사 / on the _____ 수식어 / of a series of nutritional supplement 수식어 / for infants 수식어.

(A) development 개발, 발달
(B) instrument 도구, 기구
(C) recruitment 채용, 신규 모집
(D) tournament 시합

> 의미상 적절한 명사를 선택해야 하는 명사 어휘 문제이다. 해석상 영양 보충제에 대한 개발에 협력하겠다는 의미이므로 development가 정답이다.

해석 스미스 박사와 뉴트리션 에너지는 유아들을 위한 영양보충재의 개발에 협력할 것이다. 어휘 collaborate 협력하다, 합작하다 infants 유아

135 _____ the high competition from other brands 수식어, YAMATO's XP-1 주어 / still remains 동사 / the best-selling motor bike 보어 / on the market 수식어.

(A) Although 접속사
(B) Despite 전치사
(C) Neither 형용사
(D) As 접속사/전치사

> '전치사+명사'로 빈칸 뒤에 명사가 있기 때문에 전치사 중에서 정답을 선택해야 한다. 전치사로 쓰일 수 있는 보기 중에 해석상 올바른 despite이 정답이다. as는 전치사일 때 '~로서'라는 의미를 가지기 때문에 올바르지 않다.

해석 다른 브랜드와의 높은 경쟁에도 불구하고 야마토의 XP-1은 여전히 시장에서 가장 잘 팔리는 모터바이크다. 어휘 competition 경쟁 other 다른 remain ~로 남아 있다

136 There are 동사 / a number of quality _____ 주어 / that Kaywell's Safety Company must pass 수식어(= 형용사절) / before they can provide any service to the customers 수식어(= 부사절).

(A) checkable 형용사
(B) checks 명사
(C) checked 과거동사
(D) checking 동명사

> 'a number of+복수 명사'로 quality 뒤에 또 다른 복수 명사가 와서 복합명사를 만들어야 하는 자리이다. 보기에 복수 명사로 쓰일 수 있는 것은 (B) 하나뿐으로 정답을 쉽게 선택할 수 있다. one/each of the 다음에는 복수 명사가 와야 하는 자리라는 것을 알아둬야 한다.

해석 그들이 고객들에게 서비스를 제공하기 전에 케이웰스 세이프티 사가 반드시 통과해야 하는 많은 수질 검사가 있다. 어휘 **quality checks** 수질 검사 **pass** 통과하다 **provide** 제공하다

137 The presentation 주어 / that will be shown on Wednesday 수식어(= 형용사절) _____ 동사 / this year's remarkable achievement 목적어 / of the company 수식어.

(A) highlighting 동명사
(B) highlights 동사/단수
(C) to highlight to부정사
(D) were highlighting 동사/복수/과거진행

> '동사의 수, 태, 시제'를 파악해야 하는 동사 문제로, 빈칸은 동사가 필요한 자리라는 것을 알아 봐야 한다. 동사 중에 수 일치를 이루고 있는 highlights가 정답이다. 이렇게 주어, 동사가 멀리 떨어져 있는 경우가 많기 때문에 문장의 구조를 보는 눈이 꼭 필요하다.

해석 수요일에 있을 발표는 올해의 회사의 놀라운 성취를 강조한다. 어휘 **highlight** 강조하다 **remarkable** 훌륭한, 놀라운 **achievement** 성취, 업적

138 Absolute Cleaners 주어 / provides 동사 / its customer 목적어 / _____ excellent service 수식어 / at competitive prices 수식어.

(A) with 전치사
(B) over 전치사
(C) for 전치사
(D) onto 전치사

> provide A with B로 숙어처럼 쓰이는 표현이다. 이때 A는 꼭 사람이고 B가 사물이 되어야 한다. provide B to A로 사물이 먼저 오면 전치사는 의미에 따라 to가 쓰여야 한다.

해석 앱솔루트 크리너스는 고객들에게 훌륭한 서비스를 저렴한 금액으로 제공한다. 어휘 **competitive price** 저렴한 가격

139 Candidates 주어 / for the position 수식어 / of oversea branch 수식어 / must have 동사 / the _____ 목적어 / to work 수식어 / during the weekends 수식어.

(A) flexibility 융통성, 유연성
(B) commission 의뢰, 청탁, 위탁
(C) destination 목적지
(D) relativity 관련성, 상대성

> 의미상 적절한 명사를 선택해야 하는 명사 어휘 문제이다. 주말에도 일할 수 있는 융통성이 있어야 한다는 의미이므로 정답은 flexibility이다.

해석 해외 지점에 자리를 위한 후보자들은 반드시 주말에도 일할 수 있는 융통성이 있어야 한다. 어휘 **candidates** 후보자

140 Please be reminded 동사 / that we require at least 24 hour notice 목적어(= 명사절) / to _____ parties 수식어 / with more than 15 guests 수식어 / for business lunch 수식어.

(A) **accommodate** 수용하다
(B) **celebrate** 기념하다
(C) **confirm** 확인하다
(D) **originate** 시작하다, 일어나다

> 의미상 적절한 동사를 선택해야 하는 동사 어휘 문제이다. parties는 사람들을 나타내고 있으므로 사람들을 수용하다 라는 의미인 accommodate가 정답이다.

해석 비즈니스 점심식사에 15명 이상의 일행을 수용하려면 최소한 24시간 전에 통지해 주셔야합니다. 어휘 **be reminded** 알아두다 **at least** 최소한 **party** 일행

PART 6
p.234-237

141 (C) 142 (D) 143 (C)
144 (D) 145 (B) 146 (A)
147 (D) 148 (A) 149 (B)
150 (C) 151 (B) 152 (A)

---

141 (C) on

> 의미상 적절한 전치사를 선택해야 하는 전치사 어휘 문제이다. 앞에 시제를 보면 특별 전시를 열겠다고 했고 그것이 월요일부터라는 의미를 가지기 위해서는 요일 앞에 쓰이는 전치사 on이 와야 한다.

142 (D) will be included

> '동사의 수, 태, 시제'를 파악해야 하는 문제이다. 뒤에 목적어가 없고 해석상 activities들이 포함되어 있다는 의미가 되려면 수동태가 와야 한다. 보기에서 수동태는 하나뿐인 기본 문제이다.

143 (C) displays

> 의미상 적절한 명사를 선택해야 하는 명사 어휘 문제이다. 앞에 전시(exhibition)라고 했고 '전시'라는 말을 받아줄 수 있는 것은 displays이므로 정답이다. 파트 6의 어휘 문제는 앞뒤 내용을 충분히 고려해서 선택할 수 있어야 한다.

해석 다음주에 제노바 박물관은 르네상스 시대를 강조하는 특별 전시를 개최할 것입니다. 월요일부터 오셔서 14세기 후반부터 16세기 초반까지를 나타내는 많은 그림과 조각들을 탐험해 보세요. 성인부터 어린이(5살 이상)를 위한 현장에서 그림 그리기에 참여할 수 있는 활동들이 포함될 것입니다. 제노바 미술관은 역사적인 시내의 중심인 243 파인 가에 위치되어 있습니다. 놓치지 마세요. 이 놀라운 전시는 8월 31일까지만 볼 수 있습니다. 더 많은 정보를 위해서는 405-987-2536으로 전화하세요.
어휘 **feature** 특징을 가지고 있다 **involve** 포함하다, 관련시키다 **remarkable** 훌륭한, 주목할 만한

144 (D) Whether

> 콤마 뒤에 주절이 있기 때문에 앞에 접속사가 필요한 자리이다. 접속사인 because와 whether 중에 뒤에 or와도 어울리고 해석상도 잘 어울리는 whether가 정답이다.

145 (B) consultation

> 의미상 적절한 명사를 선택해야 하는 명사 어휘 문제이다. 이어지는 문장을 보면, 트레이너가 도와준다고 했기 때문에 우리 지점을 방문해서 무료 건강 상담을 받아보라는 의미가 되는 consultation이 정답이다.

146 (A) will receive

> '동사의 수, 태, 시제'를 파악해야 하는 문제이다. 새로운 회원들은 20%의 할인을 받을 것이라는 의미이므로 미래시제이고 뒤에 목적어가 있으므로 능동태가 정답이다.

해석 퍼펙트 피트니스 클럽은 당신이 쉽게 운동할 수 있게 해줍니다. 당신이 운동장에 매일 오든, 아니면 이따금씩 오든, 우리는 당신의 라이프 스타일에 완벽한 운동 계획을 만들어줄 수 있습니다. 무료 건강 상담을 위해서 오늘 우리 지점 중에 한 곳을 방문하세요. 개인 트레이너가 당신을 만나서 운동 계획을 결정할 수 있도록 도와줄 것입니다. 시설을 둘러보고 당신이 원하는 어떤 운동기구든지 시도해볼 수 있습니다. 3월 동안에, 모든 신규 회원은 연간 회원권에서 20% 할인을 받을 것입니다. 이번 달 말까지인 특별한 할인에 대한 세부사항을 알아보시려면 404-222-1040번으로 전화하세요.
어휘 **complimentary** 무료의

147 (D) manufacturers

> 의미상 적절한 명사를 선택해야 하는 명사 어휘 문제이다. 뒤의 내용을 파악했을 때 회사는 가장 큰 제조업체라는 표현이 가장 올바르기 때문에 manufacturers가 정답이다.

148 (A) change

> '형용사+명사'로 주어가 될 수 있는 명사가 필요한 자리이다. 'most+복수 명사/UN'이 올 수 있다. 빈칸 다음에 동사가 is로 단수를 나타내고 있으므로 주어도 단수인 change가 정답이다.

149 (B) through

> 보기가 다 전치사이므로 의미상 적절한 전치사를 선택해야 하는 전치사 어휘 문제이다. 앞의 내용상 이제는 인터넷을 통해서 직접 제품을 제공하겠다는 의미이므로 수단을 나타낼 수 있는 through가 정답이다. through는 '~을 통해서'라는 의미로 through the phone 등 수단을 나타낼 때 쓰일 수 있다.

해석 6월 12일—전동공구의 세계에서 가장 큰 제조업체 중 하나인 브리스톨은 새롭게 디자인된 웹사이트를 내일 개시할 것이다. 가장 주목할 만한 변화는 비상업적인 사용자들이 브리스톨에서 직접 구매할 수 있도록 허용해 준다는 것이다. 회사의 CEO인 휴간 사보스키는 "온라인 시장에서 증가된 수요가 있기 때문에 우리의 상을 받은 전동공구와 액세서리들을 인터넷을 통해서 직접 제공하는 것이 당연합니다"라고 말했다. 그는 또한 등록한 첫 100번째 방문객은 구매할 때 10% 할인을 받을 것이라고 말했다.

어휘 **power tool** 전동공구 **noncommercial** 비상업적인 **demand** 수요 **it makes perfect sense** 당연하다, 논리적이다 **award-winning** 수상작인

150 (C) is expected

> '동사의 수, 태, 시제'를 파악해야 하는 문제이다. 수 일치로 제거할 수 있는 것은 없고, 뒤에 목적어가 없고 해석상 건물이 상당한 변화를 겪게 될 것이라고 예측되고 있는 것이기 때문에 수동의 의미를 가진 is expected가 정답이다.

151 (B) structure

> 의미상 적절한 명사를 선택해야 하는 명사 어휘 문제이다. 앞뒤 내용을 따져 보면 건물의 구조물 자체는 아직 건재하다는 것이므로 '구조'라는 의미를 가지고 있는 structure가 정답이다.

152 (A) thus

> 뒤에 콤마가 있을 때는 부사가 필요한 자리이다. 접속부사는 앞뒤 내용을 고려해서 해석상 정답을 선택해야 한다. 앞에 구조물이 아직 강하고 미적으로 괜찮기 때문에 '따라서' 인테리어에만 집중하면 된다는 의미이므로 결과를 나타내는 thus가 정답이다.

해석 5월 12일 – 홀웨이 프라퍼티 사는 목요일에 멜버른 시내에 있는 버려진 초등학교를 구매했다고 발표했다. 이 특별한 건물은 상당한 변화를 진행할 것으로 예측되고 있다. CEO, 홀웨이 씨는 이 동인시되었던 건물을 지역 사회를 도울 수 있는 장소로 수리할 계획이다. 대변인인 헨리 패트릭은 "기초 구조물 자체는 꽤 강하고 여전히 미적으로 아름답습니다. 따라서 우리 회사는 오로지 인테리어를 다시 하는 것에 집중하면 되며 그곳에는 아이들을 위한 문화 공간과 일하는 부모님들을 위한 어린이집을 포함할 것입니다."라고 보고했다. 헨리는 또한 이 프로젝트의 이유는 단지 회사가 지역 사회로부터 받았던 지지를 돌려 주려는 것이라고 말했다.

어휘 **abandoned** 버려진 **distinctive** 특징적인, 특이한 **undergo** 겪다, 경험하다 **neglected** 무시된, 간과된 **aesthetically** 미적으로 **pleasing** 만족스럽다, 호감이 간다 **support** 지지, 후원

PART 7
p.238-257

153 (D)	154 (C)	155 (B)	156 (B)	157 (A)	158 (C)
159 (A)	160 (C)	161 (A)	162 (D)	163 (A)	164 (D)
165 (C)	166 (B)	167 (D)	168 (D)	169 (C)	170 (A)
171 (C)	172 (B)	173 (A)	174 (C)	175 (B)	176 (D)
177 (B)	178 (A)	179 (B)	180 (C)	181 (A)	182 (B)
183 (B)	184 (C)	185 (B)	186 (B)	187 (A)	188 (C)
189 (D)	190 (D)	191 (B)	192 (A)	193 (C)	194 (D)
195 (B)	196 (C)	197 (B)	198 (D)	199 (C)	200 (A)

전화 메시지

수신인: 나타샤 인슬러
전달인: 미유키 이쉬
오늘 날짜: 7월 8일 월요일

수신 시간	발신인	회사	전달사항
오전 9:15	제임스 피들러	아파트 #410	(153) 아파트 신규 임대 계약이 7월 15일 오전 10시에 가능함
오전 9:30	카르멘 헬름워스	세인트 마리아 병원	모든 환자들을 위한 건강 박람회를 조직하기 위한 제안에 대한 후속 사항 734-657-1126번으로 전화 요망
오전 10:10	(154) 재닌 리드	JJ & 킴스 광고	안내장 300부 인쇄 완료. 7월 18일까지 (154) 사무실로 보내겠음
오후 12:45	도로시 섬머스	그랜트 카운티 주택 조사관	22C동과 45D동의 조사 일자 재조정 요망

어휘 **available** 이용 가능한 **sign** 서명하다 **lease** 임대 **follow-up** 후속 조치 **proposal** 제안 **organize** 조직하다
wellness 건강 **fail** 박람회 **patient** 환자 **contact** 연락하다, 접촉하다 **dial** 전화를 걸다

---

153 (D) Mr. Fiddler will sign a document.

> 지문에서 해당 날짜가 나오는 부분을 찾아서 보기의 내용과 비교한다. 7월 15일에 sign new lease for apartment가 가능하다고 했으므로 '아파트 임대 계약'을 a document(문서)로 지칭한 (D)가 정답이다.

해석 7월 15일에는 무슨 일이 발생할 것인가?
(A) 아파트가 텔레비전 광고에 나올 것이다.
(B) 조사원이 부동산에 방문할 것이다.
(C) 병원에서 건강 박람회를 개최할 것이다.
(D) 피들러 씨가 문서에 서명할 것이다.

어휘 **probably** 아마도 **happen** 발생하다 **feature** ~의 특징을 그리다 **advertisement** 광고 **inspector** 검사관
visit 방문하다 **property** 재산, 부동산 **hospital** 병원 **hold** 개최하다 **document** 문서, 서류

---

154 (C) Janine Reed

> 문제의 키워드는 사람 이름인 Insler와 delivery이다. Insler는 수신인인데, 메시지에서 you(= Insler)에게 배달을 해준다는 내용이 있으므로 배달을 해줄 사람인 발신인을 확인한다. 세 번째 메시지에서 Will send them to your office가 보이고 발신인이 Janine Reed이므로 정답은 (C)이다. send를 delivery로 바꿔 표현했음에 주의한다.

해석 누가 아인슬러 씨에게 배달을 해줄 예정인가?
(A) 미유키 이쉬
(B) 카르멘 헬름워스
(C) 재닌 리드
(D) 도로시 서머스

어휘 **be scheduled to V** ~할 예정이다 **make a delivery** 배달하다

내일을 위한 간호

제20회 연례 덴홀름 메디컬 세미나

4월 15~16일

코튼 트리홀

덴홀름 메디컬 센터

(155) 모든 병원에서 간호사가 환자 간호의 질을 어떻게 향상시킬 수 있는지를 주제로 한 3일간의 세미나에 초대되셨습니다.

이번 세미나에서 귀하는:

● (156) 환자 간호를 개선시키는 방안에 관한 소그룹 토론에 참여하십니다.

● 환자 간호 관련 조사 진행에 관한 최신 정보를 얻으실 수 있습니다.

● 특정 치료를 위한 신기술 장비 사용법에 대해 배우실 예정입니다.

저희의 초청 강사이며 세인트 폴 대학의 간호학과 교수이신 (157) 티나 제임슨 씨께서 병원에서 환자 간호를 개선시키기 위해 직원 개발 프로그램을 적용하는 것의 이점에 대한 그분의 최근 연구 결과를 공유해 주시겠습니다.

더 많은 정보와 등록 자료를 보시려면
vmoore@denholmmed.com으로 빈센트 무어에게 이메일을 보내주시기 바랍니다.

신청 마감일 : 4월 3일

어휘 **invite** 초대하다 **focus on** ~에 중점을 두다, 집중하다 **nurse** 간호사 **enhance** 강화하다 **quality** 질
care 돌봄, 주의 **participate in** ~에 참여하다 **discussion** 토론, 상의 **improve** 개선하다, 향상시키다
inform 알리다 **latest** 최신의 **information** 정보 **research** 조사, 연구 **in regards to** ~에 관하여
learn 배우다, 알다 **technological** 기술적인 **equipment** 장비 **particular** 특정한 **lecturer** 강연자, 강사
professor 교수 **nursing** 간호 **share** 공유하다 **finding** 결과 **recent** 최근의, 현재의 **study** 연구
benefit 이익, 혜택 **apply** 적용하다 **registration** 등록 **material** 자료, 재료

---

155 (B) A participant in a research study

> 초대장의 대상, 즉 상대방을 묻는 문제이다. 지문의 초반부에서 you를 컨퍼런스에 초대한다고 했으나 구체적으로 나오지는 않고, 컨퍼런스의 주제가 how nurses could enhance the quality of patient care in all hospitals이므로 (B)가 가장 적절하다.

해석 누구를 위한 초대장인가?
(A) 정보 기술 분야의 전문가
(B) 조사 연구 참여자
(C) 병원에서 근무하는 간호사
(D) 메디컬 센터의 환자

어휘 **invitation** 초대장 **likely** ~일 것 같은 **intend** 의도하다 **specialist** 전문가 **participant** 참여자

---

156 (B) An opportunity to take part in a group discussion

> 세부사항을 묻는 문제이다. 문제의 키워드 또는 관련 내용을 지문의 중반부에서 찾아 보기의 내용과 비교해 본다. participate in small-group discussions가 (B)의 take part in, group discussion과 일치하므로 정답이다.

해석 행사에 대해 언급된 특징은 무엇인가?
(A) 덴홀름 메디컬 센터 견학
(B) 그룹 토론에 참여할 수 있는 기회
(C) 최근에 개발된 의약품에 관한 강연
(D) 조사를 어떻게 수행하는지에 관한 정보 세션

어휘 **state** 언급하다 **feature** 특징 **tour** 견학 **opportunity** 기회 **take part in** ~에 참여하다 **lecture** 강연 **recently** 최근에, 현재 **develop** 개발하다 **medicine** 의료, 약 **conduct** 수행하다

157 (A) She has studied training programs for hospital staff members.

> 사람에 관한 정보를 묻고 있으므로, 지문에 해당 이름이 나온 부분에서 정답을 찾는다. her recent studies on the benefits of applying staff-development programs in hospitals에서 그녀의 최근 연구가 직원 개발 프로그램을 병원에 적용하는 내용임을 알 수 있으므로 (A)의 training programs for hospital staff members와 일치한다. 지문에서 Our guest lecturer and professor(초청 연사이자 교수)라고 했으므로 (B)의 organizer는 틀린 내용이다.

해석 제임슨 씨에 대해 무엇이 언급되었는가?
(A) 그녀는 병원 직원을 위한 교육 훈련 프로그램을 연구해왔다.
(B) 그녀는 덴홀름 메디컬 센터의 연례 컨퍼런스 기획자이다.
(C) 그녀는 최근에 빈센트 모어 씨와 함께 연구 논문을 작성했다.
(D) 그녀는 4월 3일에 시작하는 과정을 가르칠 예정이다.

어휘 **mention** 언급하다 **annual** 매년의, 연간의 **conference** 회의, 컨퍼런스 **research paper** 연구 논문 **course** 과정, 코스 **begin** 시작하다

프라임 냅킨

패스트 푸드 식당과 호텔 식당을 위한 냅킨 전문

쉴즈 씨께

(158) 당신의 호텔로 매주 냅킨을 배달하는 프라임 냅킨과의 연간 계약이 11월 2일로 만료됩니다. 계약을 갱신하고 싶으시면, 이 양식을 작성하셔서 10월 3일까지 저희에게 보내주시기 바랍니다. 다음 배달을 받으실 때 저희 배달원에게 전달해 주셔도 되고, 아니면 아래 주소로 우편으로 보내주셔도 됩니다.

현재 주문 내용은 아래와 같습니다:
일주일에 냅킨 1,000장 30박스
흰색 반 핑크색 반 원함

아래 문항 중 하나를 선택해 주시기 바랍니다:
( ) 갱신, 변동 사항 없음   ( ) 갱신하지 않음
(X) 갱신, 계약 사항 다음과 같이 변동 (구체적으로 적어 주십시오):
(159) 흰색 반 노란색 반 원함

감사합니다.

프라임 냅킨 사
4670 버몬트 가
새 희망 시티 RI, 06503

어휘 **specialize** ~을 전문적으로 하다 **agreement** 합의, 동의 **delivery** 배달 **expire** 만료되다 **renew** 갱신하다 **complete** 완성하다, 작성하다 **form** 양식 **return** 돌려주다, 반환하다 **receive** 받다 **simply** 단순히, 간단히 **address** 주소 **provide** 제공하다 **below** 아래 **order** 주문 **follow** 뒤따르다 **prefer** 선호하다 **choose** 선택하다 **following** 다음, 아래 **change** 변화

158 (C) A hotel employee

> 해당 이름을 지문에서 찾아 보면 수신자임을 알 수 있다. 따라서 you에 관한 정보를 지문의 앞부분에서 찾으면, Your annual agreement와 your hotel 등을 찾을 수 있다. 따라서 정답은 (C)이다.

해석 쉴즈 씨는 누구인가?
(A) 꽃가게 주인
(B) 배달 직원
(C) 호텔 직원
(D) 호텔 손님

어휘 **owner** 소유자, 주인 **employee** 직원 **guest** 손님

159 (A) Napkins of different colors

> 상대방이 요청한 내용을 묻는 문제이다. 지문에서 상대방이 직접 작성한 부분을 찾아 확인하면, Renew ~ changes에 체크하고 색깔에 대해 언급하고 있으므로 정답은 (A)이다.

해석 쉴즈 씨는 무엇을 요청하는가?
(A) 다른 색상의 냅킨
(B) 새로운 결제 방법
(C) 더 큰 부케 셀렉션
(D) 배달 주소 변경

어휘 **request** 요청하다 **different** 다른 **payment** 지불 **arrangement** 준비, 배열, 방식
selection 선택, 선택 가능한 것들의 집합 **bouquet** 부케 **location** 위치, 장소

완전히 새로운 레트로 시티 로컬 타임즈를 만나보세요

(160) 〈레트로 시티 로컬 타임즈〉는 레트로 시티 주민 여러분께 지역 행사, 정치, 경제, 스포츠, 연예 그 이상을 포함하는 매일의 소식을 전해드리고 있습니다. 새롭게 고안된 특징으로, 〈레트로 시티 로컬 타임즈〉는 월요일마다 발간되는 특별호에서 구인 광고와 부동산 정보를 제공합니다.

〈레트로 시티 로컬 타임즈〉를 정기 구독 하시면, 주간 잡지인 〈고잉 레트로〉를 받아보실 수 있습니다. 〈고잉 레트로〉는 미술, 음악, 춤의 (162-A) 지역 공연에 대한 리뷰를 게재하고 있습니다. 또한 (162-B) 패션 트렌드와 팁을 제공하며, (162-C) 레트로 시티에서 열리기로 예정된 행사를 찾을 수 있는 별도의 칼럼을 싣고 있습니다.

(161) 정기 구독 하시려면, 〈레트로 시티 로컬 타임즈〉 대표 번호 (734) 999-5537로 전화 연락주시기 바랍니다.

어휘 **available** 이용 가능한 **provide** 제공하다 **resident** 주민, 거주자 **daily** 매일의, 하루의
news coverage 신문 보도 **local** 지역의 **politic** 정치 **entertainment** 오락 **redesign** 다시 디자인하다
feature 특징 **access** 접근 **job opening** 구인 **real estate** 부동산 **special edition** 특별호
publish 출판하다, 발간하다 **along with** ~와 함께 **subscription** 정기 구독 **receive** 받다 **include** 포함하다
review 검토, 비평 **performance** 공연 **in regards to** ~에 관해 **share** 공유하다 **trend** 경향
separate 별도의, 분리된 **column** 칼럼 **find out** 발견하다 **upcoming** 다가오는, 곧 있을
schedule 예정하다, 일정을 잡다 **contact** 연락하다 **representative** 대표 **through** ~을 통하여

160 (C) A local newspaper

> 광고의 대상을 묻는 문제는 지문의 도입부를 확인한다. provided Retro City residents with daily news에서 주민에게 뉴스를 제공한다는 사실을 알 수 있으므로 정답은 (C)이다.

해석 무엇을 광고하고 있는가?
(A) 지역 알림 홍보
(B) 다가오는 문화 행사

(C) 지역 신문
(D) 출판사

어휘 **advertise** 광고하다 **awareness** 인식, 의식 **campaign** 캠페인, 홍보 **cultureal** 문화적인 **publisher** 출판사

---

161 (A) Call to purchase a subscription

> 요청, 권유에 대한 내용은 지문의 후반부를 확인한다. 마지막에 For subscription, contact ~라는 내용과 전화번호가 주어졌으므로 정답은 (A)이다.

해석 관심 있는 사람들은 무엇을 하도록 권장되는가?
(A) 정기 구독을 신청하기 위해 전화한다.
(B) 스포츠 경기 티켓을 구매한다.
(C) 잡지에 기사를 낸다.
(D) 지역 사업 리더들과 계약한다.

어휘 **interested** 관심 있는 **individual** 개인 **be encouraged to V** ~하도록 장려되다 **purchase** 구매하다 **ticket** 표 **submit** 제출하다 **article** 기사 **contract** 계약하다

---

162 (D) Job postings

> NOT question은 지문과 일치하는 보기를 차례로 소거하면서 정답을 찾는다. 해당 키워드 Going Retro를 설명하는 둘째 단락을 보기와 비교해 보면, reviews about local performances in regards to art ~는 (A), fashion trends and tips는 (B), upcoming events scheduled ~는 (C)와 각각 일치하는 것을 알 수 있다. job opening은 첫째 단락에서 The Retro City Local Time에 실리는 내용으로 언급되었으므로 Going Retro에서 볼 수 없는 정보이다.

해석 〈고잉 레트로〉에서 볼 수 있는 정보가 아닌 것은 무엇인가?
(A) 예술 리뷰
(B) 패션 트렌드
(C) 콘서트 목록
(D) 구인 광고

어휘 **kind** 종류

공사 알림

(163) 새로운 회전문 설치가 파인 가 정문에서 4월 13일 화요일에 시작됩니다. 작업은 3일이 소요될 예정입니다. 설치 기간 동안, 모든 직원과 (164) 방문객은 건물에 출입하실 때 파트너스 로드에 있는 영업용 출입구를 이용하셔야 합니다. 영업용 출입구에는 사원증 인식기가 없기 때문에, 보안 요원이 직접 모든 직원의 사원증을 확인할 예정이라고 전해왔습니다. 누구든 사원증이나 방문객 출입증을 제시하지 않으면 시설에 들어오실 수 없습니다. 방문객은 보안 요원에게 절차를 거치시고 출입증을 받으셔야 하며, 건물을 나가실 때는 출입증을 반납하셔야 합니다. 궁금한 점이 있으시면, 보안 과장 바바라 터너 씨에게 내선번호 409번으로 연락하시기 바랍니다. 협조해 주셔서 감사합니다.

어휘 **construction** 건설, 공사 **notice** 알림, 통지 **installation** 설치 **revolving door** 회전문 **be scheduled to V** ~하기로 예정되다 **begin** 시작하다 **main entrance** 정문 **be expected to V** ~할 것으로 예상되다, 기대되다 **last** 지속되다 **take place** 발생하다 **visitor** 방문자 **enter** 들어가다 **be equipped with** ~을 갖추고 있다, 장착하다 **scanner** 스캐너, 판독 장치 **identification card** 신원 확인 카드 **security guard** 보안 요원 **post** 게시하다, 발표하다 **personally** 직접, 개인적으로 **check** 확인하다 **allow** 허락하다 **premise** 재산(건물), 전제 **without** ~없이 **present** 제시하다 **pass** 통행 허가 **return** 반환하다 **question** 질문 **extension** 내선 번호 **appreciate** 감사하다 **cooperation** 협력

163 (A) To give information about a temporary procedure

> 목적을 묻는 문제는 지문의 도입부에서 정답을 찾는다. The installation of a new revolving door system is scheduled ~와 Until the installation takes place 이하에서 임시 조치 사항을 설명하고 있으므로 정답은 (A)이다.

해석 공지가 쓰인 이유는 무엇인가?
(A) 임시 절차에 대한 정보를 제공하기 위해
(B) 새로운 보안 요원 자리를 광고하기 위해
(C) 분실한 카드를 찾는 데 도움을 요청하기 위해
(D) 보수 공사로 건물이 폐쇄되는 것을 알리기 위해

어휘 **write** 쓰다 **temporary** 일시적인, 임시의 **procedure** 절차 **advertise** 광고하다 **position** 직위, 자리 **ask for** 요청하다 **find** 찾다 **lost** 잃어버린 **note** 알리다 **close** 닫다 **renovation** 수리, 보수

164 (D) They should use the Partners Road entrance.

> 문제의 키워드는 April 13(4월 13일)과 visitors이다. 지문의 all employees and visitors must use the service entrance on Partners Road to enter the building에서 정답이 (D)임을 쉽게 알 수 있다. 나머지 보기 모두 지문에 있는 내용이므로 문제의 키워드에 관련된 내용인지 검토해서 오답을 제거해야 한다. (A)의 contact the director of security는 방문객이 할 일이 아니라 질문이 있을 때에 연락하라는 것이고 (B)에서 scanned card는 방문객과 전혀 상관 없는 것이며, (C)의 a pass는 관련이 있지만 나갈 때 반납하라고 했으므로 valid for three days는 지문과 맞지 않는 내용이다.

해석 4월 13일에 도착하는 모든 방문객에 대해 언급한 것은 무엇인가?
(A) 보안 과장에게 연락해야 한다.
(B) 스캔하는 카드가 발급될 것이다.
(C) 3일간 유효한 출입증이 발급될 것이다.
(D) 파트너스 로드 출입문을 이용해야 한다.

어휘 **mention** 언급하다 **arrive** 도착하다 **contact** 연락하다, 접촉하다 **director** 감독자, 담당자 **security** 안전, 보안 **issue** 발행하다 **valid** 유효한 **entrance** 출입구

피트 섬프 출판사

수신: 피트 섬프 출판사 직원, 이스트 디비전, 노먼 시티 사무실
발신: 필립 존스, 편집장
날짜: 10월 6일 수요일
주제: 데이토나 해변에서의 주말 트레이닝

(165) 곧 있을 데이토나 해변에서 열리는 회사 주말 트레이닝의 날짜를 정했습니다. 전에 말씀드린 바와 같이, 토요일에는 회사의 내년 목표에 대해 검토하면서 보낼 예정입니다. 일요일에는, 최근에 우리 회사 컴퓨터에 설치된 데스크탑 출판 소프트웨어가 우리의 목표를 달성하기 위해 어떻게 사용될 수 있는지 토론해 보겠습니다. (166) 모든 참여 직원은 이번 행사를 대비하기 위해 지난 주 회의에서 배부된 자료를 검토해 보시기 바랍니다. 회사 주말 트레이닝에 대한 추가사항이 있을 것이므로 유념해 주시기 바랍니다.

버스는 노먼 시티 사무실에서 10월 8일 금요일 오전 10시에 출발할 예정입니다. 금요일 밤에, 사무엘 그린 대표님이 주말 트레이닝에 참여하는 모든 직원들에게 데이토나 해변에 있는 퀘이사 식당에서 저녁 만찬을 열어 주시겠습니다. 여러분과 의미 있는 시간을 보내기를 고대하고 있습니다. (167) 버스는 일요일 저녁에 회사에 도착할 것입니다. 문의 사항이 있으시면, 제 비서인 베키 하워드에게 (221) 554-9900으로 연락 주시기 바랍니다.

어휘 **publishing** 출판업 **employee** 직원 **editor** 편집장 **set up** 세우다, 설정하다 **training** 교육, 훈련 **mention** 언급하다 **previously** 이전에 **spend** (시간을) 보내다 **examine** 조사하다, 검토하다 **objective** 목표 **coming year** 다음 해 **discuss** 토론하다, 상의하다 **recently** 최근에, 현재 **install** 설치하다 **meet** 충족하다 **prepare for** ~을 준비하다 **additional** 추가적인 **detail** 세부사항 **leave** 떠나다 **host** 주최하다 **look forward to** ~하기를 고대하다 **meaningful** 의미 있는 **assistant** 보조자

165 (C) To confirm plans for a company meeting

> 목적을 묻는 문제는 지문의 도입부에서 답을 찾는다. 이메일의 주제에서 Training Weekend가 나왔고, We have set up a date for the upcoming company training weekend라고 시작했으므로 (C)의 company meeting이 정답이다.

해석 메모의 목적은 무엇인가?
(A) 새로운 소프트웨어의 설치를 보고하기 위해
(B) 저녁 메뉴를 알리기 위해
(C) 회사 모임 계획을 확인하기 위해
(D) 피트 섬프 출판사의 연간 목표를 설명하기 위해

어휘 **purpose** 목적 **report** 보고하다 **installation** 설치 **announce** 발표하다, 공지하다 **confirm** 확인하다 **plan** 계획 **explain** 설명하다 **goal** 목표

166 (B) Read information from a previous meeting

> 지문에서 employees 즉, 메모를 받는 대상에게 요청하는 내용을 찾으면 된다. be expected to는 '~하도록 기대되다'라는 뜻으로 ask(요청하다)의 수동형과 같은 의미가 된다. 따라서 All participants are expected to 이하의 문장에서 review the materials distributed during last week's meeting이 read information from a previous meeting과 일치하는 내용임을 알 수 있으므로 정답은 (B)이다.

해석 존스 씨는 메모에서 직원들에게 무엇을 요청하고 있는가?
(A) 데이토나 해변으로 가는 교통편을 준비한다.
(B) 이전 회의에서 받은 정보를 읽는다.
(C) 새로운 소프트웨어를 평가한다.
(D) 참석 여부를 확인하기 위해 베키 하워드에게 전화한다.

어휘 **arrange** 준비하다, 배열하다 **transportation** 교통수단 **read** 읽다 **previous** 이전의 **evaluate** 평가하다 **attendance** 참석

167 (D) On Sunday

> 지문에서 bus에 관한 내용으로 시작하는 하단부에서 정답을 찾는다. 문제에서 출발지와 목적지를 정확하게 파악하는 것이 중요하다. 문제에서 leave A for B는 'A를 떠나서 B로 간다'의 의미로, 지문에서는 The bus will leave back to the office on Sunday evening.이 정답에 해당하는 부분으로 볼 수 있다. Daytona 해변에서 회사인 Norman City로 돌아오는 날은 (D) 일요일이다.

해석 버스는 언제 데이토나 해변에서 노먼 시티로 출발할 예정인가?
(A) 수요일
(B) 금요일
(C) 토요일
(D) 일요일

당신의 엘레강트 웍스를 청소하는 법

얼룩은 말라서 지우기 어려워지기 전에 가능한 빨리 제거하는 것이 좋습니다.

기름 성분의 얼룩 (유성 페인트와 샐러드 드레싱 등)
1. 종이 타월을 가져와서 액체를 가능한 많이 흡수할 수 있도록 얼룩 위에 놓아 두십시오. 만약 액체가 고체 물질 (예: 고깃덩어리)을 함유하고 있다면, 진공 청소기를 이용해서 쏟아져 흩어진 물질을 모아야 합니다. 얼룩을 제거하는 동안, 그것들이 흩어지지 않도록 하는 것이 좋습니다.
2. 섬유를 건조시키기 위해, 면포를 사용해서 얼룩진 부위를 닦아내세요. (169) 변색된 부분이 생기지 않도록 너무 센 압력을 가하지 않게 주의해야 합니다.

3. 얼룩진 부분에 썰 클린의 세척제를 발라줍니다. 일반적인 소파 덮개용 세척제를 사용하시면 안 됩니다. 자국을 남길 수 있으니 용액을 섬유에 직접 붓지 않도록 조심하세요.
4. 필요시, 얼룩이 사라질 때까지 2번과 3번을 반복하세요.

(170) 액체 얼룩 (커피와 주스 등)

(170) 1. 위에 있는 단계를 따르되, 소파 덮개용 세척제를 사용하는 대신 온수로 닦아내세요.
2. 얼룩이 완전히 제거되면, 젖은 부분을 건조시키기 위해 드라이어를 사용해 주세요. 남은 얼룩은 일단 말라붙으면 계속해서 남게 됩니다.

먼지를 제거하기 위해서는
(168) 당신의 소파를 일주일에 한 번 또는 두 번 진공 청소기로 청소해 준다면, 새 것처럼 보이게 될 것입니다.
(168) (171) 덮개의 경우도 마찬가지이며, 또한 일 년에 한 번 세탁해 주시는 것이 좋습니다. 이를 위해서 아래에 있는 간단한 절차를 따라주세요.
5. 쿠션 덮개의 지퍼를 열고 쿠션을 조심스럽게 꺼냅니다.
6. 세탁기로 세탁해 주세요. 중성 세제와 온수를 사용하시는 것이 좋습니다.
7. 건조기에 커버를 넣고, 가장 낮은 강도로 맞추세요. 쿠션에 입히기 전에 완전히 건조시키기 위해 햇볕에 널어 둡니다. 젖은 섬유는 곰팡이 성장의 주요 원인이 되기 때문입니다. 주름이 생겨도 커버를 쿠션에 입히면 다시 부드러워지므로 걱정하지 않으셔도 됩니다.

어휘 **be advised to V** ~하도록 조언 받다 **get rid of** 제거하다 **stain** 얼룩 **quickly** 빠르게 **normally** 보통, 정상적으로 **tough** 거친, 힘든 **remove** 제거하다 **dry** 마르다 **include** 포함하다 **place** 두다, 놓다 **absorb** 흡수하다 **possible** 가능한 **spill** 엎지르다 **contain** 함유하다 **solid** 고체 **meat chunk** 고깃덩어리 **vacuum cleaner** 진공 청소기 **collect** 모으다 **spread** 퍼뜨리다 **fabric** 섬유 **cotton cloth** 면포 **blot** 닦아내다 **area** 지역, 구역 **remember** 기억하다 **pressure** 압력 **create** 만들어내다 **discolor** 색이 바래다 **patch** 부분 **dab** 토닥거리다 **affect** 영향을 미치다 **fluid** 액체 **generic** 일반적인, 포괄적인 **upholstery** 소파 덮개 **make sure** 반드시 ~하다 **pour** 붓다 **solution** 용액 **directly** 직접 **necessary** 필요하다 **repeat** 반복하다 **disappear** 사라지다 **liquid** 액체 **follow** 뒤따르다 **above** 위에 **instead of** ~대신에 **completely** 완전히 **permanent** 영구적인 **cushion** 쿠션, 방석 **cover** 덮개 **unzip** 지퍼를 열다 **carefully** 조심스럽게, 신중히 **detergent** 세제 **recommend** 추천하다 **expose** 노출시키다 **cause** 원인 **mold** 곰팡이 **growth** 성장 **wrinkle** 주름 **occur** 발생하다 **worry** 걱정하다 **smooth** 부드러운

168 (D) Furniture

> 광고하는 대상을 묻는 문제이다. 제목에서 알 수 있듯이 상품을 청소하는 법에 대한 내용이므로 지문에서 청소의 대상을 찾는다. 마지막 문단에서 Vacuuming your sofa와 As for the covers에서 소파의 얼룩이나 먼지를 제거하는 방법을 설명하는 내용임을 알 수 있으므로 정답은 (D) Furniture이다.

해석 엘레강트 웍스 사는 무엇을 판매하는가?
(A) 옷
(B) 가전제품
(C) 음식
(D) 가구

어휘 **sell** 팔다 **appliance** 가전제품 **furniture** 가구

169 (C) Pressing down hard with a cloth

> 문제의 키워드는 avoid와 oil-based stains이다. 따라서 첫 번째 항목에서 하지 말도록 권하고 있는 내용을 찾는다. 2번에서 Remember not to apply too much pressure의 의미가 (C)의 pressing down hard와 일치하므로 정답이 된다.

해석 고객들은 엘레강트 웍스 제품으로 기름 성분의 얼룩을 제거할 때 무엇을 하지 말아야 하는가?
(A) 종이로 액체를 흡수하는 것
(B) 제품의 덮개를 제거하는 것
(C) 천을 너무 세게 누르는 것
(D) 썰 클린 브랜드의 세척제를 사용하는 것

어휘 **soak** 흡수하다, 빨아들이다 **product** 상품 **press down** 아래로 누르다 **hard** 세게

170 (A) To treat a coffee stain

> 문제의 키워드 warm water를 지문에서 찾는다. 두 번째 항목의 1번에서 warm water를 찾을 수 있는데, 두 번째 항목의 제목에 liquid-based stains(액체 얼룩)로 coffee와 juice를 포함하고 있으므로 정답은 (A)이다.

해석 안내서에 따르면, 고객들은 왜 온수를 사용해야 하는가?
(A) 커피 얼룩을 처리하기 위해
(B) 엘레강트 웍스 제품으로 곰팡이를 제거하기 위해
(C) 주간 청소를 수행하기 위해
(D) 쏟아진 고체 물질을 제거하기 위해

어휘 **according to** ~에 따르면 **instruction** 지시 **treat** 취급하다 **perform** 수행하다

---

171 (C) Once a year

> 문제의 키워드 washing machine과 covers를 지문의 마지막 문단에서 찾을 수 있으므로 As for the covers, it is also advised to wash them once a year.와 일치하는 (C)가 정답이다.

해석 고객들은 얼마나 자주 세탁기로 커버를 세탁해야 하는가?
(A) 일주일에 한 번
(B) 일주일에 두 번
(C) 일 년에 한 번
(D) 일 년에 두 번

인포테크 & 팀
22 로체스터 가 • 맨체스터 TIF 50LB

3월 29일

로스 핑커
어반 시티 회계
5 그린필드 드라이브
맨체스터 WN2 3QD

핑커 씨께

당신의 사업에 저희 인포테크 & 팀을 선택해 주셔서 감사합니다.

아시다시피, 저희의 가장 큰 목표는 모든 고객들께 저희가 드릴 수 있는 최고의 서비스를 제공해 드리는 것이며, 항상 우리의 영역을 넓히기 위한 새로운 길을 모색하고 있습니다. (172) 그래서 최근에 새로운 서비스를 추가로 제공해 드리고자 합니다. 중소기업 회계, 부기, 급여 서비스뿐 아니라, 현재 옴니-매니저라는 시스템을 제공하고 있습니다. 옴니-매니저 데이터베이스는 고객님의 사업과 관련된 프로파일에 기초해서 하나의 시스템 안에서 회사의 전체 정보를 관리할 수 있습니다. (173) 당신 회사를 위해 옴니-매니저가 처리할 수 있는 간단하고 보편적인 업무는 재고 조사, 자동 주문, 메일 목록 관리 등을 포함합니다.

저희의 혁신적인 제품 출시를 홍보하기 위해, 4월 18일 금요일 오후 5시에 비즈니스 세미나를 개최합니다. 이 세미나에서 옴니-매니저에 대해 설명할 예정이니, (174) 고객님들이 직접 이 시스템을 사용해 보시고 궁금한 점을 질문해 주시기를 권해 드립니다. 일단 이 최고의 시스템을 경험해 보시면, 이 시스템이 당신의 컴퓨터 네트워크에 실행된 후에 (175) 사업이 얼마나 빠르게 운영될 수 있는지 느끼실 수 있을 것입니다. 이번 행사에 참여하시기를 원하신다면, (050) 5588-3030번으로 전화 주세요. 고객님을 뵙기를 기다리고 있겠습니다!

진심을 담아,

도널드 놀리

도널드 놀리
마케팅 부장

어휘 **accounting** 회계 **would like to V** ~하기를 원하다 **choose** 선택하다 **aware** 알다, 인식하다 **priority** 우선사항 **provide** 제공하다 **client** 고객, 의뢰인 **offer** 제공하다 **find** 찾다 **boundary** 경계 **recently** 최근에, 현재 **add** 추가하다 **in addition to** ~뿐만 아니라 **bookkeeping** 부기 **payroll** 지불 **manage** 관리하다, 경영하다 **based on** ~에 기초한 **related** 관련된 **common** 공통적인, 보편적인 **handle** 다루다, 처리하다 **inventory** 재고 **maintenance** 유지, 보수 **promote** 촉진시키다, 홍보하다 **launch** 시작하다, 출시하다 **revolutionary** 혁신적인 **hold** 개최하다 **demonstrate** 설명하다, 증명하다 **guarantee** 보장하다 **experience** 경험 **ultimate** 궁극적인 **imagine** 상상하다 **implement** 실행하다 **attend** 참석하다

---

172 (B) To describe a newly available service

> 이유나 목적을 묻는 문제는 지문의 상단부에서 정답을 찾는다. 두 번째 문단에서 we have recently added a new service to our offerings라는 문장 이하에서 추가로 제공되는 서비스로 새로운 시스템에 관해 설명하고 있으므로 정답은 (B)이다. 세미나에 관한 내용은 마지막 문단에 있으나, clients are encouraged to try the system for themselves and ask questions에서 Mr. Pinker를 초대하면서 제품을 시험 삼아 사용해 보기를 권하고 있으므로 초청 연사로 초청한다고 한 (A)는 답이 아니다. (C)의 payment나 (D)의 discount는 지문에 언급이 없어 오답이다.

해석 핑커 씨는 왜 이 편지를 썼는가?
(A) 핑커 씨를 세미나에 연사로 초청하기 위해
(B) 새롭게 이용 가능한 서비스를 설명하기 위해
(C) 제품에 대한 지불을 요청하기 위해
(D) 핑커 씨에게 할인을 제공하기 위해

어휘 **invite** 초대하다 **request** 요청하다 **payment** 지불 **offer** 제공하다 **discount** 할인

---

173 (A) It helps clients maintain records.

> 회사에 대한 세부사항을 묻는 문제이다. 보기의 키워드를 지문에서 찾아 비교해본다. tasks Omni-Manager can handle for your company include ~ 이하에서 maintenance of mailing lists가 (A)의 maintain records와 일치하는 것을 알 수 있다. 세미나를 종종(frequent) 한다는 말이나 recruit, large inventory는 언급이 없어 정답이 될 수 없다.

해석 놀리 씨의 회사에 대해 무엇이 언급되었는가?
(A) 고객들이 기록을 유지하도록 돕는다.
(B) 세미나를 자주 연다.
(C) 중소기업을 위한 인재를 모집한다.
(D) 큰 재고 창고를 운영한다.

어휘 **indicate** 지시하다, 가리키다 **maintain** 유지하다 **record** 기록 **frequent** 빈번한 **recruit** 모집하다 **personnel** 사람, 인재 **manage** 경영하다, 관리하다

---

174 (C) Learn more about a product

> 요청이나 권유 사항은 지문의 하단부에서 찾는다. 도입부에서 Mr. Pinker가 이 회사의 고객임을 알 수 있고, clients are encouraged to try the system for themselves and ask questions라는 내용이 (C) Learn more about a product와 일치하므로 정답이다.

해석 핑커 씨는 무엇을 요청받는가?
(A) 새로운 소프트웨어를 설명한다.
(B) 고객과의 회의 일정을 정한다.
(C) 제품에 대해 더 많이 배운다.
(D) 우편 정보를 업데이트한다.

어휘 **be asked to V** ~하는 것을 요청 받다 **schedule** 일정을 잡다 **learn** 알다, 배우다 **update** 갱신하다, 업데이트하다

175 (B) operated

> run은 문맥에 따라 여러 가지 뜻을 나타낼 수 있으므로, 지문에서 문맥을 파악해서 적절한 어휘를 선택해야 한다. 시스템을 사용하면 사업이 빨리 운영될 수 있다는 뜻이므로 '운영하다, 작동하다'라는 뜻인 (B) operated가 정답이다.

해석 세 번째 문단, 다섯 번째 줄의 run과 가장 의미가 가까운 단어는?
(A) 빠르게 움직이다
(B) 운영하다
(C) 주문 제작하다
(D) 피하다

12월 9일 – 아담스 시 교통 당국(ACTA)은 그린 라인의 새로운 역인 루미나 거리 역이 1월 18부터 운영을 시작할 예정이라고 오후 5시 30분에 발표했다. (178-D) 이는 원래 공지되었던 것보다 3주 빠른 날짜이다. 루미나 역은 지난 12개월간 그린 라인에 새로 추가된 두 개의 역 중에서 두 번째이다. (176) 루미나 역은 새로 연장된 선로의 북쪽 끝 마지막 역이다. 새로 가설된 선로의 길이는 4킬로미터이고, 이것은 제임스타운 시내에 위치한 벤스 거리와 루미나 거리 역을 연결한다. 이 역은 소나와 오튼 거리의 교차 지점에 클라우드 세븐 빌딩 옆에 있다.

지난 주, 루미나 역에 이르는 선로 연장이 완성되었고, 지하철역에 지상 출입구를 설치하는 (177) 공사의 마지막 주요 단계를 거치고 있다. 모든 공사가 끝나면, (178-B) 길고 넓은 통로를 따라 지역 예술가들의 작품이 걸릴 것이다. 데이비드 소머셋은 이러한 예술 작품과 다른 특징들이 사용자들을 만족시켜 줄 것이라고 자신하고 있다. "다른 ACTA의 기존의 역과는 달리, 루미나 역은 실내 자동 온도 조절 시스템이 설치되었으며, (178-C) 티켓 발급 서비스가 전체적으로 자동화됩니다."

뿐만 아니라, 이 선로 연장이 아담스 시 지역의 교통 문제를 완화시켜 줄 것으로 기대되고 있다. "저희 그린 라인에 루미나 역을 추가함으로써 사람들이 더 쉽고 빠르게 아담스 시를 이동할 수 있을 것이며, 저희 그린 라인은 러시아워 동안에 시간당 5,000명의 사람들을 수송할 것으로 예상하고 있습니다."라고 (179) ACTA 대변인인 다나 플로렌스 씨가 말했다. (180) ACTA에서 최근 실시한 연구는 그린 라인의 이용자 수는 증가할 것이지만, T30 고속도로의 교통 혼잡은 눈에 띄게 감소할 것으로 나타났다.

어휘 **transit** 수송, 운송 **announce** 발표하다, 공지하다 **station** 정거장, 역 **operational** 작동하는, 운영되는 **originally** 원래 **extend** 확장하다 **length** 길이 **addition** 추가 **track** 길, 선로 **connect** 연결하다 **intersection** 교차로 **next to** ~옆에 **complete** 완성시키다 **undergo** 겪다 **major** 주요한 **stage** 무대, 단계 **construction** 건설, 공사 **finish** 마치다 **regional** 지역의 **passageway** 통로 **confident** 자신 있는, 신뢰하는 **feature** 특징 **please** 기쁘게 하다 **as opposed to** ~와 달리, 반대로 **current** 현재의, 기존의 **build** 짓다, 건설하다 **ticketing service** 티켓 발급 서비스 **entirely** 전체적으로 **automate** 자동화하다 **in addition** 뿐만 아니라 **lessen** 완화하다 **transportation** 교통 **spokesperson** 대변인 **state** 언급하다 **assume** 가정하다, 추측하다 **be capable of** ~할 수 있다 **transport** 수송하다, 이동시키다 **hourly** 한 시간마다, 매 시간 **execute** 실행하다 **show** 보여주다, 나타내다 **traffic congestion** 교통 혼잡 **noticeably** 눈에 띄게, 현저히 **reduce** 감소하다

---

176 (D) At the northern end of a new section of track

> 기사의 도입부에서 Green Line's newest station의 이름이 the Lumina Street Station임을 확인하고, 위치를 나타내는 내용을 찾는다. The Lumina Station is the last station at the northern end of the newly extended line.의 내용이 (D)와 일치하므로 정답이다.

해석 그린 라인의 새로 생긴 역은 어디에 위치하는가?
(A) 클라우드 세븐 빌딩 지하 부분
(B) 제임스타운 시 센터
(C) T30 고속도로와 교차되는 거리
(D) 새로운 선로 부분의 북쪽 끝

어휘 **be located** 위치하다 **underground** 지하의

177 (B) phase

> 지문에서 stage는 공사의 주요 '단계, 과정'의 의미로 쓰였으므로 보기에서 이에 해당하는 뜻을 가진 (B) phase(국면)가 정답이다.

해석 두 번째 문단, 둘째 줄의 stage와 가장 의미가 가까운 단어는?
(A) 날짜
(B) 국면, 단계
(C) 거리
(D) 설립

178 (A) It is larger than the older stations on Green Line.

> NOT question은 보기의 키워드를 지문과 비교하면서 언급된 내용을 소거해 나간다. (B)의 displays와 local artists가 지문의 works done by regional artists will put up과 일치, (C) self-service ticketing은 its ticketing service will be entirely automated와 일치, (D) ahead of schedule은 earlier than its originally announced date와 일치한다. 정답은 지문에 언급되지 않은 (A)이다.

해석 새로운 역에 대해 사실이 아닌 것은 무엇인가?
(A) 그린 라인의 기존 역보다 더 크다.
(B) 지역 예술가의 작품을 전시할 것이다.
(C) 티켓 발급을 직접 할 수 있도록 고안되었다.
(D) 예정보다 일찍 완성될 것이다.

어휘 **include** 포함하다 **display** 전시 **ahead of schedule** 예정보다 빨리

179 (B) A representative of ACTA

> 사람 이름이 나오는 부분을 찾아서 그 주변에서 답을 찾는다. ACTA spokesperson Dana Florence stated에서 spokesperson이 representative로 변환된 (B)가 정답임을 알 수 있다.

해석 다나 플로렌스는 누구인가?
(A) 역 관리자
(B) ACTA의 대표
(C) 지역 예술가
(D) 공사 감독자

어휘 **manager** 관리자 **representative** 대표 **supervisor** 감독자, 상관

180 (C) It was referred to in a study about traffic problems.

> 사람 이름과 마찬가지로, 지문에서 고유명사가 나오는 부분에서 답을 찾는다. 문제의 키워드 T30 Highway가 나오는 마지막 문장 A recently study executed by the ACTA showed that 이하에서 (C)에 해당하는 내용임을 확인할 수 있다.

해석 T30 고속도로에 대해 무엇이 언급되었는가?
(A) 시간당 최소한 5,000대의 자동차가 이용한다.
(B) 1월 한 달 동안 공사 중이다.
(C) 교통 문제에 관한 연구에서 언급되었다.
(D) 더 많은 자동차를 수용하기 위해 확장하는 중이다.

어휘 **mention** 언급하다 **at least** 최소한 **vehicle** 자동차 **under construction** 공사 중인 **refer** 참고하다, 언급하다 **widen** 넓히다 **accommodate** 수용하다

팔리사디엄 커뮤니티 센터에 오신 것을 환영합니다.

팔리사디엄 커뮤니티 센터
(181) 여러 분께 피트니스 서비스를 제공해온 20주년을 기념합니다!
여름 저녁 일정(6월–8월)*

피트니스 프로그램

요가 – 초급 (주 2회)
(182) 월요일, 7:00–8:00 목요일, 7:00–8:00
강사: 라켈 웰치

태보 – 중급
목요일, 7:00–8:00
강사: 빌리 버팔로

요가 – 중급 (주 2회)
(182) 월요일, 8:00–9:00 금요일, 7:30–8:30
강사: 라켈 웰치

태보 – 고급
금요일, 8:30–9:15
강사: 빌리 버팔로

요가 – 고급 (최대: 5인)
(182) 수요일, 7:30–8:30
강사: 라켈 웰치

스쿼시 – 초급
수요일, 7:30–8:30
강사: 샌디 도슨

짐 볼 트레이닝 – 초급 (최대: 15인)
월요일, 7:30–8:30
강사: 스콧 토마스

스쿼시 – 중급
목요일, 7:30–8:30
강사: (184) 아야카 혼다

웨이트 트레이닝 – 고급
화요일, 8:00–9:30
강사: 아놀드 젤위거

수영 – 중급
금요일, 7:00–8:15
강사: 필립 푸조

월요일(6월 1일)부터 토요일(8월 31일)까지, 위의 제시된 몇 가지 경우를 제외하고, (185) 모든 초급, 중급, 고급 강좌는 각각 30명, 20명, 10명으로 인원이 제한됩니다. 강좌 당 40달러이고 (183) 등록 만료일은 5월 25일입니다. 등록하시려면 여기를 클릭해 주세요.

5월 3일 게시

수신: 모든 회원
발신: 팔리사디엄 커뮤니티 센터
날짜: 5월 11일
제목: 주중 여름밤 피트니스 강좌

팔리사디엄 커뮤니티 센터의 모든 회원들께,

6월에 시작하는 또 다른 여름 시즌에서 여러분들을 뵙기를 기대하고 있습니다.
예상치 못한 시설 문제와 강사 스케줄로 인해 저녁 수업 일정에 변화가 생겼음을 알려드리오니, 아래의 변경 사항을 확인해 주시기 바랍니다. 주말 강좌는 아래 변경 사항이 적용되지 않으며 정상적인 일정대로 운영됩니다.

- 웨이트 트레이닝 – 고급은 목요일 8시 30분에 시작해서 10시까지 진행됩니다.
- 스쿼시 – 초급은 야외에서 진행됩니다. 시간에는 변동이 없습니다. (7:30 – 8:30).
- (184) 스쿼시 – 중급은 목요일에 30분 일찍 시작해서 7시부터 8시까지 실내 하드 코트에서 진행됩니다.
- (185) 태보 – 고급: 새로운 강사이신 카렌 뱅크스 씨가 빌리 버팔로 씨를 대체하겠습니다.

우리 모두 에너지와 즐거움이 가득한 신나는 여름을 보냅시다!

티나 롤랜드, 담당자
팔리사디엄 커뮤니티 센터

어휘 **celebrate** 기념하다 **provide** 제공하다 **beginner** 초보자 **level** 단계 **instructor** 강사 **intermediate** 중급자 **expert** 전문가 **maximum** 최고, 최대 **limit** 제한하다 **participant** 참여자 **respectively** 각각, 상대적으로 **exception** 예외 **above** 위에 **register** 등록하다 **post** 게시하다 **member** 회원 **look forward to** ~하기를 고대하다 **would like to V** ~하기를 원하다 **notify** 알리다 **change** 변화 **due to** ~때문에 **unexpected** 예상치 못한 **facility** 시설 **be aware of** ~을 알다, 인식하다 **following** 다음의, 아래의 **subject** 대상 **run** 운영하다 **normal** 정상적인 **outdoors** 실외에서 **indoors** 실내에서 **replace** 대체하다 **pend** (시간을) 보내다 **exciting** 신나는 **fill with** ~으로 가득 차다 **energy** 에너지 **fun** 재미

---

181 (A) It has been in operation for more than ten years.

> community center에 대한 내용을 묻는 문제이므로 첫 번째 지문에 답이 있음을 알 수 있다. We celebrate our 20 years ~라는 제목에서 정답이 (A)임을 쉽게 찾을 수 있다.

해석 지역 센터에 대해 무엇이 언급되었는가?
(A) 10년 이상 운영되었다.
(B) 올해부터 스쿼시 강좌를 시작했다.
(C) 지역 주민에게 무료 강좌를 제공한다.
(D) 아침에만 강좌를 운영한다.

어휘 **indicate** 지시하다, 가리키다 **operation** 작동, 운영 **begin** 시작하다 **offer** 제공하다 **lesson** 수업 **provide** 제공하다 **free** 무료의 **local resident** 지역 주민 **hold** 열다, 개최하다

---

182 (B) Tuesday

> 첫 번째 schedule에서 해당하는 사람 이름을 찾는다. Welch라는 이름은 세 개의 요가 강좌에서 모두 찾아볼 수 있는데, 요가 수업이 없는 날은 화요일뿐이므로 정답은 (B)이다.

해석 웰치 씨는 무슨 요일에 수업이 없는가?
(A) 월요일
(B) 화요일
(C) 수요일
(D) 목요일

---

183 (B) May 25

> 문제에서 last day to pay for classes는 미래를 나타낸다. 미래 일정은 주로 지문의 하단부에서 답을 찾을 수 있는데 last day of payment is May 25라고 했으므로 정답은 (B)이다.

해석 수업료를 지불하는 마지막 날은 언제인가?
(A) 5월 3일
(B) 5월 25일
(C) 8월 31
(D) 6월 1일

어휘 **pay for** 대금을 지불하다

---

184 (C) Ms. Honda

> 첫 번째 지문에는 일정과 강사 이름만 나오기 때문에 시간을 옮긴 사람을 찾으려면 두 번째 지문과 함께 검토해야 한다. 이메일에서 meet 30 minutes early every Thursday에 해당하는 강좌는 Squash이므로 위로 올라가서 해당하는 강사 이름을 찾는다. 수요일에 스쿼시를 가르치는 강사는 (C) Ms. Honda이다.

해석 수업 시간을 이른 시간으로 이동한 강좌는 누가 가르치는가?
(A) 첼위거 씨
(B) 도슨 씨
(C) 혼다 씨
(D) 웰치 씨

어휘 **teach** 가르치다 **move** 이동하다

185 (B) Ten

> 문제에 해당하는 사람 이름이 첫 번째 지문에 없으므로, 두 번째 지문에서 단서를 찾은 다음 첫 번째 지문에서 다시 해당 내용을 찾아야 한다. 이메일에서 Karen Banks가 Billy Buffalo를 대체한다는 내용이 나오면서 Tae Bo – Expert Level이라는 강좌 이름까지 나온다. 강좌의 인원은 일정 아래에 나오므로 해당하는 강좌를 대입해 보면 expert level은 10 participants임을 알 수 있다. 더블 지문 유형은 문제의 키워드를 잡은 다음, 두 지문에서 관련 정보를 유기적으로 연결하여 빠르게 확인하는 것이 중요하다.

해석 뱅크 씨의 수업에는 몇 명의 인원이 참여할 수 있는가?
(A) 다섯 명
(B) 열 명
(C) 열다섯 명
(D) 스무 명

어휘 **participate in** ~에 참여하다

---

www.topsrecording.com
루이스 탑스 녹음 스튜디오
547 리츠 드라이브, 퀸즈 시티

| 홈 | 회사 정보 | 서비스 | 장비 목록 | 연락처 |

루이스 탑스 녹음 스튜디오는 다양한 녹음 서비스를 제공하는 최고의 시설 중에 하나입니다. 저희 기술자, 믹서, 프로듀서는 최신의 오디오 기술에 친숙합니다. (187-D) 저희 직원들의 프로필을 보시려면, 여기를 클릭해 주세요. (187-B) 우수한 보이스 녹음 장비와 편집 장비 목록을 보시려면 여기를 클릭해 주세요.

luistops@topsrecording.com으로 이메일 주셔서 약속 시간을 정하시면, (186) 탑스 씨가 스튜디오를 안내해 드리고 문의 사항에 답해 드릴 것입니다.

저희가 제공해 드리는 서비스 내용은:

● 보이스 녹음, 믹싱, 제작
(187-C) 저희의 무결점 녹음 스튜디오와 전문 장비들을 보시려면 여기를 클릭해 주세요. 저희 직원들도 당신의 오디오 작업을 수정, 편집, 완성하는 데 특화된 전문가로 구성되어 있습니다. 스튜디오 사용 요금은 시간당 400달러입니다. 6시간 이상 사용하실 경우, 시간당 350달러입니다. (총 300달러 절감)

● 현장 녹음
솔로부터 클래식 오케스트라 까지 모든 종류의 라이브 공연을 녹음해 드립니다. 무료 상담을 원하시면 이메일을 보내주세요. 전문가는 시간당 450달러, (189) 아마추어나 학생은 시간당 225달러입니다.

저희 서비스에 대한 더 많은 정보를 원하시면 부담 없이 연락주세요.

수신: 루이스 탑스 <luistops@topsrecording.com>
발신: 줄리 오스왈트 <joswalt@viscountyouthorchetsra.com>
날짜: 10월 27
제목: 콘서트 녹화

탑스 씨께,

홀리 음악 예술 학교에 다니는 제 친구로부터 당신의 스튜디오가 스튜디오 작업을 위한 최고의 오디오 품질을 보장한다는 이야기를 들었습니다. (188) 마에스트로 홀에서 1월 7일에 열리는 비스카운트 청소년 오케스트라의 세 번째 연례 공연을 녹음해 주실 수 있는지 알고 싶습니다. 콘서트는 오후 7시부터 9시까지 2시간 동안 진행될 예정입니다. 이 콘서트에 대한 정보가 필요하시면 저희 홈페이지를 참조해 주세요.

1월 7일에 일정이 가능하시다면, 저희에게 알려주시고 견적서를 보내주시기 바랍니다.

(189) 저희는 학생 오케스트라인데 (190) 이 스튜디오의 이용료가 이전에 가격을 문의했던 다른 스튜디오에 비해 합리적인 것 같습니다. 저희 오케스트라나 무대에 대해 궁금한 점이 있으시면, 제 이메일 주소 joswalt@viscountyouthorchetstra.com를 통해 저에게 연락주세요. 저희 지휘자인 크리스티앙 로벤 씨와 이야기하기를 원하시면, (511) 337-8546번으로 그에게 전화 주시기 바랍니다. 감사합니다.

줄리 오스왈트

어휘 **recording** 녹음 **facility** 시설 **offer** 제공하다 **a wide range of** 다양한 **engineer** 기술자 **producer** 제작자, 프로듀서 **be familiar with** ~에 익숙하다, 친숙하다 **latest** 최신의 **technology** 기술 **profile** 프로필, 개요 **staff** 직원 **view** 보다 **advanced** 선진의, 고급의 **editing** 편집 **equipment** 장비 **set up** 세우다, 준비하다 **appointment** 약속 **answer** 대답하다 **common** 공통적인, 보편적인 **include** 포함하다 **flawless** 무결점의 **expert** 전문가 **specialize in** ~을 전문으로 하다 **charge** 비용을 청구하다 **save** 절약하다 **record** 녹음하다 **performance** 공연 **orchestra** 오케스트라 **surroundings** 환경, 상황 **consultation** 상담 **professional** 전문가 **amateur** 아마추어 **feel free to V** 부담 없이 ~하다 **concert** 공연 **guarantee** 보장하다 **quality** 질 **be scheduled to V** ~할 예정이다 **last** 지속되다 **refer** 참조하다, 언급하다 **available** 가능한 **price estimate** 가격 견적서 **rate** 가격, 평가, 비율 **practical** 실용적인 **compared to** ~와 비교해서 **request** 요청하다 **quote** 견적 **stage** 무대 **contact** 연락하다, 접촉하다 **via** ~을 통해서 **address** 주소 **conductor** 지휘자

186 (B) He gives tours of his business.

> 문제에 언급된 이름을 지문에서 찾는다. 더블 지문 유형에서 첫 번째 문제는 보통 첫 번째 지문에 답이 있는 경우가 많다. 첫 번째 지문, 둘째 문단에서 Mr. Tops will take you around the studio를 찾을 수 있으므로 give tours라고 한 (B)가 정답이다.

해석 탑스 씨에 대해 언급된 것은 무엇인가?
(A) 그는 라디오 방송국을 운영한다.
(B) 그는 자신의 사업을 견학시켜준다.
(C) 그는 음악 수업을 가르친다.
(D) 그는 작곡을 한다.

어휘 **indicated** 가리키다, 지시하다 **own** 소유하다 **tour** 견학

187 (A) Recommendations from previous clients

> 웹사이트에 관한 내용은 보통 지문의 하단부에 언급되는 것이 일반적이지만, 첫 번째 지문 자체가 웹페이지인 점을 감안하여 전체적으로 확인하면서 정답을 찾는다. 웹사이트에 관한 내용이므로 키워드가 되는 부분은 click here이 된다. profiles of our staffs는 (D), the list of ~ equipment는 (B), take a look at our flawless recording studio가 (C)의 Photographs of the recording space에 해당하므로 언급되지 않은 것은 (A)이다.

해석 스튜디오 웹사이트에서 이용 가능한 사항으로 언급되지 않은 것은 무엇인가?
(A) 이전 고객의 추천
(B) 스튜디오 시설의 보유 현황
(C) 녹음 시설 사진
(D) 스튜디오 직원 정보

어휘 **mention** 언급하다 **recommendation** 추천 **previous** 이전의 **client** 고객, 의뢰인 **inventory** 물품 목록 **space** 장소, 공간 **employee** 직원

188 (C) To inquire about a service

> 목적을 묻는 문제로 지문의 상단부에서 정답을 찾는다. I wanted to know whether you could record ~라고 했으므로 정답은 (C) To inquire about a service가 된다.

해석 이메일의 목적은 무엇인가?
(A) 가격에 대해 항의하기 위해
(B) 추가 할인을 요청하기 위해

(C) 서비스에 대해 문의하기 위해
(D) 최근 녹음을 홍보하기 위해

어휘 **purpose** 목적 **complain** 불평하다 **price** 가격 **additional** 추가적인 **discount** 할인 **inquire** 묻다 **promote** 홍보하다, 촉진시키다

189 (D) $ 450

> 날짜는 두 번째 지문에 나오고 가격은 첫 번째 지문에 나오므로, 이메일에서 1월 7일 공연에 관한 정보를 파악한 후에, 첫 번째 지문에서 해당 가격을 찾는다. 가격의 분류가 전문가와 아마추어 및 학생으로 나누어져 있는데, 이메일의 두 번째 문단 We are a student orchestra에서 1월 7일 공연이 학생들의 공연임을 알 수 있고 두 시간 동안 진행된다고 했으며 $ 225 per hour for amateurs and students에 해당하므로 정답은 (D)이다.

해석 1월 7일 공연을 녹음하는 비용은 얼마인가?
(A) 225달러
(B) 350달러
(C) 400달러
(D) 450달러

어휘 **probably** 아마도 **charge** 비용을 청구하다

190 (D) It has contacted other recording services.

> 세부사항을 묻는 문제로, 보기의 키워드를 지문의 내용과 비교한다. annual performance이므로 (A) 일 년에 두 번은 오답이고, 전에 The Maestro Hall에서 콘서트한 적이 있다는 언급이 없으므로 (C)도 오답이다. If you need information about this concert(정보가 필요하면)의 경우에 홈페이지를 방문하라고 해서 음악을 다운받는 것과 무관하므로 (B)도 오답이다. compared to other studios which we requested price quotes before를 통해 (D)가 정답임을 알 수 있다.

해석 비스카운트 청년 오케스트라에 대해 언급된 것은 무엇인가?
(A) 일 년에 두 번 콘서트를 연다.
(B) 그들의 음악을 웹사이트에서 다운받을 수 있다.
(C) 전에 마에스트로 홀에서 공연한 적이 있다.
(D) 다른 녹음 서비스 회사와 연락해 보았다.

어휘 **suggest** 제안하다, 추측하다 **download** 다운받다 **previously** 이전에 **perform** 공연하다 **contace** 연락하다, 접촉하다

에드가 패션 매장 관리 지침

섹션 11: 재고 및 판매 상품 계획

(191) 모든 에드가 패션 매장 관리자는 8월 1일까지 본사 경영진에 재고 조사서를 제출해야 한다. 경영팀은 보고서의 정보를 내년 주문 요구 사항을 계획하기 위해 사용할 것이다. 이를 위해, 매장의 회계연도 마지막 분기 재고품에 대한 철저한 조사를 해야 한다. (192) 개별 보고서와 배송 기록의 데이터를 분석하고 비교해서, 각각의 매장에 대한 새로운 계획을 세우게 된다. 그래서 좋은 상품 계획을 세우기 위해서는 모든 관리자로부터 재고품의 정확한 보고를 받는 것이 필수적이다.

(191) 보고서의 평가를 마친 후, 전 매장의 관리자는 그 지역 경영팀으로부터 재고 조사서의 정확성과 우수함에 대한 서면 피드백을 받게 될 것이다. 이러한 피드백은 보고서를 받고 일주일 후에 발송될 것이다. 전반적인 보고서의 질은 척도 1에서 4로 평가될 것이다.

1. 당신의 보고서는 상품 계획을 세우기 위한 정보와 관련성이 적거나 거의 없다. 지역 담당자와 약 1시간 정도의 회의가 마련될 것이다.
2. 당신의 보고서는 상품 계획을 위해 필요한 정보가 불충분하다. 지역 담당자로부터 이틀간의 추가적인 교육을 받게 될 것이다.
3. 당신의 보고서는 좋은 상품 계획을 위한 적절한 정보를 제공한다. 급여의 7퍼센트에 해당하는 연말 보너스가 주

어질 것이다.

4. 당신의 보고서는 좋은 상품 계획을 개발하는 데 매우 유용하고 중요하다. (194) 당신 급여의 15퍼센트에 해당하는 연말 보너스가 주어질 것이다.

에드가 패션 아울렛

8월 7일
마가렛 영
에드가 패션 아울렛
882 플레인즈 코트
도버 DE, 19901

영 씨께

(193) 지역 경영팀이 15호 매장에 관한 당신의 재고 조사서를 평가했습니다. (193) 저희는 당신이 관리하고 있는 매장에 대한 세부적이고 정확한 보고를 작성한 당신의 완벽한 작업과 노력에 매우 만족했습니다.

당신의 노력에 대한 보답으로, (194) 연봉의 15퍼센트에 해당하는 보너스를 지급하기로 결정했습니다. 재고조사서 및 보너스 지급에 관한 더 많은 정보를 알고 싶으시면 매장 관리 지침의 섹션 11을 참조하시면 됩니다. 보너스는 8월 급료에 포함될 것입니다. (195) 당신의 성과를 치하하기 위해 모범 관리 업소 증명서 또한 이 편지에 동봉하겠습니다.

당신의 노고에 감사드립니다. 앞으로도 당신의 좋은 관리를 기대하겠습니다.

진심을 담아,

마크 색스턴

마크 색스턴
첨부 문서 있음

어휘 **outlet** 매장, 할인점 **management** 관리 **guide** 안내, 지침 **inventory** 재고품 **merchandise** 판매 상품 **be responsible for** ~에 책임이 있다 **submit** 제출하다 **report** 보고서 **requirement** 필요 요건 **thorough** 철저한 **quarter** 분기 **fiscal year** 회계연도 **analyze** 분석하다 **compare** 비교하다 **individual** 개별적인 **shipping record** 배송 기록 **develop** 개발하다 **accurate** 정확한 **display** 전시 **necessary** 필수적인 **evaluation** 평가 **receive** 받다 **feedback** 피드백 **accuracy** 정확성 **quality** 질, 우수함 **rate** 평가하다 **scale** 규모, 등급, 저울 **provide** 제공하다 **correlation** 연관성, 관련성 **arrange** 준비하다, 마련하다 **regional** 지역의 **insufficient** 불충분한 **additional** 추가적인 **training** 교육, 훈련 **order** 주문하다, 명령하다 **salary** 봉급, 급여 **consider** 고려하다 **useful** 유용한 **important** 중요한 **earn** 얻다, 벌다 **evaluate** 평가하다 **satisfied** 만족한 **complete** 완벽한 **dedication** 헌신, 전념 **detailed** 세부적인 **precise** 정확한 **review** 검토 **supervision** 감독 **return** 반납, 보답 **effort** 노력 **decide to V** ~하기로 결정하다 **grant** 수여하다 **refer** 참조하다 **distribution** 분배 **certificate** 증명서 **exemplary** 모범적인 **honor** ~을 기리다 **accomplishment** 업적, 성과 **appreciate** 감사하다 **continue** 계속하다 **look forward to** ~을 기대하다 **future** 미래

---

191 (B) To explain how reports will be evaluated

> 목적을 묻는 문제이므로 지문의 도입부에서 정답을 찾는다. managers are responsible for submitting an inventory report라고 시작해서 보고서에 관한 내용이 나오므로 report를 언급한 (B)가 정답이다.

해석 매뉴얼에 있는 정보의 목적은 무엇인가?
(A) 관리자가 어떻게 승진할 수 있는지 설명하기 위해
(B) 보고서가 어떻게 평가되는지 설명하기 위해
(C) 상품이 어떻게 진열되어야 하는지 설명하기 위해
(D) 교육 훈련 세션 일정이 어떻게 정해질 것인지 설명하기 위해

어휘 **purpose** 목적 **manual** 매뉴얼, 안내서 **explain** 설명하다 **promote** 승진하다 **describe** 묘사하다, 설명하다 **display** 전시하다, 진열하다 **schedule** 일정을 잡다

192 **(A)** Comparing information from reports with shipping records

> 키워드 merchandise planning이 첫 번째 지문의 제목에 언급되므로 첫 번째 지문에서 해당 보기의 키워드를 찾아 비교한다. By analyzing and comparing data of your individual reports and shipping records를 통해 (A)와 일치함을 알 수 있다. 지문은 report에 관한 내용으로 sold나 sales, discount는 언급되지 않았으므로 정답이 되지 않는다.

해석 상품 계획의 일부가 되는 것으로 언급된 것은 무엇인가?
(A) 보고서의 정보와 배송 기록을 비교한 것
(B) 어떤 상점이 가장 많은 상품을 판매했는지 결정한 것
(C) 개별 직원의 판매 수치를 추적한 것
(D) 특정 품목에 제공될 수 있는 할인을 합산한 것

어휘 **mention** 언급하다 **determine** 결정하다 **location** 위치, 장소 **the number of** ~의 숫자 **sale** 판매 **discount** 할인 **offer** 제공하다 **item** 품목

193 **(C)** The leader of a regional management

> 이메일에서 사람에 관한 문제이다. 해당하는 사람이 수신인/발신인인지 또는 제3자인지를 파악하는 것이 중요하다. Saxton이라고 사인한 지문을 찾아서 I 또는 we에 관한 정보를 찾아 본다. The regional management team을 we라고 표현하고 있으므로 정답은 (C)임을 쉽게 찾을 수 있다.

해석 색스턴은 누구인가?
(A) 매장 관리자
(B) 에드가 패션 매장 소유주
(C) 지역 경영팀 리더
(D) 영 씨의 판매 직원

어휘 **owner** 소유주 **sales staff** 판매 직원

194 **(D)** A score of 4

> 점수에 관한 언급은 첫 번째 지문에 있고, 해당 보고서에 관한 정보는 두 번째 지문에 있으므로, 편지에서 찾은 정보를 첫 번째 지문에 대입해 본다. Young의 보고서에 대해 15% bonus on your yearly salary를 수여한다고 했으므로, 이에 해당하는 평가 점수는 첫 번째 지문의 4번에 해당함을 알 수 있다. 따라서 정답은 (D)이다.

해석 영 씨의 보고서는 몇 점을 받았는가?
(A) 1점
(B) 2점
(C) 3점
(D) 4점

어휘 **rating** 평가 **receive** 받다

195 **(B)** Official documentation of an award

> 첨부나 동봉한 문서에 관한 정보는 지문의 하단부에서 찾는다. Saxton이 보낸 편지를 살펴보면 send with the letter와 동일한 의미인 included in this letter에 해당하는 것은 A Certificate of Exemplary Management이므로 정답은 (B)가 된다.

해석 색스턴은 편지와 함께 무엇을 보냈는가?
(A) 매장 관리자 매뉴얼을 위한 새로운 자료
(B) 공로에 대한 보상으로 공식적인 증서 수여
(C) 15호 매장 판매 기록 사본
(D) 영 씨를 위한 급여 지불 수표

어휘 **send** 보내다 **material** 자료, 재료 **documentation** 문서 **award** 상 **copy** 사본, 부 **sales record** 판매 기록 **paycheck** 급여 지불 수표

모리스 북스   온라인 주문 확인서

고객님의 기록을 위해 이 영수증을 인쇄해 주십시오.
저희 온라인 매장을 이용해 주셔서 감사합니다. 아래는 고객님의 주문 내역입니다.

주문 번호: 532844   주문 일자/시간: (198) 11월 7일 금요일 20:37 EST
수취인: 하워드 헌터   회사명: 포트 가레스 세이빙스 컴퍼니
주소: 4577 사라토가 로드, 오레곤 시티 OR, 97045   주소: 590 다우닝 로드, 포틀랜드, OR, 97086
전화: 503-667-1983   전화: 503-112-1129
이메일: howardhunter@lightmail.com
팩스: 해당 없음

수량	품목	가격
1	(196) 재정 저축 관리의 성공 전략	25.00달러
1	중소기업을 위한 최고의 경영 저축	12.00달러
1	사업 확장을 위한 100가지 팁	10.00달러
1	저축 관리의 최신 트렌드	(200) 15.00달러

	배송비:	00.00달러
	소계:	52.00달러
	회원 할인:	7.00달러 (-)
	주세 (5%):	2.25달러 (+)
	총계:	47.25달러

주문하신 것은 대금 지불이 확인된 후 24시간 이내에 발송됩니다. 배송이 지연될 시에, 이메일로 새로운 도착 일자를 알려드립니다. (198) 금요일 오후 4시부터 일요일 오후 11시 55분에 이루어진 온라인 주문은 월요일에 처리되며 화요일에 발송됨을 유념해 주시기 바랍니다. 배송 상태를 확인하시거나 (197) 배송 예정일을 알고 싶으시면 저희 웹사이트(www.mauriceonlinebooks.com/delivery)에 고객님의 주문 번호를 입력해 주시면 됩니다.

상품이 파손된 채로 배송되면, 저희 고객 서비스 대표 센터 503-889-8895로 전화 주시거나 customerservice@mauriceonlinebooks.com로 이메일 보내주시기 바랍니다. 상품을 반품하실 때는 저희 고객 서비스 센터에서 받은 승인 번호를 제시하셔야 합니다.

발신: howardhunter@lightmail.com
수신: customerservice@mauriceonlinebooks.com
제목: 주문 관련
날짜: 11월 14일

고객 서비스 센터,

저는 11월 7일에 주문했고 주문 번호는 532844번입니다. 주문 상품을 오늘 일찍 받았는데, (199) 제가 혼동해서 주문을 한 것 같습니다. (200) 제가 원래 구입하고자 한 것은 〈저축 관리의 전반적인 경향〉인데, 온라인 제품 목록에서 두 권의 책이 가격과 출판사가 동일해서 제가 실수로 〈저축 관리의 최신 경향〉을 클릭한 것 같습니다. (199) 잘못된 주문을 반송하고 제가 이전에 사고자 했던 책을 받고 싶습니다. 반품 승인 번호와 반품 절차를 밟는 데 요구되는 정보를 보내주시기 바랍니다. 감사합니다.

하워드 헌터

어휘 order 주문 confirmation 확인 print 인쇄하다 receipt 영수증 record 기록 store 상점, 가게 ship to 수취인 bill to 청구인 address 주소 item 품목 price 가격 shipping cost 배송비 sub total 소계 discount 할인 grand total 총계 ship 배송하다 within ~이내에 payment 지불 confirm 확인하다 delay 지연 delivery 배달 send 보내다 indicate 언급하다 arrival 도착 note 주의하다 receive 받다 process 처리하다 track 추적하다 find out 찾다, 알아내다 type 입력하다 product 상품 consider 고려하다 defective 결함이 있는 contact 연락하다, 접촉하다 authorization number 승인번호 present 제시하다 return 반환하다 merchandise 상품 regarding ~에 관하여 place an order 주문하다

package 소포, 물건　**mix up** 혼동하다, 섞이다　**originally** 원래　**intend to V** ~을 의도하다　**guess** 추측하다
mistakenly 실수로　**share** 공유하다　**price** 가격　**publication** 출판사　**previously** 이전에　**request** 요청하다
authorization number 승인 번호　**process** 절차　**sincerely** 진심으로

196 (C) He works for a savings institution.

> 더블 지문 유형에서 첫 번째 문제는 주로 첫 번째 지문에 답이 있음을 기억하자. 단골 고객이나 자기 돈으로 지불했다는 내용은 찾아볼 수 없으므로 (A)와 (B)는 답이 될 수 없다. 팩스가 없다고 했으므로 (D)도 오답이다. Hunter 씨가 주문한 품목이 모두 savings에 관한 것임에 비추어 볼 때 (C)를 유추해 볼 수 있다.

해석　헌터 씨에 대하여 사실인 것은 무엇인가?
(A) 그는 모리스 북스의 단골 고객이다.
(B) 그의 돈으로 책 구매 대금을 지불했다.
(C) 그는 금융 기관에 근무한다.
(D) 그는 팩스로 연락받기를 선호한다.

어휘　**frequent customer** 단골 고객　**pay for** 지불하다　**savings institution** 금융 기관　**prefer** 선호하다　**contact** 연락하다, 접촉하다

197 (B) It can be used to determine the product delivery date.

> 첫 번째 지문 If you wish track your delivery and find out the estimated delivery dates, type in your order number에서 해당 키워드 order number를 찾을 수 있다. 따라서 정답이 (B)임을 쉽게 찾을 수 있다. 나머지 보기는 언급된 바 없어서 정답이 될 수 없다.

해석　주문 번호에 대해 언급된 것은 무엇인가?
(A) 반송되는 상품이 포함되어 있어야 한다.
(B) 상품 배송 날짜를 확인하기 위해 사용된다.
(C) 대금 지불이 처리되고 난 후에 제공된다.
(D) 최초에는 고객에게 이메일로 보내진다.

어휘　**state** 언급하다　**determine** 결정하다　**payment** 지불　**initially** 최초로

198 (D) On Tuesday

> 배송 날짜는 두 번째 이메일에서 확인할 수 있지만, 문제에서는 요일을 묻고 있으므로 요일에 관한 내용은 첫 번째 지문의 하단에 나온다. 금요일 4시 이후에 받은 온라인 주문은 월요일에 처리되어 화요일에 배송된다는 내용이 있으므로, 주문 요일과 시각을 확인한다. 주문일이 Friday, November 7, 20:37이므로 배송된 요일은 (D) 화요일이 정답이다.

해석　헌터 씨의 주문은 언제 배송되었는가?
(A) 토요일
(B) 일요일
(C) 월요일
(D) 화요일

어휘　**likely** ~일 것 같은　**ship** 배송하다

199 (C) To request an exchange of merchandise

> 이메일을 보낸 목적을 묻는 문제로, 이메일의 도입부에서 답을 찾는다. but it seems that I got mixed up with one of my orders에서 물건을 받았지만 주문이 잘못되었다고 한다. 이에 대한 요청은 지문의 하단부에서 찾을 수 있는데, I would like to return the wrong order and receive the book that I previously had in mind.에서 교환을 원한다는 사실을 알 수 있으므로, 정답은 (C)이다.

해석 헌터 씨는 왜 모리스 북스에 이메일을 보냈는가?
(A) 카탈로그를 요청하기 위해
(B) 책 시리즈의 이름을 결정하기 위해
(C) 상품의 교환을 요청하기 위해
(D) 그의 주문 배송이 지연되는 이유를 알기 위해

어휘 **request** 요청하다 **catalog** 카탈로그 **determine** 결정하다 **exchange** 교환 **find out** 찾다, 알아내다 **delay** 지연시키다

200 (A) $ 15.00

> 첫 번째 주문 확인서에서 해당 책 제목을 찾을 수 없으므로, 먼저 두 번째 이메일에서 확인해야 한다. 이메일에서 *Overall Trends in Savings Management*가 원래 주문하고자 했던 책이며, *Current Trends in Savings Management*를 잘못 클릭했다는 사실과, both books share the same price and publication이라는 사실을 언급하고 있으므로 첫 번째 지문에서 잘못 주문한 책을 찾고 가격을 확인한다. 따라서 정답은 (A)이다.

해석 〈저축 관리의 전반적인 경향〉의 가격은 얼마인가?
(A) 15달러
(B) 12달러
(C) 10달러
(D) 25달러

어휘 **cost** 비용이 들다